EDITION
Anselm Grün
Band 5

Die Sakramente

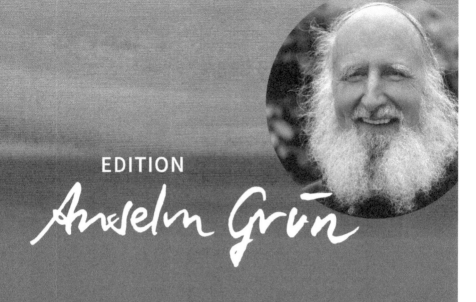

EDITION
Anselm Grün

Die Sakramente

Taufe, Eucharistie, Firmung, Trauung, Weihe, Beichte und Krankensalbung

Vier-Türme-Verlag

Bibliografische Information der Deutschen Nationalbibliothek
Die Deutsche Nationalbibliothek verzeichnet diese Publikation in der Deutschen Nationalbibliografie. Detaillierte bibliografische Daten sind im Internet über http://dnb.d-nb.de abrufbar.

3. Auflage 2022
© Vier-Türme GmbH, Verlag, Münsterschwarzach 2018
Alle Rechte vorbehalten
Sammelband der in den Jahren 2000 bis 2002 erschienenen Bände der Reihe »Sakramente«.
Umschlaggestaltung: Stefan Weigand, wunderlichundweigand
Portraitfoto Pater Anselm Grün: © Hsin-Ju Wu
Innengestaltung: Dr. Matthias E. Gahr
Druck und Bindung: CPI Books GmbH, Leck
ISBN 978-3-7365-9005-2
www.vier-tuerme-verlag.de

Inhalt

Die Taufe – Feier des Lebens ... 17

Einleitung ... 19
Die neue Identität ... 19
Neugeburt ... 20
Anteil an Gott ... 21
Bedeutung der Taufe ... 22

I. Das Sakrament der Taufe ... 24
Geheimnis des Kindes ... 24
Das Wasser ... 26
Wasser der Reinigung ... 27
Geistige Fruchtbarkeit ... 28
Begraben, was am Leben hindert ... 29
Dem Tod die Macht nehmen ... 30
Der offene Himmel ... 31
Bedingungslos angenommen ... 32
Wiedergeburt ... 33
Die Salbung ... 35
Das Chrisam ... 36
Zugang zu Gott ... 37
Die Taufkerze ... 38
Das weiße Gewand ... 39
Verwandlung ... 40
Eingliederung ... 41

II. Gestaltung der Tauffeier ... 43
Die Befragung ... 44
Der Name ... 44
Das Patenamt ... 45
Der Tauftext ... 46
Das Kreuzzeichen ... 46

Inhalt

Die Heiligenlitanei 47
Die Handauflegung 48
Die Segnung des Taufwassers 49
Absage an das Böse 49
Eingetaucht in die Liebe 51
König, Priester und Prophet 52
Bild Gottes 53
Licht der Auferstehung 53
Der Effata-Ritus 54
Der Segen 56
Das Wesen der Taufe 58

III. Leben aus der Taufe 60

Die Tauferneuerung 60
Ich bin getauft 61
Die Quelle des Lebens 62
In Gemeinschaft 63
Das Weihwasser 64
Christus als Gewand anlegen 65
Der königliche Mensch 66
Entscheidung für das Leben 67

Zusammenfassung 68

Literatur 70

Die Eucharistiefeier – Verwandlung und Einswerden · 71

Einleitung · 73

I. Wege zum Eucharistieverständnis · 79

Gedächtnismahl · 79
Eucharistie in der Deutung des Evangelisten Lukas · 82
Die Deutung des Evangelisten Johannes · 89
Eucharistie als Verwandlung · 96
Eucharistie als Opfer: Einübung in die Liebe · 99
Eucharistie als Mysterium: Gottes Traum vom Menschen · 102
Eucharistie als Brotbrechen · 104

II. Gestaltung der Eucharistiefeier · 106

Einleitungsriten · 107
Die Lesungen · 113
Credo und Fürbitten · 114
Die Gabenbereitung · 115
Das Hochgebet · 118
Die Kommunionfeier · 121
Entlassung · 129

III. Leben aus der Eucharistie · 131

Leben aus den Worten der Eucharistie · 131
Leben aus der Kommunion · 132
Der Altar des Alltags · 133
Eucharistiefeier und die täglichen Mahlzeiten · 134
Eucharistische Anbetung · 135
Erinnerungszeichen für die Eucharistie · 136

Eucharistie – heiliges Schauspiel · 138

Literatur · 140

Inhalt

Die Firmung – Verantwortung und Kraft 141

Einleitung 143

I. Firmung als Initiation 146
Einführen in die Kunst des Lebens 146
Verantwortung übernehmen 151
Begabung mit neuen Fähigkeiten 154

II. Die Pfingstgeschichte bei Johannes und Lukas 158
Der Heilige Geist im Johannesevangelium 158
Der Heilige Geist bei Lukas 162

III. Die Gestaltung der Firmung und die Bedeutung der Riten 166
Credo: »Ich glaube« 166
Das Ausbreiten der Hände 167
Die Handauflegung 168
Die Salbung mit Chrisam 169
Der Pate 171
Der Friedensgruß 172
Die Fürbitten 174

IV. Aus der Firmung leben 176
Leben aus der Freiheit des Geistes 176
Leben aus der Kraft des Geistes 178
Leben aus den Gaben des Heiligen Geistes 181
Dem Geist folgen 184
Erinnerung an die Firmung 186

Schluss 190
Literatur 191

Inhalt

Die Trauung – Segen für das gemeinsame Leben . 193

I. Das Sakrament der Ehe 195

1. Wortbedeutungen 195
Die Ehe 195
Die Heirat 196
Die Hochzeit 196
Die Trauung 197
Das Ja-Wort 198
Der Bund der Ehe 198
Hochzeitsbräuche 199

2. Das Sakrament 200
Ort der Christusbegegnung 200
Berührung 201
Liebe 202

3. Biblische Aussagen 204
Als Mann und Frau geschaffen 204
Die Eltern verlassen 205
Ein Fleisch sein 206
Die Unauflöslichkeit der Ehe 207
Die Hochzeit zu Kana 208
Die Ehe – Sakrament des Alltags 210
Das Geheimnis im Du 211

II. Die Feier der Trauung 213

1. Der Trauungsritus 214
Befragung der Brautleute 214
Segnung der Ringe 215
Anstecken der Ringe 216

Inhalt

»Ich lege mich in deine Hand« 217
Der Trauungssegen 218
Die Brautkerze 219
Die Fürbitten 220

2. Wortgottesdienst und Eucharistiefeier 222

Die Lesung 222
Das Evangelium 223
Die Ansprache 224
Die Gabenbereitung 225
Das gemeinsame Mahl 226

III. Die Kunst, als Paar zu leben 229

1. Das Haus der Ehe auf soliden Grund bauen (Matthäus 7,24–27) . 229

Unsere Schwächen als Fundament 231
Liebe macht verletzlich 233

2. Friedenszeichen nach der Sintflut (Genesis 8,1–12) 235

Der innere Schutzraum 236
Klare Strukturen 237
Die Taube der Liebe 238
Der Olivenzweig der Versöhnung 238
Die Widerstandskraft der Liebe 240
Öl in deine Wunden 241

3. Die Quelle der Liebe und Freude entdecken (Philipper 4,4–9; Johannes 15,9–17) 243

Die Nähe des Partners 244
Unsere Wahrheit 244
Unsere Würde 245
Liebens-wert 246
Lust am Leben 247
Alltägliche Liebe 247

Hingabe 248
Offenheit 249
Ausblick 250
Literatur 251

Die Beichte – Feier der Versöhnung 253

Einleitung 255

I. Wege zum Verständnis des Bußsakramentes 257

1. **Wortbedeutungen** 257
2. **Ein Blick in die Geschichte** 262
   Die Versöhnungsbeichte 263
   Die Andachtsbeichte 264
   Die Seelenführungsbeichte 265
   Die Beichte – ein Muss? 268
   Laienbeichte – Priesterbeichte 270

3. **Umgang mit Schuld** 272
   Schuld und Schuldgefühle 273
   Schuld als Chance 276
   Das Böse 277
   Weder be- noch entschuldigen 279
   Das befreiende Gespräch 280

Inhalt

II. Die Gestaltung des Bußsakramentes 283

Begrüßung 284
Selbstprüfung 285
Zuspruch und Gespräch 289
Übungsprogramm 290
Verantwortung für seine Fehler übernehmen 291
Vergebung 295
Im Vertrauen auf Gottes Barmherzigkeit seine Wege gehen 297

III. Aus der Versöhnung leben 298

Versöhnung mit sich selbst 298
Versöhnung mit der Gemeinschaft 300
Umkehr 303
Das neue Gottesbild Jesu 305

Schluss 308

Literatur 310

Inhalt

Die Salbung der Kranken – Trost und Zärtlichkeit   313

Einleitung   315

I. Das Sakrament der Krankensalbung   317

»Heilt Kranke, weckt Tote auf!« – Der Auftrag Jesu   317
Die Geschichte der Krankensalbung   322
Jesus – der wahrhaft heilende Arzt   327
Die mütterliche Liebe Gottes   331

II. Der Ritus der Krankensalbung   333

Segnung mit geweihtem Wasser   333
Der Priester erklärt den Sinn des Sakraments   334
Das Schuldbekenntnis   335
Die frohe Botschaft   336
Die Fürbitten   337
Die Handauflegung   337
Die zärtliche Salbung mit Öl   338
Das Gebet für den Kranken   341
Der Segen – Gutes sagen   342
Gemeinsame Krankengottesdienste   343

III. Leben aus der Krankensalbung   345

Der Heilungsauftrag des Christen   346
Die Krankheit als geistliche Aufgabe   350
Der Umgang berühmter Dichter mit ihrer Krankheit   353
Liebe bis zum Tod   356
Die Krankheit zum Gebet werden lassen   357

Schluss   361

Literatur   362

Inhalt

Die Weihe – Priesterlich leben ... 363

Einleitung ... 365

I. Zur Theologie des Priesters ... 368

1. Der Archetyp des Priesters ... 368
Der die Dämonen abwehrt ... 368
Lehrer, Traumdeuter, Wahrsager ... 369
Arzt und Therapeut ... 370
Mittler zwischen Gott und Menschen ... 371
Klage-, Sänger-, Beschwörungspriester ... 372
Hüter und Hüterinnen heiliger Orte ... 372
Priesterinnen ... 373
Initiationsriten ... 374

2. Priester nach der Bibel ... 376
Priester im Alten Testament ... 376
Priester im Neuen Testament ... 376
Jesus – der wahre Hohepriester ... 377
Episkop, Presbyter, Diakon ... 378

3. Priester in der kirchlichen Tradition ... 380
Die wachsende Bedeutung der Priester in der Kirchengeschichte ... 381
Reformation und Zweites Vatikanisches Konzil ... 383

II. Der Ritus der Weihe ... 385

1. Die Weihe zum Priester ... 386
Die Vorstellung der Kandidaten ... 386
Die Prostratio ... 387
Die Handauflegung im Schweigen ... 388
Das Weihegebet ... 388

Die Salbung der Hände 389
Die Überreichung von Brot und Wein 390
Der Friedensgruß 391
Die gemeinsame Feier der Eucharistie 392
Der Primizsegen 393

2. Die Bischofsweihe 393

3. Die Diakonenweihe 395

4. Andere Weihen 397
Die Jungfrauenweihe 397
Die Abts- und Äbtissinnenweihe 398
Weihe für andere kirchliche Dienste? 398
Weihe für »weltliche« Berufe und Berufungen? 399

III. Priesterlich leben 401

1. Das Priestertum aller Gläubigen 401
Irdisches in Göttliches verwandeln 402
Zeugnis ablegen 403
Rituale feiern 404
Das Heilige in der Welt schützen 405
Das Feuer der Liebe hüten 406
Die Augen für Gottes Willen öffnen 406
Einweihen in den Weg der Selbstwerdung 407
Den Menschen Gutes sagen 408

2. Aus der Priesterweihe leben 409
Die Hände – Organon des Priesters 410
Brot und Wein für die Menschen 412
Das Gewand der Auferstehung 413
Eingeweiht sein 414

Inhalt

3. Als Priester in Kirche und Welt heute **415**
Gesunde Rituale für den priesterlichen Alltag **416**
Beziehungen pflegen **417**
Das eigene Bild vom Priestersein **418**

Schluss **421**

Literatur **423**

Die Taufe –
Feier des Lebens

Einleitung

Die neue Identität

In der frühen Kirche war die Taufe ein Ritual, das sowohl bei den Täuflingen als auch bei den Mitfeiernden einen tiefen Eindruck hinterließ. Der Taufe ging eine mehrjährige Vorbereitung voraus. Darin wurden die Täuflinge in das Geheimnis des christlichen Lebens eingeführt. Offensichtlich verstand es die frühe Kirche, die Menschen für ein Leben mit und aus Jesus Christus zu begeistern. Da erfuhren sie eine Alternative zu dem sinnlosen und gottlosen Treiben, wie es die ausgehende Antike kennzeichnete. In der Taufe vollzogen die Täuflinge einen Bruch mit ihrer bisherigen Biographie. Sie entschieden sich für ein Leben, das sich nicht nur an den Worten Jesu orientierte, sondern das aus einer anderen, einer göttlichen Quelle gespeist wurde. Sie hatten das Gefühl, durch die Taufe erst wirklich zum Leben zu kommen. Alles bisherige war – wie es der 1. Petrusbrief beschreibt – »mataios«, sinnlos und leer, bloße Illusion, ein »Scheinleben«. In der Taufe gaben sie die alte Identität auf, um in Jesus Christus eine neue Identität zu finden. Das Leben der ausgehenden Antike war ja geprägt durch den Ruf nach »panem et circenses – Brot und Spiele«. Es war eine dekadente Welt. Der Sinn des Lebens war verloren gegangen. Es drehte sich alles nur noch um Neugier und Sensationen, um Vergnügen und Belustigungen. Aus diesem leeren Treiben brachen die Täuflinge aus, um in Christus eine neue Identität zu finden. Der Bruch mit ihrer alten Identität wurde eindrucksvoll in der osternächtlichen Tauffeier zum Ausdruck gebracht. Da stiegen die Täuflinge nackt in das Taufbecken und wurden dreimal mit Wasser übergossen. Sie widersagten dem Bösen und der Sinnlosigkeit eines gottfernen Lebens und entschieden sich, dieser Welt zu sterben, sich nicht mehr von Erfolg und Leistung, von Vergnügen und Ausschweifung her zu definieren, sondern von Christus her.

Neugeburt

Sie erfuhren ihre Taufe wie eine Neugeburt. In Christus haben sie eine neue Existenz bekommen. Die neue Existenz ist geprägt von der Erfahrung einer großen Freiheit. Jetzt definieren sich die Täuflinge von Gott her, jetzt sind sie freie Menschen. Sie haben keinen römischen Kaiser mehr über sich. Sie sind nicht mehr dazu verdammt, die Erwartungen anderer zu erfüllen. Sie sind wahrhaft frei und können den Weg gehen, der sie zum wirklichen Leben führt. Und die Taufe vermittelte ihnen die Erfahrung einer neuen Nähe Gottes und einer Liebe, in der sie sich bedingungslos geliebt wussten. Taufe war für sie die Einweihung in das Geheimnis des erlösten und befreiten Lebens und in das Geheimnis eines Gottes, der sie hineinnahm in den Kreislauf seiner göttlichen Liebe. Wenn die Täuflinge nackt aus dem Becken stiegen und dann vom Bischof – oder die Frauen von einer Frau – mit wohlriechenden Ölen gesalbt wurden, dann erfuhren sie sich wirklich als neue Menschen, als Menschen, die ganz und gar eingehüllt sind in die Liebe Gottes. Und sie erfuhren zugleich, dass sie in der Kirche neue Brüder und Schwestern fanden, eine Gemeinschaft, in der sie vorurteilslos angenommen waren, die sie aber auch zu einem jetzt neuen, sinnvollen und erfüllten Leben herausforderte.

Anteil an Gott

Die Sehnsucht nach einem erfüllten Leben, nach Freiheit von den Erwartungen und Ansprüchen dieser Welt bewegt sicher auch heute viele Menschen. Aber viele fragen sich, was diese Sehnsucht mit Jesus Christus zu tun hat, warum ausgerechnet die Gemeinschaft mit Christus ihnen die Freiheit und das Leben in Fülle schenken sollte. Es würde doch genügen, irgendwie einen spirituellen Weg zu gehen. Der könnte doch auch ohne Jesus gelingen. Es wäre sicher eine eigene Schrift nötig, um die Rolle Jesu auf unserem Weg der Menschwerdung zu beschreiben. Für die frühen Christen war die Begegnung mit Jesus so faszinierend, dass sie die Gefahr der Verfolgung auf sich nahmen, um diese neue Lebensqualität in sich zu erfahren, die ihnen Jesus schenkte. Doch was war es, was die Menschen an Jesus so bewunderten und was sie bewog, ihr Leben aufs Spiel zu setzen? Der 2. Petrusbrief, der die Botschaft Jesu in die Situation der hellenistischen Geisteswelt hinein übersetzt, sah die anziehende Wirkung Jesu darin begründet, dass Jesus uns alles schenkt, was für uns und unser Leben gut ist. In Jesus ist die Herrlichkeit Gottes aufgeleuchtet:

 Durch sie wurden uns die kostbaren und überaus großen Verheißungen geschenkt, damit ihr der verderblichen Begierde, die in der Welt herrscht, entflieht und an der göttlichen Natur Anteil erhaltet.
2 PETRUS 1,4

Die Taufe

Die Taufe befreit uns von dem Weg, der nichts bringt, der nur in die Verlorenheit führt, und schenkt uns Anteil an der göttlichen Natur. An Gott selbst teilzuhaben, das war wohl der größte Wunsch suchender Menschen in der Antike. Wenn der Mensch an Gott Anteil hat, dann wird er erst wahrhaft zum Menschen. So glaubte man in der ausgehenden Antike.

So hat es auch Alfred Delp im Gestapogefängnis kurz vor seinem Tod erfahren:

> *Der Mensch ist nur mit Gott zusammen Mensch.*
> DELP 281

Die menschenverachtende Ideologie des Nationalsozialismus hat ihn gelehrt, dass der Mensch zu seiner Menschwerdung der göttlichen Natur bedarf. In der Taufe wird uns das göttliche Leben zuteil. Die Aufgabe der Kirche wäre es, die Taufe heute so zu feiern, dass die Menschen durch sie das Geheimnis ihres Lebens erahnen, dass sie durch die Taufe erfahren, wer sie eigentlich sind.

Bedeutung der Taufe

Als die Kindertaufe mehr und mehr zum Normalfall wurde, ging viel von der existenziellen Wirkung der Taufe verloren. Und bis heute bleibt ein Unbehagen, was denn wohl die Feier der Kindertaufe bedeuten solle. Das Kind bekommt doch gar nichts davon mit. In der Vergangenheit wurden dann manche Deutungen gegeben, die ein Verständnis der Kindertaufe eher erschwert haben, wie zum Beispiel, dass das Kind von der Erbsünde befreit werde, dass aus einem Heidenkind ein Gotteskind werde oder dass es durch die Taufe in die Kirche eingegliedert werde. Das erste Verständnis klingt magisch und pessimistisch, als ob das Kind ohne Taufe kein Gotteskind sei und nicht in den Himmel kommen könne. Wenn die Taufe einseitig als Eingliederung in die Kirche verstanden wird, dann hat das den Beigeschmack von Vereinnahmung. Die Kirche wird dann wie ein Verein verstanden, der möglichst schnell seine Mitglieder an sich binden möchte. Die Frage ist, wie wir heute die Taufe verstehen können. Und wie können wir die Taufe so feiern, dass die Menschen fasziniert vor dem Geheimnis des Lebens stehen, dass sie sich freuen können über das Geschenk des Kindes, das Gott ihnen zugedacht hat? Die Taufe ist zwar etwas genuin Christliches. Trotz aller Ähnlichkeiten mit den jüdischen Waschungen, wie sie in Qumram üblich waren, ist sie doch etwas Besonderes. Auf der anderen Seite gibt es in allen Religionen Riten um die Geburt eines Kindes herum. Alle Völker und Kulturen haben offensichtlich das Bedürfnis, das Geheimnis der Geburt und das göttliche Geschenk eines Kindes durch Riten auszudrücken. Und oft kreisen diese Riten um das Thema Wasser und Waschung. Es soll vom Kind alles abgewaschen werden, was sein wahres Wesen verhüllt. Und es soll in Berührung kommen mit der wahren Quelle des Lebens. Ich möchte hier keine vollständige Tauftheologie entfalten, sondern – wie die Kirchenväter – in einer bildhaften Sprache aufzeigen, was die Taufe (gerade auch die Kindertaufe) für uns bedeuten kann, wie wir sie feiern und wie wir aus der Wirklichkeit unserer Taufe als freie und bedingungslos geliebte Menschen leben können.

I. Das Sakrament der Taufe

Die Taufe ist ein Sakrament. Doch mit diesem Begriff können viele heute nichts mehr anfangen. Sakrament meint eine »Weihehandlung mit eidlicher Verpflichtung« (Neunheuser 825). »Sacramentum« war eigentlich der Fahneneid des römischen Soldaten. Im Sakrament der Taufe bindet sich der Täufling an Christus. Er drückt damit aus, dass er gemeinsam mit Christus sein Leben gestalten möchte. Doch Sakrament meint noch etwas anderes. Es ist die Übersetzung des griechischen Wortes »mysterion«. Mysterium aber bedeutet die Einweihung des Glaubenden in das Geheimnis des Lebens, in das Geheimnis von Tod und Auferstehung Jesu Christi. Die Frage ist, wie uns diese beiden Begriffe helfen können, die Taufe eines Kindes zu verstehen.

Geheimnis des Kindes

In der Taufe feiern wir das Geheimnis des Kindes. Was macht sein Wesen aus? Wer ist dieses Kind in seiner tiefsten Wirklichkeit? Indem wir das Leben des Kindes mit dem Schicksal Jesu Christi in Berührung bringen, soll uns deutlich werden, wer dieses Kind eigentlich ist, was Leben bedeutet, wie wir es mit den Augen des Glaubens sehen können. Im Licht des Schicksals Jesu soll uns das Geheimnis des Kindes aufgehen, sollen wir erkennen, dass das Kind nicht nur irdisches Leben hat, sondern auch göttliches, dass der Tod keine Macht mehr über es hat, da es schon Anteil hat an der Auferstehung Jesu. Doch was soll der Ritus der Taufe im Täufling und in den Menschen, die die Taufe feiern, bewirken? Der Ritus öffnet uns die

Augen, damit wir das Kind nicht nur als Kind dieser Eltern und dieser Großfamilie sehen, sondern als göttliches Kind, in dem Gott einen neuen Anfang setzt, in dem etwas Einmaliges und Einzigartiges in dieser Welt aufleuchtet.

Aber der Ritus bewirkt mehr. Im Ritus berührt Jesus Christus selbst das Kind, gießt ihm sein göttliches Leben und seine bedingungslose Liebe ein, berührt ihn, vermittelt ihm Gottes Schutz und zeigt ihm seine Schönheit auf. Wir reden nicht nur über das Kind. Wir feiern sein Geheimnis, indem wir es in das Geheimnis Gottes hineinhalten, wie es uns in Jesus Christus am klarsten aufgeleuchtet ist. Aber in einem Ritus geschieht nie nur etwas mit den Menschen, an denen der Ritus vollzogen wird, sondern immer auch für die, die am Ritus teilnehmen. Am kleinen Kind selbst wird die Wirkung des Ritus beschränkt bleiben, da es kaum bewusst mitbekommt, was da an ihm geschieht. Wir feiern die Taufe auch für uns, um das Kind mit neuen Augen zu sehen und neue Verhaltensweisen und Beziehungsmuster durch die vorgegebenen Rituale einzuüben. Das Kind ist nicht nur das Kind seiner Eltern. Es ist Kind Gottes. Es hat eine göttliche Würde. Es ist frei. Es gehört nicht den Eltern, sondern Gott. Es wird seinen eigenen Weg gehen. Es hat einen Engel zu seiner Seite, der es begleiten wird, der es auch durch die Gefährdungen des Lebens und durch die Verletzungen gut gemeinter Erziehung sicher hindurchführt. So entlastet die Taufe die Eltern, die sich oft genug unter Druck setzen, dass sie auch ja alles richtig machen in der Erziehung. Denn Fehler der Erziehung könnten ja unheilvolle Folgen haben und dem Kind auf Dauer schaden. Die Taufe zeigt uns, dass Gott über das Kind seine schützende Hand hält, dass die heilende Kraft Christi stärker ist als die verwundenden Mechanismen unserer neurotischen Psyche, dass jedes Kind seinen Engel hat, der über es wacht.

Das Wasser

Wie das Leben beschaffen ist, das wir in der Taufe feiern, soll an einigen Bildern entfaltet werden, wie sie in den Taufriten aufleuchten. Da ist einmal das Bild des Wassers, wohl das zentrale Bild der Taufe. Für die frühen Christen, die nackt in das Taufbad stiegen, war es eindrücklicher als für uns, die wir nur ein paar Spritzer Wasser über den Kopf des Kindes gießen. Wasser ist einmal der Ursprung allen Lebens. Alles Leben entspringt aus dem Wasser. In den Märchen wird vom Lebenswasser gesprochen, das die Wunden heilt und einen für immer leben lässt.

Es gibt das Bild des Jungbrunnens. Wer daraus trinkt, bleibt immer jung. Quelle und Brunnen sind in allen Kulturen heilige Orte. Am Brunnen begegnen sich Menschen, da gehen Männer auf Brautschau, wie etwa Mose oder Isaak. Der Brunnen hat eine erotische Dimension. Und er ist Ort der Gottesoffenbarung. Hagar, die von Abraham verstoßene Magd, findet an der Wasserquelle wieder Mut zum Leben. Jesus begegnet der samaritischen Frau am Brunnen und spricht zu ihr von dem Wasser, das er geben wird. Wer davon trinkt, »wird niemals mehr Durst haben; vielmehr wird das Wasser, das ich ihm gebe, in ihm zur sprudelnden Quelle werden, deren Wasser ewiges Leben schenkt« (Johannes 4,14). Der Taufbrunnen ist so ein Brunnen, an dem wir aus dem Wasser schöpfen, das in uns selbst zu einer Quelle wird, die nie versiegt. Auch die erotische Dimension der Quellen und Brunnen wird am Taufbrunnen sichtbar. Es ist letztlich die Liebe Gottes, die da über uns gegossen wird und die in uns zu einer unerschöpflichen Quelle wird. Unser tiefster Durst geht nach einer Liebe, die nie aufhört, weil sie von einer Quelle gespeist wird, die nie vertrocknet. Diese göttliche Liebe wird uns im Quellwasser der Taufe geschenkt. Aus ihr können wir immer trinken, wenn unsere menschliche Liebe brüchig wird, wenn sie uns zwischen den Fingern zerrinnt.

Wasser der Reinigung

Wasser hat in allen Religionen und Kulturen auch eine Reinigungs- und Erneuerungskraft. Das Wasser der Taufe reinigt uns von den Fehlern der Vergangenheit und erneuert uns, damit wir als neue Menschen leben. Das ist für einen Erwachsenen, der mit Wasser übergossen wird, verständlicher als für ein Kind. Wovon soll denn das Kind gereinigt werden? Es hat doch noch nicht gesündigt. Wenn die Kirche des Mittelalters meinte, das Kind werde von der Erbsünde abgewaschen, so könnten wir das in unsere Sprache heute so übersetzen: Das Kind wird aus dem Schicksalszusammenhang herausgenommen. Alles, was das Kind belastet, angefangen von den Erbfaktoren bis hin zur psychischen Familiensituation, die bedingt ist durch die Kindheitserfahrungen der Eltern, der Großeltern und Urgroßeltern, wird in der Taufe abgewaschen. Natürlich geschieht das nicht magisch. Man kann ja nicht sagen, dass alle psychischen Verwicklungen durch die Taufe einfach aufgelöst werden. Aber indem wir das Wasser über das Kind schütten, können wir uns vorstellen, dass das Kind nicht dazu verdammt ist, das Schicksal seiner Eltern und Großeltern zu wiederholen, dass es nicht einfach Ergebnis des

Die Taufe

Stammbaums ist, sondern dass es ganz neu anfangen kann. Es ist eine geistige Geburt, die wir in der Taufe feiern. Das Kind ist nicht festgelegt durch die Vergangenheit, sondern offen für das Neue, das Gott in diesem Kind wirken möchte. Nicht die dunklen Familiengeheimnisse werden das Kind prägen, sondern der Engel Gottes, der das Kind in die Freiheit und zum Leben führt, trotz aller Verstrickungen in die überkommene Familiensituation. Man kann sich auch vorstellen, dass das Wasser all die Trübungen abwäscht, die wir dem Kind antun, die Trübungen aufgrund unserer Bilder, die wir dem Kind überstülpen und die sein Wesen verstellen und beeinträchtigen. Das Taufwasser will das Kind reinigen von allem, was das einmalige Bild Gottes verdunkelt, das in ihm zum Ausdruck kommt.

Geistige Fruchtbarkeit

Wasser ist ferner ein Bild für die geistige Fruchtbarkeit. Es gibt Menschen, die in Routine erstarren, von denen nichts mehr ausgeht. Da ist alles vertrocknet und erstarrt. Die Taufe erinnert uns immer wieder daran, dass in uns eine Quelle sprudelt, die uns nie eintrocknen lässt. Es ist die Quelle des Heiligen Geistes, aus der wir immer schöpfen können. Da werden wir immer inspiriert zu neuen Ideen, da sind wir in Berührung mit der göttlichen Kreativität. Wer aus dieser Quelle heraus arbeitet, der wird nie erschöpft. Aus ihm wird die Arbeit herausfließen. Er hat Lust daran. Und er hat Freude an dem Leben, das in ihm aufblüht. Jeder von uns lebt auch in der Angst, dass seine Kraft versiegen könnte, dass er keine neuen Ideen mehr findet, dass er langweilig wird und leer. Die Taufe verheißt uns, dass die Quelle in uns unerschöpflich ist, weil sie göttlich ist. Sie wird uns immer frisch und lebendig halten und die Saat befruchten, die in uns aufgehen will.

Die kreative Seite des Taufwassers wird in der Geschichte von der Taufe des heidnischen Hauptmanns Kornelius sichtbar. Kornelius hatte im Traum die Weisung erhalten, er solle Petrus bitten, zu ihm zu kommen. Als Petrus vor ihm und seinem Haus eine Predigt hält, werden alle vom Heiligen Geist erfüllt. Sie beginnen, in Zungen zu reden und Gott zu preisen. Alle Juden staunen darüber, dass der Heilige Geist auch über die Heiden kommt.

> Petrus aber sagt: Kann jemand denen das Wasser zur Taufe verweigern, die ebenso wie wir den Heiligen Geist empfangen haben? Und er ordnete an, sie im Namen Jesu Christi zu taufen.
>
> APOSTELGESCHICHTE 10,47f

Die Taufe mit Wasser hat mit der Geistsendung zu tun. Die frühe Kirche glaubte daran, dass das Taufwasser mit der heiligenden und belebenden Kraft des Heiligen Geistes erfüllt sei. Daher kann das Taufwasser den Menschen befruchten, heiligen und erneuern.

Begraben, was am Leben hindert

Das Wasser kann auch eine zerstörerische Macht haben. Die Alten hatten Angst vor den Gefahren des Meeres. Heute noch spüren wir die zerstörerische Macht des Wassers in den zahlreichen Überschwemmungskatastrophen. In den Träumen bedeutet Überschwemmung immer, dass wir vom Unbewussten überschwemmt werden, dass wir nicht mehr selbst leben, sondern aus irgendwelchen Kräften, die aus dem Unbewussten kommen. Paulus hat diese todbringende Macht des Wassers vor Augen, wenn er davon schreibt, dass wir in der Taufe auf den Tod Christi getauft wurden und wie Christus durch Gott von den Toten auferweckt wurden (vgl. Römer 6,3ff). Wir tauchen in der Taufe gleichsam hinein in das Grab Christi und begraben alles, was uns am Leben hindert. Wir begraben unsere alte Identität, die nur darauf aus war, möglichst viel Geld und Macht und Ansehen zu erwerben, die nur um sich selbst kreiste und in sich verstrickt war. Wir begraben auch unsere Vergangenheit, die uns bisher bestimmt hat. Wir begraben unsere Verletzungen und Kränkungen. Wir wollen sie nicht weiter benutzen, um anderen die Schuld für unsere jetzige Situation zuzuschieben. Wir sterben dieser Welt ab, um als neue Menschen zu leben. Wir definieren uns nicht mehr von Erfolg und Leistung, von Anerkennung und Zuwendung, sondern von Gott her. Das bedeutet die wahre Freiheit.

Die Taufe des Kindes zeigt uns, dass da ein Identitätswechsel stattfindet. Das Kind kommt in Berührung mit seinem wahren Wesen, frei von den Abhängigkeiten dieser Welt. Aber auch wir üben uns in der Taufe ein in einen neuen Umgang mit dem Kind. Wir wollen es nicht festlegen auf eine Existenz, die sich von Anerkennung und Erfolg definiert. Wir wollen in ihm das Geheimnis Gottes sehen, das Geheimnis der Freiheit und Einmaligkeit, das Geheimnis der göttlichen Würde.

Dem Tod die Macht nehmen

Wenn wir dieser Welt bereits gestorben sind, wenn sie keine Macht mehr über uns hat, dann heißt das auch, dass wir schon jenseits der

Schwelle leben, dass der Tod uns nichts mehr anhaben kann. Bei jeder Geburt mischt sich in die Freude über das junge Leben immer auch die Angst, wie lange dieses Kind wohl leben wird. In der Taufe drücken wir unseren Glauben aus, dass dieses Kind nie sterben wird. Auch wenn der leibliche Tod es irgendwann heimsuchen wird, so wird das Selbst dieses Kindes, sein eigentlicher Personkern, nicht zugrunde gehen. Das heißt, dass unsere Beziehung zu diesem Kind nie zerstört werden kann. Die Liebe Gottes, an der dieses Kind teilhat und die uns durchströmt, wird uns auch über den Tod hinaus miteinander verbinden. Dieser Glaube will uns die Angst nehmen, dass uns das Kind durch den Tod entrissen werden könnte. Und die Freiheit von dieser Angst wird uns davor bewahren, uns krampfhaft an das Kind zu klammern und es festzuhalten.

Der offene Himmel

Wenn wir die Taufe Jesu betrachten, dann werden uns noch andere Aspekte des Wassers und der Taufe vor Augen geführt. Markus beschreibt die Taufe Jesu so:

> *In jenen Tagen kam Jesus aus Nazareth in Galiläa und ließ sich von Johannes im Jordan taufen, und als er aus dem Wasser stieg, sah er, dass der Himmel sich öffnete und der Geist wie eine Taube auf ihn herabkam. Und eine Stimme aus dem Himmel sprach: Du bist mein geliebter Sohn, an dir habe ich Gefallen gefunden.*
>
> MARKUS 1,9–11

Die Taufe

Wenn Jesus ins Wasser hinabsteigt, dann ist das ein Bild dafür, dass er in die Tiefen der Erde eindringt. Das Wasser ist in der Psychologie ein Bild des Unbewussten. In der Taufe steigen wir hinab in die Tiefen des Unbewussten, in die Abgründe der eigenen Seele, in das Schattenreich, in das alles hineingedrängt wurde, was wir vom Leben ausgeschlossen haben. Und gerade indem wir hinabsteigen in die eigene Dunkelheit, öffnet sich über uns der Himmel. Das ist ein schönes Bild für das Geheimnis des Christen. Wir haben den Mut, unser eigenes Menschsein anzunehmen, mit allen Höhen und Tiefen, auch mit der Finsternis, die sich in unserem Unbewussten eingenistet hat. Wir verdrängen nichts. Aber gerade indem wir den Mut haben, in die eigene Tiefe zu steigen, öffnet sich über uns der Himmel. Der offene Himmel zeigt uns den Horizont an, in dem wir als Christen leben. Es ist der offene Horizont Gottes. Unsere Seele hat teil an der Weite des Himmels, am Glanz des Sternenhimmels, an der Farbenpracht des sommerlichen Himmels und am milden Licht des herbstlichen Himmels. Wir sollten nicht zu klein von uns denken. Über uns öffnet sich der Himmel. Unser Leben reicht bis in Gott hinein.

Bedingungslos angenommen

Aus dem Himmel spricht Gott uns zu, dass wir bedingungslos angenommen und daseinsberechtigt sind. Karl Frielingsdorf hat in seinem Buch »Vom Überleben zum Leben« beschrieben, dass viele Kinder sich nur bedingt daseinsberechtigt fühlen. Sie erfahren, dass sie nur angenommen werden, wenn sie bestimmte Bedingungen erfüllen, wenn sie Erfolg haben, wenn sie etwas leisten, wenn sie den Eltern keine

Sorgen machen, wenn sie pflegeleicht sind, wenn sie sich anpassen. Wenn ein Kind sich nur bedingt angenommen weiß, entwickelt es Strategien des Überlebens. Um beliebt zu sein, unterdrückt es immer die eigene Meinung, verdrängt es alle Traurigkeit und jeden Zorn, um den Eltern ja keine Sorgen zu machen. Um anerkannt zu werden, leistet es immer mehr, verausgabt sich völlig. Aber es wird nie die Bestätigung erfahren, nach der es sich sehnt. Somit lebt es nie wirklich. Es wird vom Leben abgeschnitten. Frielingsdorf nennt dieses reduzierte Leben »Überleben«. Damit das Kind überleben kann, braucht es diese Strategien des Leistens und Sichanpassens. Leben kann es nur, wenn es bedingungslose Daseinsberechtigung erfährt. In der Taufe hören wir die Stimme Gottes: »Du bist mein geliebter Sohn, du bist meine geliebte Tochter. An dir habe ich Gefallen.« Nicht weil du etwas leistest, mag ich dich, sondern so, wie du bist, ist es gut. So bist du ganz und gar willkommen, angenommen, geliebt. Diese absolute Daseinsberechtigung, die wir in der Taufe erfahren, ist die Voraussetzung, dass wir nicht nur überleben, sondern wirklich leben können.

Wiedergeburt

Das Taufwasser, das vom Heiligen Geist befruchtet ist, wird auch als heiliger Schoß verstanden, aus dem die Menschen wiedergeboren werden. Das Bild der Wiedergeburt beschreibt einen wesentlichen Aspekt der Taufe. Im Johannesevangelium sagt Jesus zu Nikodemus:

> *Wenn jemand nicht von neuem geboren wird,*
> *kann er das Reich Gottes nicht sehen.*
> JOHANNES 3,3

Die Taufe

Als Nikodemus das nicht versteht, verdeutlicht ihm Jesus das Geheimnis der Wiedergeburt:

> *Wenn jemand nicht aus Wasser und Geist geboren wird, kann er nicht in das Reich Gottes kommen. Was aus dem Fleisch geboren ist, das ist Fleisch; was aber aus dem Geist geboren ist, das ist Geist.*
> JOHANNES 3,5f

Die Wiedergeburt meint, dass der Täufling eine neue Identität bekommt. Seine alte, seine biologische Identität war von natürlichen Zwängen bestimmt. Die Wiedergeburt aus dem Geist schenkt ihm Freiheit. In der Taufe wird das Kind wiedergeboren zum ewigen Leben, da wird es vergöttlicht. Es ist nicht mehr Fleisch, nicht mehr hinfällig und schwach, sondern Geist, das heißt, es hat teil an der Unsterblichkeit und Ewigkeit Gottes. Es ist ein neuer Mensch geworden, eingetaucht in unvergängliches, göttliches Leben. Dieses göttliche Leben kann man nicht sehen, man kann daran nur glauben. Aber wenn wir an die Wiedergeburt des Täuflings aus dem Heiligen Geist glauben, dann sehen wir das Kind mit anderen Augen an, dann entdecken wir in ihm die göttliche Schönheit, etwas Unvergängliches und Ewiges, das jetzt schon hineinreicht in die Ewigkeit Gottes, dann finden wir hier auf Erden im Antlitz des Kindes schon den Himmel, dann geht uns im Menschen das Geheimnis Gottes auf.

Die Salbung

Ein anderes Bild der Taufe ist das der Salbung. In der Taufe wird der Täufling zweimal gesalbt, einmal mit Katechumenenöl und dann mit Chrisam. Das Katechumenenöl ist das Öl der Heilung. Die Salbung mit dem Katechumenenöl bringt zum Ausdruck, dass die heilende Kraft, die von Jesus Christus ausgeht, stärker ist als die Verletzungen, die das Kind in seinem Leben erfahren wird. Jedes Kind wird verletzt, auch wenn die Eltern noch so sorgsam und behutsam mit ihm umgehen werden. Wir können den Verwundungen nicht entgehen, die das Leben uns bereitet. Entscheidend ist, wie wir mit den Wunden unserer Lebensgeschichte umgehen. Das Katechumenenöl möchte uns leibhaft vermitteln, dass wir mit unseren Wunden nicht allein gelassen werden. Im Ritus der Salbung drücken wir aus, dass Christi Liebe in unsere Wunden einströmt, dass Christus selbst unsere Wunden zärtlich berührt. Öl bedeutet immer Zärtlichkeit, Liebe, Achtsamkeit, liebevolle Berührung. Christus berührt uns liebevoll gerade dort, wo wir verwundet werden. Und seine Berührung kann unsere Wunden heilen, genauso wie damals, als Jesus die Kranken berührt und geheilt hat. In der Salbung mit Katechumenenöl soll aber auch deutlich werden, dass Christus heute durch uns heilen möchte. Wir sollen wie Salböl für das Kind sein. Wir sollen es mit unserer Liebe umgeben, damit die Verletzungen in unserer Nähe heilen können. Wir sollen eine heilende Ausstrahlung für das Kind haben. Das wird aber nur dann möglich sein, wenn wir wie Jesus die Menschen dort zärtlich berühren, wo sie ihre empfindlichen Stellen haben, wenn wir sie aufrichten und ihnen Mut machen, ihr eigenes Leben zu wagen.

Das Chrisam

Das Chrisam ist das Öl der Königssalbung. Im Judentum wurden Könige und Propheten mit Öl gesalbt zum Zeichen, dass Gottes Segen auf ihnen ruht und dass sie von Gott her eine neue Autorität bekommen haben. Chrisam ist ein Öl, das mit Balsam und Gewürzen vermischt wird und einen besonders guten Duft ausströmt. Durch die Salbung kommt zum Ausdruck, dass wir königliche, prophetische und priesterliche Menschen sind, dass auf uns der Segen Gottes ruht und dass von unserem Leben ein eigener Geruch ausgeht, ein guter und Leben spendender Duft und nicht der Geruch des Todes, den man bei in sich zerrissenen Menschen wahrnimmt. Durch die Taufe sind wir königliche Menschen geworden: Menschen, die über sich selbst herrschen und von niemandem beherrscht werden, die selbst leben, anstatt gelebt zu werden, die mit sich selbst in Frieden sind und von denen daher auch Frieden ausgehen kann. Wir sind Menschen mit einer unantastbaren Würde, mit einer göttlichen Würde und Schönheit. Prophet ist der, der offen und verbindlich etwas ausspricht, der mit seinem ganzen Leben etwas zu sagen hat, was nur durch ihn in dieser Welt gesagt werden kann. Jeder von uns ist ein Prophet, das heißt, er/sie kann mit seiner/ihrer persönlichen Existenz etwas von Gott zum Ausdruck bringen, was nur durch ihn/sie in dieser Welt hörbar und erfahrbar gemacht werden kann. Jeder Mensch ist einmalig, ein einzigartiges Wort Gottes, das nur durch diesen Menschen in der Welt erklingen kann.

Zugang zu Gott

Und jeder von uns ist Priester beziehungsweise Priesterin. Das ist die Botschaft des 1. Petrusbriefes, der von manchen Exegeten als Taufpredigt verstanden wird:

> *Ihr aber seid ein auserwähltes Geschlecht, eine königliche Priesterschaft, ein heiliger Stamm, ein Volk, das sein besonderes Eigentum wurde, damit ihr die großen Taten dessen verkündet, der euch aus der Finsternis in sein wunderbares Licht gerufen hat.*
>
> 1 PETRUS 2,9

Der Priester ist Mittler zwischen Gott und den Menschen. Er hat Zugang zu Gott. Aber was besagt das für uns? Wenn wir in der Taufe zu Priestern und Priesterinnen geweiht werden, dann heißt das, dass wir direkten Zugang zu Gott haben, dass wir in uns selbst Gott und Mensch miteinander verbinden.

Der Priester ist für mich vor allem der Wandler. Er verwandelt Irdisches in Göttliches, er macht das Irdische durchlässig für Gott, er findet Gottes Spuren in der menschlichen Wirklichkeit. Jeder von uns ist dazu berufen, das Material seines Lebens zu verwandeln, so dass das göttliche Leben darin aufleuchtet. Der Priester hat die Aufgabe, mit allem, was er ist, durchlässig zu sein für Gottes Licht und Herrlichkeit. So leuchtet in jedem Menschen Gottes Herrlichkeit auf. Nach dem 1. Petrusbrief besteht die Aufgabe des Priesters darin, zu verkünden, was Gott dem Einzelnen und der Gemeinschaft Großes getan hat, wo und wie er seine Dunkelheit erhellt und ihn mit Licht erfüllt hat. Der Priester ist also auch Deuter und Interpret

Die Taufe

des menschlichen Lebens. Er findet in jedem Leben die göttlichen Spuren von Licht und Sinnhaftigkeit.

Die Taufkerze

Dass jeder Mensch ein Lichtblick ist für diese Welt, das drückt der Taufritus dadurch aus, dass der Priester die Taufkerze an der Osterkerze entzündet und sie dem Täufling überreicht.

Manchmal erleben wir die Kinder nur als Last. Die Taufe will unseren Blick dafür öffnen, dass mit jedem Kind ein Licht aufgeht in dieser Welt. Nicht umsonst haben die Alten sich vorgestellt, dass mit jedem Menschen ein Stern aufgeht, der am nächtlichen Himmel der Menschheit leuchtet. Durch jeden Menschen möchte die Welt heller und wärmer werden. Das ist unsere tiefste Berufung, dass wir die Augen der Menschen um uns herum erleuchten und dass wir in ihre kalten Herzen etwas Wärme bringen. Die frühe Kirche hat die Taufe »photismos« genannt: Erleuchtung.

Die Taufe zeigt also nicht nur, dass im Kind ein Licht für uns aufgeht, sondern dass das Kind selbst erleuchtet wird vom ewigen Licht Gottes. Die frühe Kirche hat die Blindenheilung in Johannes 9,1–12 als Taufgeschichte verstanden. In der Taufe gehen uns die Augen auf. Da sehen wir die eigentliche Wirklichkeit. Die Legende von der heiligen Odilia hat das aufgegriffen. In der Taufe wurde die blindgeborene Frau sehend. Die Taufe erleuchtet unsere Augen, dass wir in uns das Licht Gottes erkennen.

Das weiße Gewand

Was ein Christ ist, das drückt die Taufe mit dem Anlegen des weißen Gewands aus. Die frühen Christen schritten ja nackt in das Taufbecken und zogen dann weiße Gewänder an. Sie verwirklichten, was Paulus im Galaterbrief schreibt:

> *Ihr alle, die ihr auf Christus getauft seid,*
> *habt Christus als Gewand angelegt.*
>
> GALATHER 3,27

Paulus greift hier auf die Vorstellung vom himmlischen Gewand zurück, das für uns im Himmel bereitliegt. Durch die Taufe sind wir eins geworden mit Christus, sind wir gleichsam himmlische Menschen geworden, die nun die Schönheit des Himmels auf dieser Erde widerspiegeln. Das Anlegen des Gewands ist nicht nur etwas Äußeres, es verwandelt vielmehr den ganzen Menschen, auch sein Herz. Wir sind durch die Taufe andere Menschen geworden. Wir haben eine neue Existenz gewonnen. Wir sind erfüllt vom Geist Jesu, der auch unseren Leib zum Leuchten bringen möchte, wie es die Kirchenväter immer wieder ausdrücken. Im Anlegen des weißen Gewands vollziehen wir einen Ritus, in dem wir neue Verhaltensweisen dem Kind gegenüber ausprobieren. Mir hat meine Schwester einmal von einem Mann gesagt: »Der sieht einen an, als ob er einen ausziehen möchte.« Im Gegensatz dazu soll ich mit diesem Kind so umgehen, dass es sich mit einem weißen Gewand angezogen fühlt, dass es sich eingehüllt fühlt in Liebe, dass es sich seiner Würde freuen kann. Mein Blick soll es bedecken, anstatt zu entblößen. Ritus heißt immer auch, sich in neue Verhaltensweisen hineinspielen, die dem Menschen eher gerecht werden als unsere alten Spiele und Muster.

Verwandlung

Alle Bilder und Riten, die wir bisher angeschaut haben, sagen etwas über das Geheimnis des einzelnen Menschen aus. Aber – so fragen viele, die die alte Tauftheologie im Kopf haben – was wird denn durch die Taufe anders als vorher und was hat das mit der Kirche zu tun, in die der Einzelne doch durch die Taufe aufgenommen wird? Die Taufe stellt nicht nur dar, was der Mensch ist, sondern sie bewirkt auch eine Verwandlung. Ein Sakrament – so sagt es die alte katholische Lehre – besteht darin, dass durch etwas Sichtbares etwas Unsichtbares zum Ausdruck kommt und dem Menschen vermittelt wird. Durch die äußeren Riten wird dem Täufling Gottes Gnade geschenkt. Wir spielen nicht etwas vor, wir vollziehen aber auch keine magischen Praktiken. Vielmehr stellen wir dar, was Gott selbst an diesem Menschen tut. Die Kirchenväter glauben daran, dass in der Hand des Priesters oder des Christen Jesus selbst das Kind berührt und an ihm handelt. Was Jesus vor zweitausend Jahren an den Menschen getan hat, das tut er an uns. Er richtet uns auf, er berührt uns, heilt unsere Wunden, ermutigt uns durch Worte und schenkt uns seinen Geist, den er in seinem Tod über uns ausgegossen hat. Und er nimmt uns mit auf seinen Weg, der durch das Kreuz zur Auferstehung, zum wahren und ewigen Leben führt. In der frühen Kirche war der Ritus der Taufe für die Täuflinge ein großes Erlebnis. Sie spürten, dass in ihnen etwas anders geworden ist, dass da eine Verwandlung stattgefunden hat. Die Kinder spüren wohl nur unbewusst, was da an ihnen geschieht.

Man kann sich schlecht vorstellen, dass die Tauferfahrung für sie weiterwirkt. Aber zumindest geschieht an der Taufgemeinde etwas. Sie bekommen ein neues Gespür für das Geheimnis des Kindes. Und dadurch wird ihre Beziehung zum Kind anders. Und durch diese neue Beziehung wird sich auch im Kind etwas wandeln. Die Taufe schafft in den Menschen den Raum, in dem das Kind den Weg der eigenen Selbstwerdung gehen kann.

Eingliederung

Nach dem Zweiten Vatikanischen Konzil wurde die Taufe vor allem als Eingliederung in die Gemeinschaft der Kirche verstanden. Und viele Gemeinden versuchen daher, mehrere Kinder gemeinsam im sonntäglichen Gottesdienst zu taufen, damit die ganze Gemeinde daran teilnehmen kann. Das ist zwar theologisch richtig gedacht. Doch entspricht es oft nicht der Wirklichkeit. Denn sind die Gemeinden wirklich der Ort, an dem sich die Kinder daheim fühlen, an dem sich die jungen Familien angenommen und getragen wissen? Es ist daher auch legitim, die Taufe im kleinen Familienkreis zu feiern. Denn dort ist ja auch kirchliche Gemeinde, Ortskirche, in die der Täufling hineinwächst. Eingliederung bedeutet mehr als die Vereinnahmung durch die Pfarrgemeinde. Der Christ lebt immer in Beziehungen. Er lernt den Glauben durch andere. Er erfährt in der Gemeinschaft von Glaubenden, was das Geheimnis seines Lebens ist. Eingliederung in die Gemeinschaft der Kirche ist daher nur dann sinnvoll, wenn durch die Taufe auch etwas mit der feiernden Gemeinde geschieht, wenn sie sich durch die Taufriten hineinspielt in das Geheimnis des Kindes und in das Geheimnis der Erlösung und Befreiung durch Jesus

Die Taufe

Christus. Die Bestellung der Paten zeigt, dass der enge Familienkreis durch die Taufe aufgebrochen werden soll, dass das Kind in den größeren Kreis von Menschen hineinwächst, die ihm eine heilende Atmosphäre anbieten und seinen Glauben stärken.

II. Gestaltung der Tauffeier

Die Überlegungen für den Taufritus sollen Eltern helfen, die Tauffeier für ihr Kind bewusst selbst vorzubereiten und mitzugestalten. Es genügt nicht, wenn der Priester die vorgesehenen Riten alle bewusst vollzieht. Rituale sind dazu da, dass wir unsere Gefühle, die wir sonst nicht ausdrücken können, zum Ausdruck bringen. Rituale können auf eine viel tiefere Weise miteinander verbinden, als es Worte vermögen. Und sie öffnen unser Miteinander auf Gott hin. In ihnen bricht eine andere Dimension in unser Leben ein, die Dimension des Himmels, der sich mit unserer Erde berührt. Rituale lassen die Gestalt Jesu Christi in unserer Mitte sichtbar werden. In den Taufritualen geht es nicht nur um die Gefühle und den Glauben des Priesters, sondern aller Anwesenden, vor allem aber der Eltern und Paten. Daher ist es ratsam, sich vorher mit den Riten zu beschäftigen und zu überlegen, wie man sie verstehen kann und wie man sie gestalten und eventuell leicht abändern will, damit sie wirklich zur gemeinsamen Feier werden. Jeder, der zur Taufe geladen ist, ist auch eingeladen, etwas zur Feier beizutragen. Die Phantasie der Paten ist gefragt. Aber ich halte es auch für sinnvoll, dass die Eingeladenen nicht nur passive Zuschauer sind, sondern sich auf die Riten einlassen, die Eltern, Paten und Priester vorbereitet haben, und dass sie eventuell selbst Vorschläge machen, wie sie sich einbringen möchten.

Die Taufe

Die Befragung

Die Taufe beginnt mit der Befragung der Eltern und Paten. Ich halte es für sinnvoll, hier nicht einfach die Formeln zu verwenden, die der Ritus vorsieht, sondern die Eltern persönlich zu fragen, warum sie ihr Kind taufen möchten, was sie unter Taufe verstehen und warum sie gerade diesen Namen für das Kind gewählt haben. Ich gebe den Eltern schon bei der Taufvorbereitung diese Fragen zur Überlegung mit. Das ist dann eine Herausforderung für sie, dass sie sich Gedanken machen, was ihnen an der Taufe wichtig ist. Und sie müssen dann vor der Gemeinde zu den Worten stehen, die sie sich zurechtgelegt haben, in denen sie ihren eigenen Glauben zum Ausdruck bringen. Eine der Kirche entfremdete Frau brach in Tränen aus, als sie vor ihrer Verwandtschaft erzählte, warum sie ihren Sohn taufen lassen möchte. Sie erinnerte sich daran, wie sehr ihr der Glaube doch Heimat geworden war. Und sie wollte nicht, dass ihr Sohn in der Unverbindlichkeit und Pluralität dieser Welt wurzellos dahinlebe. Sie spürte, wie die Taufe dem Kind einen Raum eröffnete, in dem es sich geborgen und getragen weiß.

Der Name

Vielleicht beschäftigen Sie sich auch intensiver mit dem Namen, den Sie dem Kind gegeben haben. Der Name ist ja nicht unwichtig. Manchmal ist der Name von der Wortbedeutung her schon ein Programm für einen Menschen. Ein Mann, der »Donatus« hieß, erzählte mir, wie ihm als Kind dieser Name unangenehm war, wie er aber jetzt dankbar dafür sei. Er sei in diesen Namen hineingewachsen. Er verstehe sich nun als »geschenkt«, als Gottesgeschenk. Mit dem Namen wählt man sich auch einen Namenspatron, einen Heiligen, der Vorbild oder Programm sein könnte. Am Namen kann man wachsen. Der Name ist nicht nur Schall und Rauch. Wenn ich mich mit meinem Namenspatron beschäftige, werde ich in mir selbst Möglichkeiten entdecken, die ich sonst brachliegen lassen würde. Ich werde bei meinem Namen gerufen. Das macht auch meine Besonderheit aus. Wenn ich mich mit meinem Namen beschäftige, werde ich mehr und mehr in das Geheimnis meiner eigenen Einmaligkeit hineinwachsen. Dann lasse ich mich gerne mit meinem Namen nennen. Dann identifiziere ich mich mit dem Namen, den mir die Eltern gegeben haben.

Das Patenamt

Auch die Paten frage ich persönlich, wie sie ihr Patenamt verstehen. Manche sagen dann, dass sie das Kind bewusst begleiten möchten, dass sie ihm Stütze sein wollen, ein Gesprächspartner, an den es sich immer wenden kann, und dass sie ihr Amt als Aufgabe sehen, selbst im Glauben zu wachsen und sich erneut mit dem Glauben auseinanderzusetzen. Wenn die Eltern in der Kindererziehung an ihre Grenze geraten, möchten sie da sein für das Kind, damit es sich an ihnen aufrichten könne. Gerade wenn sich das Kind – etwa in der Pubertät – mit den Eltern schwertut, ist es hilfreich, einen Dritten zu haben, außerhalb des engeren Familiengeflechts, an den es sich wenden kann. Manchmal bringen die Paten auch einen Text mit, der ihnen das Geheimnis der Taufe erschließt. Schon die Suche nach so einem Text bringt in den Eltern und Paten mehr in Bewegung, als wenn ich von ihnen verlange, dass sie jeden Sonntag in den Gottesdienst gehen sollten, um dem Kind Vorbild sein zu können.

Der Tauftext

Nach der Befragung der Eltern folgt ein Tauftext aus der Bibel. Da ist es auch sinnvoll, dass die Eltern sich überlegen, welcher Bibeltext für sie das Geheimnis der Taufe am besten zum Ausdruck bringt. Das Taufbuch bietet eine reiche Auswahl an möglichen Bibelstellen an. Manche wählen einen Text, der nicht unbedingt nur von der Taufe handelt, sondern der mehr ein Bild oder Programm für das Leben ihres Kindes sein könnte. Ein Elternpaar wählte den Text vom Seesturm und gestaltete die ganze Tauffeier auf dem Hintergrund dieses Bildes. Sie formten Nussschalen als kleine Kerzen, die dann auf dem Ozean des Lebens leuchten sollten. Andere Eltern lasen Psalm 139 vor, in dem von der Hand Gottes die Rede ist, die uns von allen Seiten umschließt. Ihnen war das Bild der guten Hand Gottes wichtig, die das Kind schützt. Jedes Kind hat nicht nur die Hände des Vaters und der Mutter, die es streicheln. Da ist auch ein Engel um das Kind, der seine zärtliche Hand um das Kind legt, um es vor Gefahren zu schützen und um es die unerschöpfliche Liebe Gottes spüren zu lassen, wenn die Liebe der Eltern gerade an ihre Grenze kommt.

Das Kreuzzeichen

Nach einer kurzen Ansprache, in der der Priester vor allem die Gedanken und Bilder ausdeutet, die in der gemeinsamen Vorbereitung wichtig geworden sind, beginnt der eigentliche Ritus mit dem Kreuzzeichen, das nicht nur der Priester, sondern auch die Eltern und Paten und – wenn möglich – auch alle Anwesenden dem Kind auf die Stirn zeichnen. Mit dem Kreuzzeichen drücken wir aus, dass das Kind Gott gehört und nicht dem Staat, nicht irgendeinem Kaiser oder König. Es ist nicht dazu da, die Erwartungen anderer zu erfüllen, sondern in Freiheit seinen Weg zu gehen. Das Kreuz ist auch Symbol für die Einheit aller Gegensätze. Für Johannes ist es Zeichen für die Liebe, mit der Christus uns bis zur Vollendung geliebt hat. So sagen wir dem Kind im Kreuzzeichen zu: »Es ist gut, dass es dich gibt. Alles an dir ist gut. Die Gegensätze sollen dich nicht zerreißen. Du bist eins mit dir selbst, weil du von der Liebe Christi geeint wirst. Du bist ganz und gar angenommen und geliebt. Es gibt nichts in dir, was nicht von der Liebe Gottes berührt ist.« Und im Kreuzzeichen machen wir Gottes Zusage deutlich: »Ich werde mit dir sein, wohin du auch gehst. Ich bin bei dir. Ich gehe alle deine Wege mit, auch die Kreuzwege, die Irrwege und Umwege.«

Die Heiligenlitanei

Nach dem Kreuzzeichen werden die Heiligen angerufen und die Fürbitten für das Kind gesprochen. Die Eltern und Verwandten können diesen Teil sehr persönlich gestalten. Eine Möglichkeit wäre, dass jeder über seinen eigenen Namenspatron nachdenkt und dem Täufling etwas wünscht, was dieser an Haltung verwirklicht hat. Da wünscht eine Mutter, die Maria heißt, dass das Kind so bereit ist, sich auf Gott einzulassen wie Maria. Oder eine Monika wünscht ihm, dass es nie aufgibt, auch wenn nach außen hin alles aussichtslos erscheint.

Die Taufe

Der Vater wünscht dem Sohn, dass er wie Georg zu kämpfen versteht. Für mich ist beim heiligen Anselm so faszinierend, dass er als liebenswürdigster Mensch seiner Zeit angesehen wurde. So wünsche ich, dass das Kind etwas von dieser Liebenswürdigkeit des Anselm erhält. Oder aber die Eltern beschäftigen sich schon vor der Taufe intensiv mit dem Namenspatron des Kindes. Dann können sie an dieser Stelle etwas aus seinem Leben erzählen und ihm das wünschen, was dieser Heilige darstellt. Die Kinder, die an der Taufe teilnehmen, können schon vorher Bilder malen, in denen sie ausdrücken, was sie dem Täufling wünschen. Das wäre vor allem für die Geschwister eine gute Vorbereitung auf die Taufe. Manche verlegen die Fürbitten für das Kind auf die Übergabe der brennenden Taufkerze an die Eltern. Alle Anwesenden werden dann eingeladen, an der Taufkerze ihre eigenen Taufkerzen oder Teelichter anzuzünden und dem Täufling dabei die Wünsche zu sagen, die einem spontan kommen oder die man sich vorher schon aufgeschrieben hat.

Die Handauflegung

Der Ritus sieht dann die Handauflegung und das Gebet um Schutz für das Kind vor. Es ist sinnvoll, wenn nicht nur der Priester, sondern auch die Eltern dem Kind ihre Hand auflegen, auf den Kopf oder auf die Schultern. Dann wird der Sinn des Gebets handgreiflich, dass Gott seine gute und schützende Hand immer über das Kind halten und es vor dem Bösen bewahren und in der Gefahr beschützen möge. Zur Bekräftigung dieser schützenden Gebärde wird das Kind dann mit dem Katechumenenöl, dem Öl der Heilung, gesalbt, damit Christi heilende Kraft all seine Wunden zu Perlen verwandeln möge. Auch wenn die Eltern es noch so gut meinen, sie werden das Kind dennoch verletzen. Die Salbung mit dem Öl der Heilung nimmt den Eltern die Angst vor den eigenen Fehlern und stärkt ihr Vertrauen, dass die Wunden durch die heilende Kraft Christi zu etwas Kostbarem verwandelt werden, zu einem Schatz, der das Kind befähigt, offen zu sein für die Menschen und für Gott.

Die Segnung des Taufwassers

Dann wird das Taufwasser gesegnet. Im Segensgebet werden all die belebenden, reinigenden, erfrischenden und erneuernden Wirkungen des Wassers benannt, wie sie in der Geschichte Gottes mit seinem Volk Israel und wie sie in der Zeit Jesu erzählt wurden. Das Gebet erinnert an das Urbild der Taufe, an den Durchzug der Israeliten durch das Rote Meer, in dem alle feindlichen Ägypter untergingen. Und es spricht vom Blut und Wasser, die aus der durchbohrten Seite Jesu flossen. In der Taufe strömt die menschgewordene Liebe Gottes aus dem Herzen Jesu, um das Kind neu zu schaffen. Um das Geheimnis des Taufwassers zu meditieren, könnte man hier einen Quellentanz um das Wasser tanzen. Im Tanz umschreiten wir den Taufbrunnen, damit er auch in uns zu fließen beginnt.

Absage an das Böse

Nach der Wasserweihe ist die Absage an das Böse vorgesehen. Dieser Ritus war in der frühen Kirche sehr wichtig. Denn die Täuflinge entschieden sich bewusst gegen das sinnlose und gottlose Leben, wie sie es in ihrer Umwelt wahrnahmen. Und sie entschieden sich

Die Taufe

für ein Leben mit und in Christus. Wenn ein Erwachsener getauft wird, hat dieser Ritus sicher seine Bedeutung. Der Ritus zeigt die Gefährdung des Lebens auf. Es ist nicht selbstverständlich, dass das Leben gelingt. Es ist auch angefochten. Die Frage ist, wie wir heute die Absage an das Böse so vollziehen können, dass es unserer Erfahrung entspricht. Das Böse erscheint uns heute in Tendenzen unserer Gesellschaft, die die Würde des Menschen mit Füßen treten, in der Unempfindlichkeit und Härte, in ungerechten Strukturen, in krank machenden Lebensbedingungen, in Gewalt und Terror. Damit das Kind nicht vom Bösen infiziert und am Leben gehindert wird, sagen sich die Eltern und Verwandten bewusst vom Bösen los. Sie drücken ihre Bereitschaft aus, sich gegen lebenshemmende Tendenzen unserer Gesellschaft zu stellen und Widerstand zu leisten, wo die Würde des Menschen verletzt wird und lebensfeindliche Kräfte die Oberhand gewinnen.

Manche tun sich jedoch schwer, die negativen Formulierungen nachzuvollziehen. Eine Frau konnte von einer Taufe, an der sie teilnahm, nur noch erzählen, dass da ständig vom Teufel die Rede gewesen sei. Das habe ihr Angst gemacht. Man könnte den Ritus der Absage auch anders gestalten. Eltern und Paten könnten in persönlichen Worten ausdrücken, wo sie sich gegen negative Tendenzen unserer Zeit abgrenzen und wo sie Widerstand leisten möchten. Oder sie könnten die Widerstände gegen destruktive Kräfte symbolisch ausdrücken, in einem Bild etwa, das den inneren Schutzkreis des Glaubens von den Bedrohungen von außen abgrenzt. Dann könnten die Teilnehmer einen schützenden Kreis um die Mutter und das Kind bilden und gemeinsam ein Gebet sprechen oder ein Lied singen, etwa das »Ubi caritas et amor«. Denn der Sinn dieses Ritus ist ja nicht nur die Entscheidung für Christus, sondern auch die Erfahrung einer Gemeinschaft, die das Kind vor dem Bösen schützt. Das Kind wird in eine Welt hineingeboren, in der es von Anfang an auch dem Bösen begegnet. Aber dort, wo glaubende Menschen um das Kind sind, erfährt es auch den heilenden und schützenden Raum der Kirche, in dem das Böse keine Macht hat.

Es wäre sicher zu wenig, diesen Ritus der Absage an das Böse einfach zu übergehen. Gerade das Sperrige dieses Ritus fordert die Eltern heraus zu überlegen, wie sie den Sinn dieser alten Praxis für sich und ihr Kind auf eine für sie stimmige Weise erfüllen können. Bei einer Taufe lud ich alle Kinder ein, sich um die Mutter und den Täufling zu scharen. Wenn sie wollten, könnten sie ihre Hände schützend über das Kind halten. Wir sangen dabei immer den gleichen Segensvers: »Du bist gesegnet, ein Segen bist du.« Die Kinder schauten fasziniert auf den Täufling. Und der fühlte sich in ihrer Mitte sehr wohl. Es entstand eine ganz dichte Atmosphäre, ein Schutzraum, ein Raum von Geborgenheit und Liebe, in dem sich das Kind sicher wusste vor feindlichen Kräften und Schwingungen. Da war auf einmal allen klar, was die Absage an das Böse wirklich bedeutete. Und die Qualität dieser Absage und des Schutzraumes von Liebe und Vertrauen war im Raum spürbar.

Eingetaucht in die Liebe

Nach der Absage und dem Glaubensbekenntnis folgen dann die eigentlichen Taufriten: das Übergießen mit Wasser und die Salbung mit Chrisam. Beim Übergießen mit Wasser sollten die Kinder möglichst nahe dabei sein. Kinder wollen etwas sehen und erleben. Dass

Die Taufe

dreimal das Wasser über den Kopf des Kindes ausgegossen wird, fasziniert die Kinder immer. Beim dreimaligen Übergießen spricht der Priester: »N.N., ich taufe dich im Namen des Vaters und des Sohnes und des Heiligen Geistes.« Das Kind wird hineingenommen in die Gemeinschaft des dreifaltigen Gottes. Es wird eingetaucht in die Liebe zwischen Vater und Sohn, die im Heiligen Geist ausgegossen wird in die Herzen der Menschen. Wenn es angebracht ist, kann man vom Taufwasser auch einige Spritzer an die Umstehenden verteilen, damit alle etwas von der belebenden und erfrischenden Kraft des Wassers erfahren und alle teilhaben an der Gemeinschaft des dreifaltigen Gottes.

König, Priester und Prophet

Die Salbung mit Chrisam wird erst wirklich erfahrbar, wenn das Chrisam auch einen guten Duft verbreitet. Ich salbe nicht nur das Kind mit Chrisam, sondern auch die Eltern und Paten. Auch sie sind ja königliche, prophetische und priesterliche Menschen, die bei der Taufe ihre priesterliche Aufgabe mit erfüllen. Bei der Salbung spreche ich in persönlichen Worten aus, was die vorgegebene Formulierung meint. Das kann so lauten: »Christus hat dir aus dem Wasser und dem Heiligen Geist neues Leben geschenkt. Er salbe dich zum Priester, damit du durchlässig wirst für Gottes Liebe; zum König, damit du als freier Mensch lebst, im Bewusstsein deiner göttlichen Würde; und zum Propheten, damit du das Wort verkündest, das Gott allein durch dich in dieser Welt zum Klingen bringen will.« Eltern und Paten gebe ich bei der Salbung andere Zusagen als dem Kind. Die Mutter salbe ich zur Priesterin, Königin und Prophetin; den Vater zum Priester, dass er Gottes Spuren im Leben des Kindes entdeckt; zum König, dass er selbst lebt, anstatt gelebt zu werden; und zum Propheten, dass er Gott in seiner Weise zum Ausdruck bringt.

Bild Gottes

Dann wird dem Kind das weiße Kleid angezogen. Auch das kommentiert der Ritus mit dem Hinweis auf Galather 3,27, dass das Kind Christus selbst anzieht und in ihm Gottes Schönheit. Das weiße Kleid ist ein Bild von Reinheit und Lauterkeit. Es drückt aus, dass das Kind ganz und gar durchlässig ist für Christus und seine Herrlichkeit. Im Kind leuchtet uns die Liebe Christi auf, ohne durch menschliche Absichten und Egoismen verdunkelt zu werden. Indem wir dem Kind das weiße Kleid anziehen, wünschen wir ihm, dass es das einmalige Bild Gottes unverfälscht darstellt und dass es in Klarheit und Lauterkeit lebt, ohne sich von den Gefährdungen und Anfechtungen verbiegen zu lassen.

Licht der Auferstehung

Das Anzünden der Taufkerze ist für alle immer ein erhebender Augenblick. Wenn ich sie an der Osterkerze anzünde, bete ich, dass das Licht der Auferstehung, das die Nacht des Todes erleuchtet, alle Nächte dieses Kindes erhellen möge. Ich halte die brennende Kerze nahe an das Kind und wünsche ihm, dass es Licht in die dunkle Welt bringe und Wärme dorthin, wo es kalt ist und die Gefühle zu vereisen drohen. Dann entzünden die Kinder und die Erwachsenen ihre eigenen mitgebrachten Taufkerzen an der Kerze des Täuflings. Die eine

Taufkerze bringt viel Licht in die Kirche. Da werden viele Gesichter hell und es entsteht eine Atmosphäre von Wärme und Geborgenheit. Es wird deutlich, dass durch dieses Kind die Welt heller und wärmer geworden ist. Wenn das Licht Christi in ihm leuchtet, dann dürfen viele Menschen an ihm die beglückende Erfahrung machen, dass sie getröstet und erleuchtet von dem Kind weggehen. Meistens stellen sich alle mit ihrer Kerze in der Hand in den Kreis. Manchmal haben die Eltern auch etwas vorbereitet. Sie haben Schwimmkerzen gekauft, die die Kinder dann in die Taufschale legen können. Oder sie haben auf den Boden mit Sand und Tüchern ein Meer angedeutet, in das die Kinder ihre Lichter stellen, damit sie wie ein Leuchtfeuer vielen leuchten, die auf dem Meer ihres Lebens dahinfahren. Die Kinder scharen sich gerne um dieses Lichtermeer und schauen gebannt hinein. Da leuchtet ein Schein der Taufe auch in ihr Herz hinein.

Der Effata-Ritus

Der letzte Taufritus ist der sogenannte Effata-Ritus. Jesus hat dem Taubstummen Mund und Ohr geöffnet. Taufe bedeutet, dass der Mensch nun das Wort Gottes richtig hören und es auch mit seinem Mund verkünden soll. Der Taubstumme war eingeschränkt in seiner Kommunikation. Er konnte keine wirkliche Beziehung aufnehmen zu den Menschen. Viele Menschen leiden heute unter Beziehungslosigkeit. Beziehung nehmen wir auf mit unseren Sinnen, mit den Ohren, den Augen, dem Mund, mit unserem Tast- und Geruchssinn, mit unseren Händen und Füßen. Ich erweitere daher den Effata-Ritus zum Öffnen aller Sinne. In der Taufe soll ja das Geheimnis des menschlichen Lebens dargestellt werden. Sein Leben soll sinn- und sinnenvoll sein.

Und dazu gehört wesentlich die Beziehungsfähigkeit. Nur wenn der Mensch mit allen Sinnen lebt, kann er eine gute Beziehung aufnehmen zu Gott, zu den Menschen, zu den Dingen und zu sich selbst.

Ich beginne damit, dass ich meine Hand auf den Mund des Kindes lege und ihm wünsche, dass es Worte sagen möge, die Leben wecken und Frieden stiften, die andere aufrichten und ermutigen, Worte, die Liebe verströmen, die Wunden heilen und Trauer trösten. Dann legen Vater und Mutter ihre Hand an die Ohren und auf die Augen des Kindes und formulieren ihre Wünsche.

So ein Ritus ist eine Möglichkeit, Gefühle und Wünsche zum Ausdruck zu bringen, die sonst vielleicht nie gesagt würden. Es ist ja ganz wichtig, wie das Kind seine Augen gebraucht, ob es die Augen vor der Wirklichkeit verschließt oder ob es die Schönheit dieser Welt schaut und bestaunt, ob es das Gute in jedem Menschen sieht, ob seine Augen Wärme und Lebendigkeit ausstrahlen oder nur Depressivität verbreiten. Und mit den Ohren soll das Kind hören, was Gott ihm sagen möchte, was die eigentliche Botschaft der Worte ist, die es von den Menschen hört. Es soll auf die Zwischentöne, auf die leisen Töne hören, damit es den Menschen gerecht werden kann. Es soll so hören können, dass andere gerne zu ihm kommen, um sich auszusprechen.

Die Paten berühren segnend die Hände und Füße des Kindes und wünschen ihm, dass die Hände zupacken, wo Not ist, dass sie zärtlich sind, dass sie geben und nehmen, sich öffnen und empfangen, dass sie das Leben in die Hand nehmen und Lust daran haben, es zu formen und zu gestalten. Das Kind möge mit seinen Füßen die richtigen Wege gehen, es möge vorankommen auf seinem inneren Weg, es soll den Zugang zu anderen finden und sich auf seinem Le-

Die Taufe

bensweg immer wieder wandeln, bis es ans Ziel seiner Verwandlung kommt. Ein Bub mit sechs Jahren wollte seinem Bruder bei der Taufe unbedingt auch die Nase öffnen. Er legte seinen kleinen Finger auf die Nase des Täuflings und wünschte ihm, dass er immer etwas Gutes zu riechen und dass er einen guten Geschmack habe. Durch solche Rituale wird den Eltern und Paten und Geschwistern klar, was Leben eigentlich heißt, dass der Täufling das Leben in Fülle erfahren möge, das Leben, so wie Gott es ihm zugedacht hat mit allen Möglichkeiten, die gerade in den Sinnen liegen. Durch die Sinne nehmen wir die Wirklichkeit wahr und kommen mit ihr in Beziehung. Die Sinne sind auch der Ort der Gotteserfahrung. Durch sie wird unser Leben bereichert und befruchtet.

Der Segen

Nach diesen Riten, die immer wieder auch durch Lieder unterbrochen werden können, betet nun die ganze Gemeinde stellvertretend für das Kind das »Vaterunser«. Es ist schön, wenn dabei alle ein oder zwei Kreise bilden und sich an der Hand fassen. So wird deutlich, dass Gott der eigentliche Vater und die eigentliche Mutter dieses Kindes und von uns allen ist, dass Gott allein wahre Geborgenheit und Heimat schenken kann. Im Gebet kann der Geist Jesu durch unsere Hände strömen, damit er uns miteinander in Gott verbindet. Dann werden Mutter und Vater gesegnet. Die ursprüngliche Form des Segens ist die Handauflegung. In dem persönlich formulierten Segen wünsche ich der Mutter, dass sie dem Kind Geborgenheit und Heimat, Urvertrauen und Zustimmung zum Leben schenken möge, dass sie sich in ihrer Liebe zum Kind nicht verausgabe, sondern immer aus der Quelle der göttlichen Liebe schöpfen möge, dass sie immer dankbar auf das Geheimnis des Kindes schauen und sich an seiner Einmaligkeit freuen könne. Dem Vater spreche ich im Segen zu, dass er teilhaben möge an der Vaterschaft Gottes, dass er dem Kind den Rücken stärken und ihm Mut zum Wagnis schenken möge. Er möge für den Sohn oder die Tochter immer da sein, wenn sie ihn brauchen, dass sie sich an ihn anlehnen und an seiner Kraft teilhaben können. Und er möge sie auf allen Wegen begleiten, wohin auch immer sie der Weg führen mag.

Dann werden alle Anwesenden gesegnet. Ich spreche den Segen immer gemeinsam mit den Eltern, die dafür oft selbst ein Segensgebet ausgesucht oder formuliert haben. Wenn die Eltern über alle den Segen sprechen, wird ihre priesterliche Aufgabe deutlich. Sie haben dem Kind Leben geschenkt, weil Gott sie dazu befähigt hat. Sie wollen im Segen nun auch allen etwas von der Fülle des Lebens zusagen, das Gott für uns alle bereithält. Der Segen der Eltern könnte so lauten: »Der barmherzige und gute Gott segne euch. Er halte seine gute Hand über euch. Er sei euch Licht auf eurem Weg. Er stärke euch mit seiner Kraft. Er sei euch eine Quelle, aus der ihr immer trinken könnt. Er sende euch immer den Engel, den ihr braucht. Er richte euch auf, wenn das Leben euch beugt. Er heile euch, wenn alte Wunden aufbrechen. Er begleite euch auf allen Wegen eures Lebens. Er hülle euch ein mit seiner heilenden und liebenden Nähe. Und er mache euch selbst zu einer Quelle des Segens für eure Brüder und Schwestern. So segne euch der gütige und barmherzige Gott, der Vater, der Sohn und der Heilige Geist.«

Die Taufe

Das Wesen der Taufe

Wie die Eltern und Paten gemeinsam mit dem Priester die einzelnen Taufriten gestalten, müssen sie im Gespräch mit dem Zelebranten selbst herausfinden. Es ist nicht nur eine Frage der schönen Gestaltung. Vielmehr wird in der Vorbereitung des Taufrituals deutlich, wie die Eltern die Taufe verstehen. Und sie werden dabei immer tiefer in das Wesen der Taufe hineinwachsen. Der Ritus wird seine Wirkung zeigen. Wenn er gut vorbereitet wird, dann stößt man auf zentrale Fragen wie: Was ist der Mensch? Was ist Leben? Was heißt eigentlich Christsein? Was meint nun die Taufe wirklich? Was ist das Geheimnis des christlichen Lebens? Was bedeutet es, sich für Christus zu entscheiden und gemeinsam mit Christus seinen Weg zu gehen? Was bewirken die Riten? Sind sie nur ein schönes Schauspiel oder glauben wir an das, was wir da vollziehen? Wie nahe ist uns Gott? Wie nahe kommt uns dieser Jesus von Nazaret in der Taufe und wie prägt er unser Leben? Würde ich mein Leben ohne Christus genauso gestalten oder hat dieser Jesus einen Einfluss auf meine Art, zu leben, zu denken und zu handeln?

Wenn Eltern gemeinsam mit dem Priester den Taufritus gut vorbereiten, geschieht in ihnen mehr, als wenn der Priester moralisierend an sie appelliert, wie wichtig es wäre, das Kind auch christlich zu erziehen. Durch die Auseinandersetzung mit den Riten entdecken viele Eltern ihre christlichen Wurzeln wieder. Ich möchte ihnen im Gespräch kein schlechtes Gewissen vermitteln, dass sie doch wieder christlicher leben sollten. Vielmehr wecke ich durch das Gespräch über die Riten ihre Lust, selbst nachzudenken, wie sie ihr Leben als Christen verstehen und leben möchten. Und auf einmal entdecken sie, dass der christliche Glaube nicht weltfern ist, sondern dass er ihnen ein Leben ermöglicht, das geprägt ist von Freiheit und Würde, von Liebe und Geborgenheit, von Kraft und Halt. Sie spüren, dass der Glaube wirklich Lebenshilfe ist und dass er dem Leben seine wahre Qualität schenkt.

III. Leben aus der Taufe

Die Tauferneuerung

Am Fest der Taufe Jesu und in der Osternacht lädt die Kirche alle Gläubigen ein, ihre eigene Taufe zu erneuern. Sie erhofft sich davon, dass die Christen wieder neu aus dem Geheimnis ihrer Taufe leben. Da die meisten als Kinder getauft wurden, bewirkt die Erinnerung an die eigene Taufe wenig. Man kann dann noch so sehr fordern, die Christen sollten aus ihrer Taufwirklichkeit heraus leben. Sie wissen meistens gar nicht, was damit gemeint ist. Wer als Erwachsener getauft wurde, wird sich immer wieder daran erinnern können, was da in ihm geschehen ist. Er kann – wie es die frühen Christen taten – seine Absage an das Böse und seine Entscheidung für Christus im Gedenken an seine Taufe erneuern und bestätigen.

Aber was heißt es für uns, die wir als Kinder getauft wurden, aus der Wirklichkeit der Taufe heraus zu leben? Für mich bedeutet Leben aus der Taufe, bewusster und authentischer zu leben, aus einer anderen Dimension heraus zu leben, aus der Dimension der Gnade und nicht der Leistung, frei zu sein gegenüber den Erwartungen der Welt, aus der inneren Quelle heraus zu wirken und nicht nur aus eigener Kraft. Die Tatsache, dass ich getauft bin, stellt mich immer wieder vor die Frage: Was heißt es, Mensch zu sein? Wer bin ich wirklich? Woher komme ich? Wohin gehe ich? Was möchte ich mit meinem Leben? Was ist das Geheimnis meines Lebens? Was heißt es, Christ zu sein? Wie versteht Jesus Christus mein Leben?

Was will er mir heute sagen? Welche Chance besteht darin, heute in Gemeinschaft mit Jesus Christus zu leben? Wie unterscheide ich mich von Menschen, die nicht getauft sind?

Ich bin getauft

Von Martin Luther wird erzählt, dass er auf seinem Schreibtisch das Wort eingeritzt hat: »Baptizatus sum« – »Ich bin getauft«. Immer wenn es ihm schlecht ging, wenn er von Selbstzweifeln und Minderwertigkeitsgefühlen heimgesucht wurde, sah er auf diesen Satz und sagte sich ihn vor. »Ich bin getauft«, das hieß für ihn: Es kommt nicht auf meine Leistung an, nicht darauf, ob alles, was ich tue, richtig ist, ob ich vor Gott selbst richtig lebe. Das Entscheidende ist, dass Gott mich bedingungslos angenommen hat, dass er mich vorurteilslos liebt, dass Gott mich richtig macht, dass meine Gerechtigkeit von Gott kommt und nicht von meiner Leistung.

So könnte für uns die Erinnerung an die Taufe bedeuten, sich zu vergewissern, dass wir Gottes geliebte Söhne und Töchter sind. Jeder Mensch sehnt sich im Tiefsten danach, geliebt zu werden und selbst lieben zu können. Die Taufe sagt uns, dass wir absolut geliebt sind, dass es nichts in uns gibt, was von dieser Liebe Gottes ausgeschlossen ist. Die Liebe ist die Grundtatsache, auf der wir unser Leben aufbauen können. Und die Liebe Gottes ist nicht brüchig wie die Liebe, die wir von Menschen erfahren. Sie ist nicht ambivalent wie die Liebe der Eltern, die ihre Liebe oft genug mit dem Anspruch der Dankbarkeit verbinden oder uns in ihrer Liebe festhalten möchten. Immer wenn wir an uns selbst zweifeln, wenn wir uns minderwertig fühlen, wenn wir uns selbst ablehnen, wäre die Erinnerung an unser bedingungsloses Angenommensein in der Taufe eine Hilfe, uns selbst bejahen und lieben zu können.

Die Quelle des Lebens

Die Erinnerung an die Taufe will uns nicht in erster Linie dazu auffordern, die Gebote Jesu zu erfüllen und richtig zu handeln. Sie will uns vielmehr sagen, wer wir eigentlich sind. Nur wenn wir uns immer wieder bewusst machen, wer wir sind, können wir richtig leben. Die Taufe sagt uns, dass wir nicht nur Kinder unserer Eltern sind, sondern Kinder Gottes. Wir haben in uns nicht nur die Eigenschaften, die wir von den Eltern ererbt haben, sondern in uns fließt göttliches Leben. Wir müssen uns nicht nur mit der Kraft begnügen, die wir in unserem Leib und unserer Psyche mitbekommen haben. In uns strömt die Quelle des Heiligen Geistes, die nie versiegt. Aus ihr können wir immer wieder schöpfen, selbst wenn uns unsere Kraft verlässt. Da haben wir Anteil an der unbegrenzten Kraft Gottes, die uns aus dieser göttlichen Quelle zufließt. Die Erinnerung an die eigene Taufe entlastet uns vom Leistungsdruck, dass wir alles selbst machen müssten, dass wir unseren Wert beweisen müssten. Und sie befreit uns von der Angst, dass uns die Kraft ausgehen könnte.

Manchmal machen wir die Erfahrung, dass alles in uns erstarrt. Wir fühlen uns versteinert. Die Arbeit hat uns hart gemacht. Es fließt nichts mehr in uns. Wir haben einen Panzer um uns gebaut, damit wir uns erfolgreich durch das Leben kämpfen. Aber der hat uns unempfindlich gemacht. Und er hat uns vom Strom des Lebens abgeschnitten. Es fließt nichts mehr in uns. Alles ist nur noch Routine. Wenn es uns so ergeht, dann könnte die Erinnerung an die

Taufe den inneren Strom wieder zum Fließen bringen. Wir könnten wieder in Berührung kommen mit der inneren Quelle. Leben will fließen. Erstarrung in Routine ist der Tod des Lebens. Die Taufe will uns davor bewahren, zu versteinern. Sie will die Blockaden auflösen, damit das Leben in uns wieder zu strömen beginnt.

In Gemeinschaft

Getauft sein heißt für mich aber nicht nur, aus der göttlichen Quelle heraus zu leben, sondern auch in Gemeinschaft mit Jesus Christus zu sein. Wenn ich in mich hineinschaue, stoße ich nicht nur auf meine Lebensgeschichte, sondern auch auf Jesus Christus als meine innerste Wirklichkeit. In der Taufe bin ich zusammengewachsen mit ihm. Wie prägt diese Tatsache mein Leben, meine Selbstwahrnehmung? Die Meditation meiner Taufe bedeutet für mich, dass ich mich nie allein fühle. Wenn ich jetzt am Schreibtisch sitze und an diesem Text schreibe, dann muss ich mir die Gedanken nicht abquälen. Mit mir und in mir ist Jesus Christus. Ich muss gar nicht immer an ihn denken. Ich muss nicht jeden Augenblick in der Bibel lesen, um mit ihm in Kontakt zu kommen. Er ist in meinem Innern. Wenn ich mir dessen bewusst werde, dann fühle ich mich entlastet von dem Druck, mein Leben selbst bestehen zu müssen. Ich fühle mich in Beziehung. Der Gedanke an Jesus in mir lässt die Liebe durch meinen Leib strömen. Ich bin nicht isoliert, sondern eingetaucht in eine Liebe, die mir persönlich gilt, die aber durch mich auch weiterströmen will in diese Welt. Mit Jesus zusammengewachsen sein, das heißt für mich, nie einsam sein, auch in der Einsamkeit um diese innere Beziehung wissen, nie ratlos sein, nie ohne Beistand, nie ohne Liebe, nie ohne Schutz.

Das Weihwasser

Die Taufe wurde in vielen Ritualen gespendet. Alltägliche Rituale können mich an die Wirklichkeit der Taufe erinnern. Da ist das Ritual, Weihwasser zu nehmen. Wir nehmen Weihwasser, wenn wir eine Kirche betreten. Manche haben auch in ihrer Wohnung ein Weihwasserbecken. Sie beginnen den Tag, indem sie sich mit Weihwasser bekreuzigen. Das Weihwasser will in uns die Erfahrung wachrufen, dass in uns die Quelle des Heiligen Geistes strömt, dass wir nicht ausgetrocknet und ausgebrannt sind, sondern dass immer wieder das erfrischende und erneuernde Lebenswasser Gottes in uns fließt. Das Weihwasser ist auch ein Bild dafür, dass wir in der Taufe ganz und gar reingewaschen wurden. Wenn ich mich mit dem Weihwasser bekreuze, dann erahne ich, was es heißt, ganz rein zu sein, durchlässig für Gott, reingewaschen von allen Trübungen, die das ursprüngliche Bild Gottes in mir verfälschen, reingewaschen von meiner Vergangenheit, von meiner Schuld. Die Flecken, die sich in meiner Lebensgeschichte in mich eingeprägt haben, lösen sich auf. Jetzt im Augenblick bin ich vor Gott, frei von allem, was mich befleckt und beschmutzt. Im Weihwasser steckt die Verheißung, dass ich mein Leben nochmals von vorne beginnen kann, dass ich täglich einen neuen Anfang setzen kann und nicht festgelegt bin durch das Vergangene, durch die Verletzungen meiner Lebensgeschichte, durch meine Schuld und durch mein Scheitern. Ich bekreuze meine Stirn, meinen Unterbauch, meine linke und rechte Schulter und bekenne damit, dass Gottes Leben und Liebe in meinem Denken fließen, in meiner Vitalität und Sexualität, in meinem Unbewussten und im Bewussten, dass alles in mir bedingungslos angenommen und geliebt ist, auch das, was ich gerne selbst von mir ausschließe. Indem ich mich mit Weihwasser bekreuze, komme ich in Berührung mit der Quelle, die in mir sprudelt und die meinen Durst löscht. Ich fühle mich eingetaucht in das göttliche Leben, in die göttliche Liebe.

Das Weihwasser erinnert mich aber auch daran, dass ich in der Taufe dieser Welt gestorben bin. Die Welt mit ihren Maßstäben hat keine Macht mehr über mich. Was sie von mir hält, ist nicht mehr wichtig. Ich bin nicht angewiesen auf die Bestätigung durch meine Umwelt. Ich lebe in dieser Welt, aber ich bin nicht von dieser Welt. Das gibt mir ein Gefühl von Freiheit. Jeden Morgen, wenn ich um 5.00 Uhr in die Kirche gehe und dabei Weihwasser nehme, mache ich mir bewusst: »Du musst dich heute nicht beweisen. Du bist nicht von der Welt. Die Maßstäbe dieser Welt, wie Erfolg und Anerkennung, Beliebtsein und Gebrauchtwerden, gelten nicht für dich. Lebe aus deiner innersten Wirklichkeit, lebe aus Jesus Christus heraus!« Wenn ich mich achtsam mit dem Weihwasser benetze, dann steigt in mir eine Ahnung davon hoch, was Christsein bedeutet: Freisein, Geliebtsein, aus der Wirklichkeit Gottes heraus leben, eine unantastbare Würde haben.

Christus als Gewand anlegen

In der Taufe haben wir Christus angezogen. Das klingt oft wie ein frommer Satz, der sich aber nicht auf mein Leben auswirkt. In der geistlichen Tradition war es üblich, dass der Priester beim Anlegen

Die Taufe

seiner priesterlichen Gewänder jeweils ein Gebet gesprochen hat wie: »Ich will mich bekleiden mit den Gewändern des Heils.« Oder wenn er die Stola anzieht, spricht er: »Ich ziehe an das Gewand der Unsterblichkeit.« In unserer Mönchstradition ist es Brauch, den Habit und die Kukulle mit eigenen Gebeten anzulegen. Wenn ich am Morgen bewusst meinen Habit anziehe, dann sage ich mir vor: »Ich gehöre nicht mir selbst, sondern Gott. Ich stehe in seinem Dienst und nicht in meinem eigenen.« Und ich kann mir vorstellen, dass Christus mich umgibt wie das Gewand, das ich trage. Gemeinsam mit ihm gehe ich durch den Tag. Zum Chorgebet ziehen wir über unseren Habit die Kukulle, die die geistliche Tradition als Kreuzgewand verstanden hat. Wenn ich mir die Kukulle nicht nur schnell überstülpe, sondern sie achtsam anlege, dann ahne ich, was es heißt: mit Christus zusammenzuwachsen, Christus als mein Gewand anzulegen, an seiner Gestalt Anteil zu haben, mit seinem Geist bekleidet zu werden.

Der königliche Mensch

Ich kann mich auch an meine Taufe erinnern, indem ich bewusst aufrecht durch das Leben gehe, indem ich mich als König oder Königin fühle. Dann spüre ich meine Würde. Ich ahne, wie es ausschauen würde, wenn ich wirklich selbst lebe, anstatt gelebt zu werden, wenn ich über mich selbst herrsche, anstatt von anderen bestimmt zu werden, wenn ich mit mir im Frieden wäre. Indem ich mir das Bild des Königs, des Propheten oder des Priesters vor Augen halte, werde ich mich anders erleben. Und wenn ich mich anders fühle, werde ich auch anders denken und handeln. Mein Denken wird nicht mehr davon geprägt sein, mich mit anderen zu vergleichen, Ressentiments gegen andere zu hegen, mir ärgerliche Gedanken über sie zu machen. Als königlicher Mensch werde ich auch ihre Würde achten. Dann habe ich es nicht mehr nötig, mich ständig mit ihnen zu beschäftigen, sie zu entwerten oder zu kränken, um mich besser zu fühlen. Wenn ich mit mir im Einklang bin, werde ich auch den anderen den Raum zugestehen, dass sie ihre Würde leben können.

Entscheidung für das Leben

In der Taufe haben wir bewusst dem Bösen abgesagt. Sich an die Taufe zu erinnern heißt immer wieder auch, sich für Gott und für das Leben zu entscheiden. Ich erlebe häufig Menschen, die in ihrem Selbstmitleid zu versinken drohen. Sie kommen morgens kaum aus dem Bett, weil es ihnen immerzu schlecht geht. Sie bedauern sich selbst und kreisen nur um ihre depressiven Gefühle. Ihnen sage ich immer wieder: »Du musst dich für das Leben entscheiden. Wenn du aufstehst, dann stehe in das Leben hinein auf und nicht in deine Depressivität.« Wenn ich mich selbst dabei ertappe, dass ich zu jammern beginne, wie schwer alles ist, dann hilft mir die Erinnerung an die Taufe. Und ich sage mir dann vor: Ich will leben, anstatt zu jammern. Ich will das Leben selbst gestalten, als mich dem negativen Sog der anderen zu überlassen. Ich entscheide mich für das Leben.

Im Kirchenjahr sind es vor allem zwei Feste, die uns an die eigene Taufe erinnern: das Fest der Taufe Jesu am Sonntag nach Dreikönig und die Osternacht. Am Fest der Taufe Jesu besprengt der Priester zu Beginn der Eucharistie alle Gläubigen mit Weihwasser. Alle singen dazu den alten Gesang des »Asperges me«, das Psalm 51,9 zitiert: »Besprenge mich, o Herr, mit Ysop, und ich werde rein.

Die Taufe

Wasche mich, und ich werde weißer als der Schnee.« In der Osternacht segnet der Priester das Taufwasser. Er taucht die Osterkerze dreimal in das Taufwasser und spricht dazu: »Durch deinen geliebten Sohn steige herab in dieses Wasser die Kraft des Heiligen Geistes, damit alle, die durch die Taufe mit Christus begraben sind in seinen Tod, durch die Taufe mit Christus auferstehen zum ewigen Leben.« In unserer Kirche steht ein großes Becken voll Wasser bereit, damit die Gläubigen sich nach der Osternacht das geweihte Wasser mit nach Hause nehmen. Es soll sie die ganze Osterzeit daran erinnern, dass sie mit Christus auferstanden sind, dass das Leben auch in ihnen über den Tod gesiegt hat.

Zusammenfassung

Das Bedenken der Taufe und ihrer wunderbaren Riten will nicht nur den Eltern eine Hilfe sein, die Taufe ihrer Kinder gut vorzubereiten. Die Gedanken dieses Kapitels sollen vielmehr alle Getauften anregen, über das Geheimnis ihrer Taufe nachzudenken und sich dabei immer wieder zu vergewissern, wer sie durch die Taufe geworden sind. Die Bilder der Taufe wollen jeden Christen daran erinnern, was es bedeutet, Christ zu sein, welches Geheimnis es ist, Mensch zu sein, von Gott ganz und gar geliebt zu sein, Anteil zu haben an der göttlichen Natur, mit Christus zusammengewachsen zu sein. Für die frühen Christen war die Taufe ein so überwältigendes Erlebnis, dass die Erinnerung an sie ihnen immer wieder neu den Ursprung ihres Lebens vor Augen hielt. Für uns, die wir als Kinder getauft wurden, kann es hilfreich sein, uns bei der Mitfeier einer Taufe bewusst zu machen, dass all diese Riten an uns vollzogen wurden. Und dann können wir diese Riten meditieren und uns vorstellen, was das mit uns macht, dass wir zum Priester, zur Priesterin, zum König, zur Königin und zum Propheten, zur Prophetin gesalbt, dass wir im Wasser und Heiligen Geist getauft, dass uns die Sinne geöffnet wurden. Dann ahnen wir, wer wir eigentlich sind, was das Geheimnis unseres Lebens ist und was das Geheimnis Jesu Christi ist, mit dem wir in der Taufe zusammengewachsen sind.

Die Erinnerung an die eigene Taufe könnte uns helfen, uns unserer christlichen Identität bewusst zu werden. Allzu leicht sind wir in Gefahr, uns an diese Welt anzupassen. Dann wissen wir manchmal gar nicht, warum wir eigentlich Christen sind und was uns von den anderen unterscheidet, die ihr Heil auf dem Marktplatz spiritueller Wege suchen. Wir brauchen heute Hilfen, bewusst als Christen leben zu können, nicht indem wir uns gegenüber der Welt abschotten, sondern indem wir selbstbewusst in dieser Welt leben, im Bewusstsein, dass wir *in* der Welt sind, aber nicht *von* der Welt. Wir brauchen Wege der Einübung in unsere christliche Freiheit und Würde. Und wir brauchen Hilfen, unser Leben heute, da es von vielen lebenshemmenden Tendenzen bedroht ist, so zu leben, dass es diesen Namen wirklich verdient. Es geht um die Einübung in das ewige Leben, in ein Leben, das jetzt schon hineinreicht in das Leben Gottes, das durchwoben ist vom unsterblichen Leben Gottes.

Die Erinnerung an die eigene Taufe kann ein konkreter Weg sein, uns täglich neu das Wesen unseres Glaubens und unseres Lebens zu erschließen und so bewusster und authentischer als Christen zu leben.

Literatur

Alfred Delp, Gesammelte Schriften, Band IV,
Aus dem Gefängnis, hrsg. v. R. Bleistein, Frankfurt 1984.
Burkhard Neunheuser, Taufe, in: SM IV 825. (Sacramentum mundi, hrsg. v. Karl Rahner, Freiburg 1967)

Die Eucharistiefeier – Verwandlung und Einswerden

Einleitung

Die Eucharistie ist das Sakrament, das wir am häufigsten feiern. Der Priester feiert täglich die Eucharistie. Viele Christen gehen jeden Sonntag in die hl. Messe. Aber in den letzten Jahren ist der Gottesdienstbesuch stark zurückgegangen. Die sonntägliche Eucharistiefeier ist in eine Krise geraten. Junge Menschen klagen darüber, dass die Messe langweilig ist, dass sie immer gleich ablaufe. Sie »bringt« ihnen nichts. Erwachsene haben das Gefühl, dass da ein Ritus abgehalten wird, der mit ihnen nichts mehr zu tun hat, dass da eine Sprache gesprochen wird, die an ihrem Leben vorbeigeht. Es gibt zahlreiche Versuche, die Eucharistie abwechslungsreicher und lebendiger zu gestalten. Aber manchmal haben die Gläubigen in kreativen Pfarreien den Eindruck, dass sie sich ständig unter Leistungsdruck stellen, noch interessantere und spannendere Darstellungen der Eucharistie inszenieren zu müssen. Es geht dann mehr um die Inszenierung als um das Geheimnis dessen, was gefeiert wird.

Wenn wir nach den Ursachen fragen, warum die Eucharistie an Faszination verloren hat, so stoßen wir auf die zentrale Frage, wie wir unseren Glauben in der Zeit der Postmoderne gemeinsam zum Ausdruck bringen können. In der Eucharistiefeier verdichten sich die Probleme unserer heutigen Kirche, ja der ganzen Gesellschaft. Eucharistie ist Feier. Unsere Zeit neigt zur Gestaltlosigkeit.

Die Eucharistiefeier

 [Die Gestaltlosigkeit] knabbert an vielen Formen des Feierns oder verhindert sogar das Feiern.
ROOTMENSEN 70

Eucharistie ist Gedächtnis. In ihr werden inspirierende Geschichten der Vergangenheit erzählt. Unsere Zeit ist geschichtslos. Die Menschen wollen sich nicht an die Vergangenheit erinnern und von ihr lernen, sie möchten möglichst schnell vergessen. Alles geht nur auf das krampfhafte Erleben vom Hier und Jetzt;

 Wir leben praktisch ohne Geschichte und stehen mit viel Kurzsichtigkeit und Kurzatmigkeit in der Zeit.
ROOTMENSEN 145

Eucharistie ist die gemeinsame Feier. In der Zeit des Individualismus tun wir uns heute schwer, Gemeinschaft zu erfahren. In der Gemeinschaft der Eucharistiefeier kommen alle gruppendynamischen Schwierigkeiten in unserem Miteinander zum Tragen. Wir haben keine Lust, in die Feier der hl. Messe zu gehen, weil uns viele Menschen nicht passen, die wir dort treffen.

Ein weiteres Problem ist unsere Sprachlosigkeit. In einer »Schwatzkultur«, wie C. A. van Peursen unsere Kultur nennt, tun wir uns schwer, unseren Glauben in einer Sprache zu vermitteln, die die Menschen berührt. Nicht nur die Sprache der Talkshows, sondern auch die Konferenzsprache in den Firmen und die kirchliche Sprache sind letztlich eine »Sprache ohne Begegnung« (Rootmensen 39).

Heute muss uns alles etwas »bringen«, alles muss seinen Nutzen haben. Wenn wir mit dieser egoistischen Einstellung in die Eucharistie gehen, erleben wir sie als nutzlos und langweilig. Sie »bringt« uns nichts.

Die Frage ist, ob wir die Eucharistie unserer Zeit anpassen sollten und wie das gelingen könnte. Sicher braucht jedes Ritual immer auch die Reflexion und einen Wandel in der Gestaltung. Aber allein durch Kosmetik können wir die Eucharistie nicht attraktiver machen. Es geht einmal darum, Eucharistie so zu verstehen, dass sie uns wieder anspricht und fasziniert. Zum anderen sind gerade die Schwierigkeiten unserer postmodernen Zeit, die sich in der Eucharistie verdichten, eine Herausforderung, gegen die Versteppung unserer Welt Oasen zu schaffen, an denen wir aus der Quelle trinken können, um uns für die Wüstenwanderung zu bereiten.

Gerade in der Sprachlosigkeit unserer Zeit ginge es darum, eine neue Sprache zu lernen, die das Herz der Menschen berührt und ihnen neue Lebensräume erschließt. In der Unfähigkeit zur Gemeinschaft ginge es darum, mitten in der Individualisierung ein neues Miteinander zu ermöglichen. Gegen die Geschichtslosigkeit müssen wir die alten Geschichten so erzählen, dass wir uns darin wiederfinden und daraus heute anders und bewusster leben können. Gegen das Vergessen wollen wir das Gedächtnis des zentralen Ereignisses unserer Geschichte feiern, Tod und Auferstehung Jesu, durch das wir an alle Leidensgeschichten unserer Welt erinnert werden. Und gegen die Gestaltlosigkeit und eine versteppende Zeit ist es wichtig, miteinander Liturgie zu feiern:

 Feiernd durchbrechen wir den Zeitgeist, der nur auf unsere Digitaluhr ausgerichtet ist. Das kann uns Raum zum Leben geben und uns auf ungeahnte Oasen in dieser Zeit aufmerksam machen.

Um gegen die Tyrannei des Nutzens anzugehen, täte es uns heute gut, zweckfreie Räume zu haben, in denen es nur darum geht, unser Sein zum Ausdruck zu bringen, unser Sein als erlöste Christen. Und in einer Zeit, da das Ego so im Mittelpunkt steht, brauchen wir Orte, an denen die Herrschaft des Ego gebrochen wird und der Blick frei wird für Gott, Orte, an denen der Himmel sich öffnet und unsere Erde in ein neues Licht taucht.

Dieses Kapitel will den täglichen und sonntäglichen Gottesdienstbesuchern Anregungen geben, das, was sie immer wieder feiern, mit anderen Augen und bewusster zu erleben, damit sich ihr Leben im Alltag dadurch wandeln kann und sie neue Lust am Leben entdecken. Wir müssen uns immer wieder vergewissern, was wir eigentlich in der Eucharistie feiern und warum wir in den Gottesdienst gehen. Sonst wird unser Tun Routine und wir können es den Kindern nicht mehr vermitteln. Wir verstecken uns dann hinter Allgemeinplätzen, hinter denen wir die eigenen Zweifel verdecken. Aber was antworten Sie, wenn Sie Ihr Kind fragt, warum Sie am Sonntag in die Eucharistiefeier gehen? Was »bringt« es Ihnen? Was feiern Sie da? Wonach sehnen Sie sich?

Ich kenne viele Menschen, die eine tiefe Sehnsucht nach der Eucharistie haben. Sie können es oft gar nicht genau beschreiben, was sie in die hl. Messe treibt. Sie spüren einfach, dass sie die Feier der Eucharistie brauchen, um bewusst als Christen leben zu können. Eine Frau sagte mir, für sie sei das Wichtigste, sich im Gottesdienst vergessen zu können. Gerade in der Kommunion könne sie sich in Christus hineinfallen lassen, sich und ihre Probleme loslassen, sich in die Liebe Christi hineinbegeben und sich verlieren. Das sei für sie jedes Mal ein Augenblick absoluter Freiheit und Liebe. Da berühre sie das Geheimnis des Lebens. Das sei der dichteste Augenblick, den sie kenne. Daher drängt es sie immer wieder in die Eucharistie.

Evangelische Christen haben die Eucharistie in den letzten Jahrzehnten neu entdeckt. Die Lima-Liturgie entspricht nicht nur in ihrem Aufbau, sondern auch in ihrer Theologie dem katholischen Verständnis der Eucharistie. Während früher die evangelische Kirche vom Abendmahl sprach und die katholische Kirche von der hl. Messe, so wird heute in beiden Kirchen das gemeinsame Wort »Eucharistie« verwendet. Eucharistie heißt Danksagung. Wir danken Gott für alles, was er in Jesus Christus an uns getan hat. Diese Zeilen wenden sich in gleicher Weise an katholische und evangelische Christen. Evangelische Christen besuchen heute ohne Scheu die katholische Eucharistiefeier und Katholiken nehmen am evangelischen Abendmahl teil. Bevor sich die Kirchenleitungen über die Interkommunion einigen können, laden die Christen der verschiedenen Konfessionen einander ein, in der Kommunion die Einheit mit Christus in Dankbarkeit zu erfahren. Mögen diese Zeilen auch dazu beitragen, dass die Eucharistie als Sakrament der Einheit immer mehr zum Sauerteig wird, der die Christen durchdringt und miteinander verbindet.

Viele Christen leben heute in einer säkularisierten Umwelt, die kein Verständnis mehr für den christlichen Glauben, geschweige denn für die Eucharistie hat. Ich kenne junge Menschen, die aus der areligiösen Umgebung der neuen Bundesländer kommen. Sie ahnen, dass in der Eucharistie das Geheimnis des Christentums liegt. Aber sie können es für sich selbst und für ihre nichtgläubigen Freunde nicht erklären, was sie da eigentlich erwartet. Auch für sie schreibe ich dieses Kapitel. So wie Philippus in der Apostelgeschichte den äthiopischen Kämmerer fragt: »Verstehst du auch, was du liest?« (Apostelgeschichte 8,30), so möchte ich mit allen, die auf dem Weg sind und nach dem Ziel ihres Lebens suchen, mitgehen und sie im Blick auf die Eucharistie fragen: »Verstehst du auch, was du feierst?« Und wie Philippus möchte ich erklären, was wir feiern, damit die Leserin oder der Leser wie der Äthiopier »voll Freude« (Apostelgeschichte 8,39) weiterziehen kann.

I. Wege zum Eucharistieverständnis

In diesem Abschnitt kann es nicht darum gehen, eine vollständige Theologie der Eucharistie zu entwickeln. Es sollen nur einige Bilder angeschaut werden, die uns das Geheimnis der Eucharistie erschließen wollen. Die Eucharistiefeier besteht aus dem Wortgottesdienst, in dem wir das Wort Gottes hören und es so auslegen, dass wir uns selbst besser verstehen und den Sinn unseres Lebens und des Lebens der Mitmenschen erkennen können. Und die Eucharistie gipfelt im heiligen Mahl, in dem wir eins werden miteinander und mit Jesus Christus, der sich in den Gaben von Brot und Wein selbst zur Speise und zum Trank gibt. Jesus hat uns geboten, immer wieder dieses hl. Mahl zu feiern. Lukas überliefert uns das letzte Mahl Jesu mit seinen Jüngern so:

> *Er nahm Brot, sprach das Dankgebet, brach das Brot und reichte es ihnen mit den Worten: Das ist mein Leib, der für euch hingegeben wird. Tut dies zu meinem Gedächtnis! Ebenso nahm er nach dem Mahl den Kelch und sagte: Dieser Kelch ist der Neue Bund in meinem Blut, das für euch vergossen wird.*
> LUKAS 22,19f

Gedächtnismahl

Wenn die Israeliten ein Fest feierten, gedachten sie immer der Großtaten Gottes. Gott ist für Israel ein geschichtlicher Gott, der in der Geschichte wirkt, der Geschichte gestaltet. Seine Wundertaten sind geschichtliche Ereignisse. Das größte Fest, das Passchafest, war ein Gedenken an den Auszug Israels aus Ägypten. In diesem Auszug sah Israel das Wunder seiner Existenz. Gott hat das kleine Volk der Macht der Ägypter entzogen. Er hat es befreit von den Fronvögten, die es zu immer mehr Arbeit antrieben. Er hat es befreit aus Abhängigkeit und Unselbständigkeit. Er hat es durch das Rote Meer und durch die Wüste hindurchgeführt in das Gelobte Land, in das Land der Freiheit und der Lebensfülle. Israel hat dieses Gedächtnis in einem Mahl gefeiert, im Passchamahl. Gott hatte dem Volk aufgetragen, jedes Jahr nach einem ganz genau geregelten Ritus das Passchamahl zu halten:

> *An diesem Tag erzähl deinem Sohn: Das geschieht für das, was der Herr an mir getan hat, als ich aus Ägypten auszog.*
> EXODUS 13,8

Eucharistie ist wesentlich Gedächtnis des früher Geschehen, damit es an uns geschieht. Sie holt zurück, was heilbringend, heilig, einzigartig war. Wiederholung, so meint Alfons Kirchgässner, ist

> *Aufrichtung des Seins im Strom des Werdens, Bestätigung der Ewigkeit, Ausrichtung des Ziellosen, Rückkehr in die Fülle des Seins.*
> KIRCHGÄSSNER 440

Als Christen feiern wir die Eucharistie nicht zum Gedächtnis an das letzte Abendmahl Jesu, sondern zum Gedenken an alles, was Gott in Jesus Christus getan hat, wie er durch ihn zu den Menschen gesprochen, Kranke geheilt, Mutlose aufgerichtet, Sünder zur Umkehr gerufen und allen die Frohe Botschaft verkündet hat. Vor allem aber gedenken wir des Todes und der Auferstehung Jesu, in denen sich sein ganzes Tun und Denken gleichsam verdichtet hat. Gerade in unserer geschichts- und gedächtnislosen Zeit ist es wichtig, das Gedächtnis der Erlösung zu feiern, die in der Geschichte Jesu geschehen ist, damit sie heute an uns geschieht. Für Bernard Rootmensen äußert sich heute die Gedächtnislosigkeit in Flüchtigkeit, Alltagswahn, Vergessenheit, Rausch und im Unwichtignehmen der Vergangenheit. Der berühmte Rabbi Baal-Shem Tov sagte einmal:

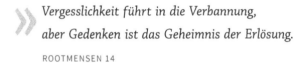
*Vergesslichkeit führt in die Verbannung,
aber Gedenken ist das Geheimnis der Erlösung.*
ROOTMENSEN 14

Wir feiern in der Eucharistie nicht nur die befreiende und erhellende Geschichte Jesu, sondern in seiner Geschichte alles, was Gott in der Geschichte am Menschen gewirkt hat. Daher hören wir in der Eucharistie immer wieder die inspirierenden Geschichten aus dem Alten und Neuen Testament. Sie sind wie »eine Oase in der Wüste, in der man aufatmen kann« (Rootmensen 28).

Wenn wir aufhören, einander die guten Geschichten der Bibel zu erzählen, würde die Welt ihre Seele verlieren.

Die Eucharistiefeier

Eucharistie in der Deutung des Evangelisten Lukas

Um zu verstehen, was wir in der Eucharistie feiern, möchte ich einen kurzen Blick ins Lukasevangelium tun. Lukas übersetzt das Tun Jesu in die Welt und in den Denkhorizont der Griechen. Die Griechen entfalteten die wichtigsten Lehren ihrer Philosophie entweder beim Wandern (die sogenannten Peripatetiker) oder beim Mahl (die Gastmähler bei Plato). Lukas übernimmt diese beiden Motive und schildert Jesus als den göttlichen Wanderer, der vom Himmel herabkommt, um mit den Menschen zu wandern. Auf dem Weg deutet er ihnen ihr Leben.

Die schönste Wandergeschichte ist die Erzählung von den Emmausjüngern. In ihr wird deutlich, wie Lukas die Eucharistie versteht. Jesus deutet den Jüngern, die aus Enttäuschung über ihre zerbrochenen Hoffnungen auf der Flucht sind, das Geheimnis ihres Lebens. Das ist ein wunderbares Bild für die Eucharistiefeier: Wir kommen in den Gottesdienst als Menschen, die oft genug auf der Flucht vor sich selbst sind, die vor den Enttäuschungen ihres Lebens davonlaufen. Da gesellt sich in den Lesungen des Wortgottesdienstes Jesus selbst uns zu und deutet uns unsere eigene Lebensgeschichte. Im Licht der Heiligen Schrift sollen wir verstehen, warum alles so geschehen ist, wie es geschehen ist, welcher Sinn dahintersteckt und wohin unser Weg geht. Damit die Worte der Bibel unser Leben erhellen, bedarf es einer Auslegung, die die Bilder der Bibel in unsere heutige Wirklichkeit hinein übersetzt. Wenn wir unser Leben verstehen, können wir angemessen damit umgehen. Wer nicht versteht, der flieht. Heute sind viele auf der Flucht vor sich selbst und vor der Wahrheit ihres Lebens. Jesus möchte uns einladen, in der Eucharistie unser Leben im Licht seiner Worte und seiner befreienden und erhellenden Geschichte neu zu sehen und zu verstehen. Eucharistie ist Umdeutung unseres Lebens aus dem Glauben an Jesus Christus.

Eine zweite Spur für das Verständnis der Eucharistie finden wir in den vielen Mahlgeschichten, die Lukas uns erzählt. Das eucharistische Mahl ist für Lukas die Fortsetzung der Mahlzeiten, die Jesus während seines Lebens mit Gerechten und Ungerechten, Sündern und Schuldlosen gehalten hat. Bei diesen Mahlzeiten hat Jesus den Menschen Gottes Güte und Menschenfreundlichkeit erfahrbar werden lassen und sie mit göttlichen Gaben beschenkt, mit Liebe und Barmherzigkeit, mit der bedingungslosen Annahme, mit der Vergebung der Sünden und mit der Heilung ihrer Krankheiten. Die Mahlzeiten Jesu mit Sündern und Gerechten sind geprägt von Freude und Dankbarkeit über Gottes heilende und befreiende Nähe. So wie die griechischen Philosophen ihre Lehren vor allem beim Gastmahl entwickelten, so beschreibt Lukas auch Jesus als den Lehrer, der die wichtigsten Gedanken seiner Botschaft bei den Mahlzeiten verkündet. In seinem Wort erinnert er uns immer wieder an den göttlichen Kern, den wir in uns haben. Unser Selbst macht mehr aus als den Teil von uns, der seine Pflichten erfüllen und seinen Alltag bewältigen muss. Wir haben eine göttliche Würde. In uns ist ein göttlicher Kern. Das Reich Gottes ist in uns. Wir selbst sind Wohnung Gottes. Darin besteht unser Wesen, das macht unsere Würde aus.

Das erste Mahl, von dem Lukas uns berichtet, ist das Mahl mit den Zöllnern und Sündern (Lukas 5,27–32). Wir sind so, wie wir sind, mit all unseren Fehlern und Schwächen eingeladen zum Mahl der Liebe. Die nächsten Mahlzeiten finden im Haus eines Pharisäers statt. Jesus zeigt den Pharisäern, worum es ihm in seiner

Die Eucharistiefeier

Verkündigung geht. Es geht um die Liebe Gottes, die er im Mahl den Menschen erweist, und um die Vergebung, die er uns zuspricht (Lukas 7,36–50). Und er deckt den Pharisäern auf, wo sie von der Liebe Gottes abgewichen sind (Lukas 11,37–54). Ein schönes Bild für die Eucharistie beschreibt Jesus im Gleichnis vom verlorenen Sohn, das er zur Begründung seiner Mahlzeiten mit den Sündern erzählt. Wir sind wie der verlorene Sohn. Wir sind uns selbst entfremdet und haben die innere Heimat verloren. Wir haben unser Vermögen verschleudert. Wir haben an uns selbst vorbeigelebt. Jetzt stillen wir unseren Hunger mit billigem Zeug. Und es geht uns immer schlechter dabei. In der Eucharistie machen wir uns auf, um in das Haus unseres Vaters zu gehen. Wir ahnen, dass wir da bekommen, was unseren Hunger wirklich stillt. Eucharistie ist das Freudenmahl, das der Vater für uns veranstaltet. Der Vater sagt auch von uns:

> *Mein Sohn war tot und lebt wieder;*
> *er war verloren und ist wiedergefunden worden.*
> LUKAS 15,24

Deshalb sollen wir essen und fröhlich sein. Wir waren tot, abgeschnitten von unseren Gefühlen, ausgeschlossen vom Leben. Wir haben uns selbst verloren, wir sind aus unserer Mitte gefallen. Aber in der Eucharistie finden wir wieder zu uns und werden lebendig, indem wir das Mahl des Lebens feiern. Da entdecken wir, wer wir sind und was der eigentliche Grund unseres Lebens ist: dass wir bedingungslos von Gott geliebt sind, dass Gott auf uns wartet und dass es niemals zu spät ist, aufzubrechen und in das Haus zurückzukehren, in dem wir wahrhaft zu Hause sind.

Verwandlung und Einswerden

Die letzte Mahlzeit vor dem Abendmahl hält Jesus im Haus des Zöllners Zachäus. Wir kommen wie Zachäus mit unseren Minderwertigkeitskomplexen, die wir kompensieren, indem wir möglichst viel Geld und Besitz an uns raffen. Wir leiden an unserer Minderwertigkeit und sehnen uns danach, bedingungslos geliebt zu werden. Genau das dürfen wir wie Zachäus in der Eucharistie erfahren. Bei diesem Mahl spricht Jesus zweimal vom »Heute«:

Ich muss heute in deinem Haus zu Gast sein.
LUKAS 19,5

Und:

Heute ist diesem Haus das Heil geschenkt worden.
LUKAS 19,9

Siebenmal kommt im Lukasevangelium dieses geheimnisvolle »Heute« vor. Wir können deutend denken, dieses siebenmalige »Heute« entspricht den sieben Sakramenten. In ihnen geschieht heute, was damals geschehen ist. In jeder Eucharistiefeier wird heute gegenwärtig, was damals war. Da ist Jesus unter uns und hält mit uns Mahl. Er verkündet uns sein Wort. Er heilt unsere Krankheiten. Wir kommen wie Zachäus mit unserem mangelnden Selbstwertgefühl. Wir kommen wie die Aussätzigen, die sich selbst nicht ausstehen, nicht annehmen können. Wir sind die Blinden und Lahmen mit vielen blinden Flecken und gelähmt von unserer Angst. Wir sind gekrümmt, resigniert, enttäuscht vom Leben, erdrückt von der Last des Lebens.

Die Eucharistiefeier

In der Eucharistie richtet uns Jesus wieder auf. Da berührt er uns und spricht zu uns die Worte:

> *Heute wird Dir das Heil geschenkt, weil auch Du ein Sohn, eine Tochter Abrahams bist, weil auch Du einen göttlichen Kern hast.*
> VGL. LUKAS 19,9

Lukas deutet mit seinen vielen Mahlberichten, was in jeder Eucharistie geschieht. Aber auch für ihn ist die Eucharistie in erster Linie Gedächtnisfeier des letzten Mahles, das Jesus mit seinen Jüngern gehalten hat, in dem er dem Brechen des Brotes und dem Trinken aus dem Kelch einen neuen Sinn gegeben hat. Jesus hat den Ritus des Paschamahles dazu benutzt, seinen Jüngern einen neuen Ritus zu empfehlen, den sie nach seinem Tod immer wieder feiern sollten, um das Gedächtnis seiner Liebe zu begehen. Er deutet die Riten, die die Juden beim Paschamahl vollzogen, auf neue Weise. Das Brotbrechen weist auf seinen bevorstehenden Tod am Kreuz hin. Dort wird Jesus für uns zerbrochen. Aber das ist keine Katastrophe, kein Scheitern seiner Sendung, sondern Ausdruck seiner Hingabe für uns. Im gebrochenen Brot reicht er sich selbst den Jüngern. Es ist Zeichen seiner Liebe, mit der er uns über den Tod hinaus liebt. Dieser Liebe sollen wir uns in jeder Eucharistiefeier vergewissern. Seine Liebe ist der Grund, auf dem wir bauen können. Sie ist die Quelle, aus der wir leben. Den Wein deutet Jesus als sein Blut, durch das der neue Bund begründet wird. Blut ist Zeichen einer Liebe, die sich für uns verströmt. Der neue Bund, an den Jesus beim letzten Mahl erinnert, ist der Bund der bedingungslosen Liebe Gottes. Der alte Bund beruhte auf der gegenseitigen Verpflichtung. Gott band

Verwandlung und Einswerden

sich an die Menschen unter der Bedingung, dass sie seine Gebote hielten. Nun schließt Gott im Blut Jesu, in der menschgewordenen Liebe seines Sohnes, einen bedingungslosen Bund. Er bindet sich an uns aus Liebe. Er vertraut darauf, dass die Liebe, die in seiner Hingabe sichtbar wird, unsere Herzen verwandelt.

Die Frage ist, wie wir diese Zeichenhandlung Jesu beim letzten Abendmahl verstehen sollen. Eine philosophische Spekulation darüber, wie Jesus sich uns im Brot und im Wein hingeben kann, führt nicht weiter. Man kann das Wesen des eucharistischen Mahles nur aus der Erfahrung menschlicher Liebe verständlich machen.

Maria Caterina Jacobelli, eine italienische Volkskundlerin, die über das Osterlachen geschrieben hat, versteht als Frau und Mutter das Geheimnis des Mahles von der menschlichen Liebe her:

> Welche Mutter, welche Liebende, eng am Leib des eigenen neugeborenen Kindes oder des eigenen Mannes, hat noch nicht den starken Wunsch verspürt, sich zur Speise zu machen für das geliebte Wesen? Welche Mutter hat sich noch nicht danach gesehnt, diesen Leib, der von ihr ausging, von neuem aufzunehmen? Welcher Liebende hat noch nicht in der Umarmung der Liebe mit den Zähnen den Körper der eigenen Frau oder des eigenen Mannes markiert? »Ich möchte dich aufessen durch Küsse« ... Wer hat diesen Satz noch nicht gesagt oder gehört? Das bedeutet: mit dem Geliebten in einer alles verschlingenden Einheit sich zu verbinden, Speise werden, sich in Leben verwandeln, gegenseitige Nahrung werden, um zusammen zu leben in einer vollkommenen Einheit, die noch vollkommener ist als die geschlechtliche.
>
> JACOBELLI 111

Die Eucharistiefeier

Weil Jesus allen Menschen zu jeder Zeit seine Liebe leibhaft zeigen wollte, hat er das heilige Mahl gestiftet. Es ist ein Vermächtnis seiner Liebe, der Ort, an dem wir immer wieder neu seine Liebe mit all unseren Sinnen erfahren dürfen. Wenn ich im Brot seinen Leib esse und kaue, stelle ich mir vor, dass das der Kuss seiner Liebe ist. Und wenn ich im Wein sein Blut trinke, das er aus Liebe zu mir vergossen hat, dann fällt mir der Satz aus dem Hohenlied ein:

> *Süßer als Wein ist deine Liebe.*
> HOHELIED 4,10

In vielen Kulturen gibt es die heiligen Mahlzeiten. In ihnen wird das, was wir in jedem Mahl erahnen, Wirklichkeit. In jedem Mahl bekommen wir Anteil an den Gaben Gottes, an den Gaben seiner Schöpfung, an den Gaben seiner Liebe. Insofern können wir in jedem Mahl etwas von der Güte und Zärtlichkeit Gottes für uns erspüren. Die Eucharistie ist der Höhepunkt all dessen, was Menschen im Mahl sich ersehnen. Wer ein gutes Essen genießt und ganz im Schmecken ist, der kann auch darin schon ein Einswerden mit Gott erfahren. Die Eucharistie will uns zeigen, was bei jedem Essen geschieht: Einswerden mit dem Schöpfer aller Gaben. Aber zugleich ist Eucharistie ein heiliges Mahl. Die frühe Kirche hat die Eucharistie mit den heiligen Mahlzeiten verglichen, wie sie in den Mysterienkulten der Antike gefeiert wurden. Da stellten sich die Teilnehmer vor, in der heiligen Speise würden sie Gott selbst essen und mit ihm eins werden. Im Essen empfingen sie nicht nur die Gottheit, sondern gaben sich ihr auch hin. Sie ließen sich selbst los und überließen sich ganz dem Essen, um darin das Einswerden mit Gott leibhaft zu erleben. Das kultische Mahl ist »Vermählung der menschlichen Seele mit der Gottheit« (Schubart 135). Christliche Mystiker besingen bei der Kommunion »die Süßigkeit des geschmeckten Gottes« (Schubart 135). Wir singen bei der Kommunion manchmal den Vers:

> Kostet und seht, wie gut (süß, angenehm, lieblich) der Herr ist.

Die Kommunion ist die leibhafte Erfahrung der Liebe Gottes. Wir vergewissern uns in jeder Eucharistie dieser Liebe Gottes, die in Christus aufgeleuchtet ist, um aus dieser Liebe heraus zu leben und um in sie einzutauchen und eine Quelle der Liebe für andere zu werden.

Die Deutung des Evangelisten Johannes

Johannes, der Mystiker unter den Evangelisten, hat ein eigenes Eucharistieverständnis. Er hat versucht, die Eucharistie seinen Zeitgenossen nahe zu bringen, die von der Gnosis fasziniert waren. Die Gnosis war eine starke Bewegung am Ende des 1. Jahrhunderts, ähnlich unserer heutigen New-Age-Bewegung. Die Gnostiker sehnten sich nach Erleuchtung, nach wirklichem Leben. Sie waren überzeugt: »Es muss doch mehr als alles geben.« Ihnen antwortet Johannes, indem er sie auf das Brot vom Himmel verweist, das Gott ihnen reicht. Jesus selbst ist dieses Himmelsbrot:

> Wer zu mir kommt, wird nie mehr hungern, und wer an mich glaubt, wird nie mehr Durst haben.
>
> JOHANNES 6,35

Die Eucharistiefeier

Wir dürfen die Eucharistie nicht getrennt von der gesamten Existenz Jesu sehen. In Jesus, in seinen Worten und in seinem Handeln, wird das wahre, das ewige Leben, das Gott den Menschen schenkt, offenbar. Jesus ist mit seiner ganzen Person das Brot, das vom Himmel herabkommt. Dieses Brot stillt unseren Hunger nach wirklichem Leben.

Johannes deutet das Leben Jesu und das Geschehen der Eucharistie auf dem Hintergrund des Auszugs aus Ägypten. Auf dem Weg durch die Wüste hatte Gott den Israeliten Brot vom Himmel gegeben, um sie auf ihrem Weg zu stärken. Die Wüstenwanderung Israels beschreibt unsere Situation heute. Wir sind immer auf dem Weg aus dem Land der Abhängigkeit, der Entfremdung und der Enttäuschung in das Gelobte Land, in das Land der Freiheit, in das Land, in dem wir ganz wir selbst sein dürfen. Aber auf unserem Weg sehnen wir uns wie die Israeliten zurück nach den Fleischtöpfen Ägyptens. Unser Hunger nach irdischer Nahrung ist oft größer als der Hunger nach Freiheit, nach Leben und Liebe. Auf diesem Weg unserer Sehnsucht nach wirklichem Leben bietet sich uns Jesus an als das Brot des Lebens:

> *Ich bin das Brot des Lebens ...*
> *Wer von diesem Brot isst, wird in Ewigkeit leben.*
> JOHANNES 6,48.51

Wer sich auf Jesus einlässt, der erfährt wirkliches Leben. Sein Hunger nach Leben wird gestillt. Aber nun auf dem Höhepunkt seiner Brotrede spricht Jesus davon, dass das Brot, das er geben wird, sein Fleisch ist, das er hingibt »für das Leben der Welt« (Johannes 6,51). Die Offenbarung seiner Liebe erreicht ihren Höhepunkt in seinem

Verwandlung und Einswerden

Tod am Kreuz. Am Kreuz hat uns Jesus bis zur Vollendung geliebt. Und an diesem Gipfelpunkt seiner Liebe will er uns in jeder Eucharistiefeier teilhaben lassen. Im Brot der Eucharistie reicht er uns sein Fleisch, reicht er uns seine fleischgewordene Liebe. Das ist für die Juden unannehmbar. Und auch heute finden es viele unglaublich. Sie tun sich schwer damit, die Eucharistie mit den Begriffen »Fleisch und Blut« zu verbinden. Blut erinnert sie zu sehr an brutale Szenen, in denen Blut geflossen ist. Eine Frau erzählte mir, sie könne nicht aus dem Kelch trinken, wenn der Priester ihr ihn reicht mit den Worten: »Das Blut Christi«. Das erinnert sie an das Schlachten der Schweine in ihrem Elternhaus. So mag es manchem heute ergehen. Aber auch ihm sagt Jesus genauso wie damals den Juden, die sich mit dieser Vorstellung schwertaten:

> *Mein Fleisch ist wirklich eine Speise, und mein Blut ist wirklich ein Trank. Wer mein Fleisch isst und mein Blut trinkt, der bleibt in mir, und ich bleibe in ihm.*
> JOHANNES 6,55f

Jesu Sprache ist keine »blutrünstige« Sprache, sondern eine Sprache der Liebe. In der Sprache der Liebe sagen wir auch heute noch, dass einer für den anderen sein Herzblut vergießt. Fleisch und Blut sind für Jesus Bilder für seine Hingabe am Kreuz. Sie geschah natürlich in der brutalen Realität der römischen Foltermethoden. Aber für Jesus ist die Hingabe am Kreuz Ausdruck seiner Liebe bis zur Vollendung. Johannes spricht hier von »telos«. »Telos« bedeutet »Ziel«, »Wendepunkt«, »Drehpunkt«. Am Kreuz wendet sich unser Geschick. Da siegt die Liebe endgültig über den Hass. Und »telos« meint: »Einweihung in das Geheimnis«. Am Kreuz weiht uns Jesus ein in das Geheimnis der göttlichen Liebe. Eucharistie ist für Johannes Einweihung in die Liebe Gottes, die unser Leben erst wahrhaft lebenswert macht. Durch das Essen (Johannes spricht hier vom »Kauen«) des Brotes und das Trinken aus dem Kelch gelangen wir in eine Gemeinschaft mit Jesus Christus, wie sie tiefer nicht gedacht werden kann: Wir bleiben in Jesus Christus, und er bleibt in uns. Wir werden ununterscheidbar eins mit ihm. Wir werden erfüllt von seiner Liebe. Und indem wir von ihr durchdrungen werden, erfahren wir, was wirkliches Leben ist: ganz und gar geliebt zu sein, ganz und gar durchströmt zu werden von göttlicher Liebe, von ewigem Leben. In der Eucharistie dürfen wir erfahren, was wirkliches Leben ist, ein Leben, das unsere tiefste Sehnsucht erfüllt. Ewiges Leben ist nicht in erster Linie das Leben nach dem Tod, sondern eine neue Lebensqualität, die wir hier schon erfahren dürfen. Es ist ein neuer Geschmack am Leben, der Geschmack der Liebe, der unser Leben erst wirklich lebenswert macht. Das wahre Leben, das uns im eucharistischen Brot geschenkt wird, wird durch den Tod nicht zerstört, sondern enthüllt sich im Tod als göttliches Leben, das unvergänglich ist. Die persönliche Beziehung zu Jesus, die wir in der Eucharistie erleben, überdauert den Tod. Die Liebe ist stärker als der Tod. Johannes bezieht sich in seinem Evangelium mehrmals auf das Hohelied der Liebe. Dort heißt es:

> *Stark wie der Tod ist die Liebe, die Leidenschaft ist hart wie die Unterwelt. Ihre Gluten sind Feuergluten, gewaltige Flammen. Auch mächtige Wasser können die Liebe nicht löschen; auch Ströme schwemmen sie nicht weg.*
>
> HOHELIED 8,6f

Die Wirklichkeit dieser Worte dürfen wir in der Eucharistie mit all unseren Sinnen erfahren, gerade mit dem Geschmackssinn. Wir dürfen die Liebe Jesu kauen und darin seinen Kuss spüren. Und wir trinken seine Liebe in uns hinein, damit sie den ganzen Leib durchdringt und ihn mit dem Geschmack der Liebe erfüllt.

Der Volksmund sieht im Blut den Sitz des Temperaments. Wenn mir etwas im Blut liegt, dann entspricht es meinem innersten Wesen. Und wenn mir etwas in Fleisch und Blut übergeht, dann habe ich es ganz verinnerlicht. Indem wir Fleisch und Blut Jesu essen und trinken, haben wir teil an seinem innersten Wesen, an seiner Liebe, die stärker ist als der Tod. Seit jeher haben die Dichter Liebe und Tod zusammen gesehen. Angesichts des Todes zeigt die Liebe erst ihr Wesen und ihre todüberwindende Kraft. Wenn wir die uns schockierende Sprache der eucharistischen Brotrede bei Johannes durch eine sanftere Sprache ersetzen, verliert auch die Liebe, die uns in der Eucharistie durchdringen möchte, ihre wahre Macht. Es ist keine »Softie-Liebe«, die uns Jesus erweist, sondern eine Liebe, die den Tod überwindet, die gerade in der Hingabe am Kreuz zur Vollendung kommt.

Das zweite Bild, mit dem Johannes das Geheimnis der Eucharistie deutet, ist das Bild der Fußwaschung. Von ihr erzählt Johannes an der Stelle, an der die anderen Evangelien die Einsetzung des letzten Abendmahles berichten. Die Fußwaschung ist für Johannes ein Beweis dafür, dass Jesus den Jüngern seine Liebe bis zur Vollendung erweist (Johannes 13,1ff). In der Eucharistie erfahren wir diese Liebe bis zur Vollendung. Und sie geschieht genauso, wie es das Bild der Fußwaschung ausdrückt. Wir kommen wie die Jünger mit staubigen und schmutzigen Füßen. Auf dem Weg durch die Welt haben wir uns mit Sünde und Schuld befleckt. Wir haben uns die Füße wundgelaufen. Wir sind verletzt worden. Es gab so viele, die uns an der Achillesferse getroffen haben, die immer wieder in unsere empfindlichen Stellen hineinstachen. Jesus beugt sich in der Eucharistie zu uns hernieder, um uns gerade an unserer verwundbarsten Stelle, an unserer Achillesferse, liebevoll zu berühren und unsere Wunde zu heilen.

Und er neigt sich zu uns herab, um den Schmutz von unseren Füßen zu waschen. Er nimmt uns mit seiner Liebe vorbehaltlos an, gerade auch dort, wo wir uns selbst als unannehmbar erfahren, als beschmutzt und unrein.

Die Fußwaschung ist ein Bild für das, was in jeder Eucharistie geschieht. Jesus gibt auch bei Johannes den Jüngern den Befehl, es ihm gleichzutun. Sie sollen einander die Füße waschen. Der Auftrag Jesu meint nicht nur, dass wir einander dienen sollen. In diesem Auftrag ist vielmehr ein Bild für die Eucharistie enthalten: Indem wir das heilige Mahl halten, indem wir Jesu Worte hören und uns an sein Tun erinnern, handeln wir aneinander, wie Jesus an uns gehandelt hat. Das Gedächtnis ist für Johannes vor allem ein Gedächtnis von Jesu Liebe, mit der er uns in seinem Tod am Kreuz bis zur Vollendung geliebt hat. Aber Eucharistie ist nicht nur Gedächtnis, sondern auch Tun. Wir waschen in der Eucharistie einander die Füße, indem wir uns von der Liebe Jesu anstecken lassen und einander unsere Schuld nicht vorhalten, sondern einander vorbehaltlos annehmen mit der Liebe, die wir in Jesus erfahren. Und Eucharistie ist nach dem Johannesevangelium der Ort, an dem wir einander unsere Wunden zeigen sollten. Wir kommen nicht ohne Schuld zur Eucharistie, sondern als Verwundete und Verschmutzte. Wir brauchen unsere

Wunden nicht zu verbergen. Wir können sie voreinander zeigen und sie gemeinsam Christus hinhalten. Er wird sie waschen, und seine Liebe wird sie heilen.

Jesus hält beim letzten Mahl mit den Jüngern eine lange Abschiedsrede. Darin wird ein dritter Aspekt des johanneischen Eucharistieverständnisses sichtbar: Johannes versteht die Eucharistie als den Ort, an dem der auferstandene und erhöhte Herr in die Mitte seiner Jünger tritt und zu ihnen spricht. Die Szene am Osterabend, als Jesus bei verschlossenen Türen in die Mitte der furchtsamen Jünger tritt, beschreibt, was in jeder Eucharistie geschieht. Da kommt Jesus, der jetzt bei Gott ist, in die versammelte Gemeinde und spricht zu ihnen Worte der Liebe. Es sind ähnliche Worte wie in den Abschiedsreden, Worte, in denen seine Liebe, die den Tod überwunden hat, aufleuchtet. Es sind Worte, die den Tod überbrücken, Worte, die aus der Ewigkeit kommen und über uns den Himmel öffnen, Worte, die Himmel und Erde miteinander verbinden, die die Grenze von Tod und Leben aufheben. Johannes sieht die große Not der Menschen in ihrer Unfähigkeit zu lieben. Was sie Liebe nennen, ist nur ein Sich-Klammern an den anderen. Jesus ist gekommen, um uns wieder liebesfähig zu machen. Die Eucharistie ist der Ort, an dem wir Gottes Liebe in Jesu Worten erspüren sollen, um dadurch wieder fähig zu werden, einander zu lieben.

Aber Jesus spricht nicht nur zu den Jüngern, er zeigt ihnen auch seine Hände und seine Seite (Johannes 20,20). Seine durchbohrten Hände und seine geöffnete Seite sind Zeichen seiner Liebe, mit der er uns bis zur Vollendung geliebt hat. Im gebrochenen Brot berühren wir die Wunden seiner Hände, die er für uns ins Feuer gelegt hat, die er von uns nicht zurückgezogen hat, als man ihn festnagelte. Und im

Wein trinken wir die Liebe, die aus seinem durchbohrten Herzen für uns ausströmt. Indem wir in der Kommunion seine Wunden berühren, dürfen wir auf das Wunder der Heilung für unsere Wunden hoffen. In den durchbohrten Händen begegnen wir dem Jesus, der für uns gehandelt hat, der Kranke geheilt und Mutlose wieder aufgerichtet hat. Da wird die ganze Geschichte Jesu für uns Gegenwart.

Eucharistie als Verwandlung

Die Theologie des Mittelalters hat vor allem über das Geheimnis der Verwandlung von Brot und Wein in den Leib und das Blut Jesu Christi nachgedacht. Sie hat den Begriff der Transsubstantiation geprägt. Kardinal Ratzinger drückt das, was dieser abstrakte Begriff meint, mit den Worten aus:

> *Der Herr bemächtigt sich des Brotes und des Weins, er hebt sie gleichsam aus den Angeln ihres gewöhnlichen Seins in eine neue Ordnung hinein.*
> KOCH 211

Es ist letztlich die Ordnung seiner Liebe. Brot und Wein werden zutiefst Ausdruck von Jesu Liebe. Sie werden etwas anderes, Leib und Blut Jesu, Zeichen seiner Liebeshingabe am Kreuz. Die moderne Theologie hat versucht, das Geheimnis dieser Verwandlung in verschiedenen Bildern auszudrücken. Wenn ich für einen lieben Menschen ein Buch als Geschenk aussuche, dann steckt in diesem Buch etwas von meiner Liebe. Es ist erfüllt mit meinen eigenen Gedanken und Gefühlen. Wenn mir ein Mensch ganz wertvoll und teuer ist, dann suche ich nicht irgendein Geschenk für ihn aus, sondern etwas, was ihn mit allem an mich und meine Liebe erinnert. So hat Jesus das gebrochene Brot gewählt, weil darin am besten zum Ausdruck kommt, dass er sich im Tod aus Liebe zu uns zerbrechen ließ, damit wir nicht an der Lieblosigkeit unserer Umwelt zerbrechen. Und er hat den Wein gewählt als Verdichtung dessen, was er in den Abschiedsreden zu seinen Jüngern gesagt hat:

Es gibt keine größere Liebe,
als wenn einer sein Leben für seine Freunde hingibt.
JOHANNES 15,13

Wir dürfen die Wandlung der Eucharistiefeier aber nicht nur auf Brot und Wein beschränken. In den Gaben von Brot und Wein bringen wir die ganze Schöpfung vor Gott. Und wir bringen in der Eucharistie zum Ausdruck, dass die ganze Welt im tiefsten schon von Christus durchdrungen ist, dass wir Christus in allen Dingen begegnen. Im Brot legen wir zugleich unseren Alltag auf den Altar, alles, was uns täglich aufreibt und zerreibt, die vielen Körner, die in uns beziehungslos nebeneinander liegen, das Vielerlei, das uns innerlich oft zerreißt, unsere Mühe und unsere Arbeit.

Das Brot ist auch Bild für unsere Lebensgeschichte. Es ist geformt aus dem Korn, das an der Ähre gewachsen ist, bei Regen und Sonne, bei Wind und Wetter. So legen wir uns im Brot auf den Altar mit all dem, was in uns gewachsen ist, und mit all dem, was nicht so geworden ist, wie wir es gerne gehabt hätten. Wir kreisen nicht um die Verletzungen unserer Lebensgeschichte, aber wir laufen auch nicht vor ihnen davon. Wir halten sie im Brot Gott hin. Er wird seinen Heiligen Geist auch über unser Leben senden und darüber sprechen: »Das ist mein Leib.« Alles, was wir Gott hinhalten, wird er in der Eucharistie in den Leib seines Sohnes verwandeln. Im Kelch bringen wir nicht nur den Wein vor Gott, sondern alles Leid und alle Freude der Welt. Der Kelch steht für die Bedrängnisse der Menschen, aber auch für unsere Sehnsucht nach Ekstase, nach einer Liebe, die uns verzaubert, die unseren Leib und unsere Seele erhebt. Im Kelch nehmen wir unser Leben mit allem, was sich in uns angesammelt hat an Schmerz und Sehnsucht, an Leid und Freud, in die Hand und heben es empor, damit es alle sehen.

Alles in unserem Kelch ist wert, in den Bereich Gottes gehalten zu werden. Und alles kann in das Blut Jesu verwandelt werden, in die menschgewordene Liebe, die alles in uns durchdringen möchte.

In einem Traum wurde mir einmal deutlich, dass in den Gaben von Brot und Wein unser ganzes Leben verwandelt wird. Ich träumte, dass ich zusammen mit unserem Abt die hl. Messe feierte. Wir vollzogen unsere eigenen Riten. Bei der Gabenbereitung hielten wir unsere Uhren über die Gaben von Brot und Wein, damit die hektische Zeit verwandelt wird. Unsere Arbeit, unsere Zeit, unsere Unruhe, unsere Probleme, unsere Zerrissenheit, unsere Sorgen, alles wird auf den Altar gelegt und vom Geist Gottes, der über die Gaben herabgefleht wird, verwandelt.

Manche meinen, die Eucharistie als das Fest der Liebe Gottes könne man nicht täglich feiern. Aber die Verwandlung unserer Welt, unserer Lebensgeschichte, unserer Beziehungen, unserer Arbeit, unserer Mühen, unseres Alltags, die können wir getrost täglich feiern. Denn darin drücken wir aus, dass wir auch im Alltag nicht allein gelassen sind, dass die Eucharistie unser Leben bis in die banalsten

Lebensvollzüge hinein prägen und verwandeln will. Wenn ich daran glaube, dass Gott in Brot und Wein auch meine Welt verwandelt, kann ich gelassener an die Arbeit gehen, kann ich vertrauensvoller hoffen, dass nicht alles beim Alten bleibt, sondern dass sich Beziehungen wandeln können, dass verfahrene Konflikte sich auflösen und das Mühsame leichter wird. Und ich kann jeden Tag Neues zur Verwandlung anbieten, das, was mich gerade beschäftigt, was mich bedrückt, was mich lähmt und am Leben hindert. Eucharistie ist Ausdruck der Hoffnung, dass sich durch die Feier von Tod und Auferstehung Jesu auch das Starre in mir verwandelt zu neuem Leben.

Eucharistie als Opfer: Einübung in die Liebe

Die katholische Kirche hat die Eucharistie immer als Opfer verstanden. Die Reformation hat den Begriff des Opfers abgelehnt und Eucharistie nur als Mahl, als Abendmahl verstanden. Heute wissen wir, dass die Reformation zu Recht gegen einen verfälschten Opferbegriff protestiert hat. Auch viele Katholiken tun sich heute schwer mit dem Wort »Opfer«. Sie werden entweder an ihre Erziehung erinnert, dass sie möglichst viele Opfer bringen sollten, um Gott wohlgefällig zu sein. Oder aber sie verbinden das Opfer Jesu am Kreuz mit der Vorstellung, dass Gott dieses Opfer von seinem Sohn forderte. Gegenüber solchen Verfälschungen ist es sinnvoll, nach der eigentlichen Bedeutung von Opfer zu fragen:

Opfer bedeutet einmal, dass etwas Irdisches in den göttlichen Bereich gehoben wird, dass es Gott gegeben wird, weil es Gott gehört. Von dieser Sicht her hat der Begriff des Opfers heute durchaus etwas höchst Aktuelles. Heute wird ja alles verzweckt. Alles muss etwas bringen. In der Eucharistie übereignen wir unser Leben Gott, von dem wir unser Leben empfangen haben. Wir reißen es heraus aus dem Zusammenhang des Verzweckten. Es gehört Gott. Wir schaffen einen Freiraum, in dem wir nichts bringen, nichts leisten, nichts vorweisen müssen. Wir halten unser Leben in den Bereich Gottes, in den es eigentlich hinein gehört. Und von Gott her erahnen wir, wer wir eigentlich sind.

Die zweite Bedeutung des Opfers meint Hingabe. Wenn die Bibel sagt, dass Jesu Tod ein Opfer ist, dann meint sie damit, dass Jesus im Tod seine Liebe vollendet hat. Auf keinen Fall sagt die Bibel, dass Gott von seinem Sohn das Opfer des Kreuzes gefordert hat. Jesus ist nicht auf die Erde gekommen, um für uns zu sterben, sondern um uns die Frohe Botschaft von der Nähe des liebenden Gottes zu verkünden. Doch als er merkte, dass der Konflikt mit den Pharisäern und Sadduzäern seinen gewaltsamen Tod zur Folge haben könnte, ist er nicht geflohen, sondern hat seine Liebe zu den Seinen durchgehalten bis zum Tod. Jesus hat seinen gewaltsamen Tod nicht als Scheitern verstanden, sondern als Hingabe für die Seinen. Das deutet er in der Rede vom guten Hirten an:

Ich gebe mein Leben hin für die Schafe ... Niemand entreißt es mir, sondern ich gebe es aus freiem Willen hin.
JOHANNES 10,15.18

Der Tod Jesu ist also Ausdruck seiner Liebe, mit der er uns vorbehaltlos und bis zum Ende liebte, und Ausdruck seiner Freiheit und Souveränität, in der er sich für uns hingab. Indem wir seinen Tod und seine Auferstehung in der Eucharistie feiern, stellen wir uns unter seine Liebe, mit der er jeden von uns persönlich gemeint hat. Wir vergewissern uns in der Feier seines Kreuzesopfers, dass Christi Liebe alles Gegensätzliche und Widersprüchliche in uns berührt und verwandelt.

Aber die liturgischen Texte sprechen manchmal auch vom Opfer der Kirche. Wenn vom Opfer der Kirche die Rede ist, bedeutet das nicht, dass wir eine Leistung erbringen, damit Gott mit uns zufrieden ist, sondern dass wir uns in die Liebe Jesu einüben. Das deutsche Wort »opfern« kommt vom lateinischen »operari« = »arbeiten, beschäftigt sein, sich abmühen«. Es geht im Deutschen auf die gleiche Wurzel zurück, von der auch das Wort »üben« herkommt. Opfern heißt also, dass wir uns einüben in die Haltung der Liebe, die Christus uns vorgelebt hat. Wir bekennen in der Eucharistiefeier unsere Bereitschaft, hineinzugehen in die Haltung der Hingabe, die Christus uns vorgelebt hat. Wir drücken damit unsere Sehnsucht aus, in der Schicksalsgemeinschaft mit Jesus Christus Gott und den Nächsten zu lieben und uns von Christus umformen zu lassen in die Gestalt seiner Liebe.

Wenn die Kirche die Eucharistie auch als Opfer versteht, so stellt sie sich damit in die lange Tradition der vielen Religionen, die alle das Opfer als Höhepunkt des Gottesdienstes und als Quelle der Lebenserneuerung kennen. C. G. Jung meint, die Katholiken, die die hl. Messe als Opfer verstehen, hätten den Vorteil, dass sie an den Wert des eigenen Lebens glauben könnten. Sie haben das Gespür dafür, dass ihr Leben für diese Welt von Bedeutung ist. Indem sie sich in die Liebe Christi einüben und sich gemeinsam mit Christus Gott als »Opfer« darbringen, durchdringen sie die Welt mit Christi Liebe und tragen so zur Verwandlung des Kosmos bei, zur »Amorisation«, wie Teilhard de Chardin die Durchdringung des Kosmos durch die Liebe nennt (»amor« = »Liebe«). Wir sollten heute den Begriff des Opfers nicht in den Mittelpunkt unseres Eucharistieverständnisses stellen. Aber es hilft auch nicht weiter, einen so altehrwürdigen Begriff, der in allen Religionen vorkommt und den auch die Bibel und die christliche Tradition immer wieder verwendet, einfach zu streichen. Denn damit sind wir in Gefahr, die Eucharistie zu nett und zu banal zu sehen. Unser Leben ist oft genug eingetrocknet und leer. Durch das Opfer Christi – so glauben die Alten – wird es erneuert durch die Kraft Seiner Liebe. Da beginnt in uns die Quelle der Liebe neu zu sprudeln.

Eucharistie als Mysterium: Gottes Traum vom Menschen

Die Kirchen des Ostens verstehen die Eucharistie vor allem als Mysterium. Mysterium meint die Einweihung in das Geheimnis Gottes. Die Einweihung geschieht dadurch, dass das Schicksal Gottes in verschiedenen Riten dargestellt wird. Die frühe Ostkirche hat die Eucharistie auf dem Hintergrund der hellenistischen Mysterienkulte verstanden, in denen die Mysten (Teilnehmer an den Mysterienfeiern) eingeweiht wurden in das Schicksal Gottes. Im Mithras-Kult nahmen die Feiernden Anteil am Leben und Sterben des Mithras und wurden dadurch seiner heilenden und verwandelnden Kraft teilhaftig.

Die griechischen Kirchenväter sahen die Eucharistie ähnlich. Wir feiern das Schicksal Jesu Christi, seine Menschwerdung, seine Wundertaten, seinen Tod und seine Auferstehung. Und in der Feier bekommen wir Anteil an seinem göttlichen Leben, das den Tod überwunden hat. Unser Leben wird gleichsam hineingenommen in Sein göttliches Leben. Das gab den frühen Christen die Gewissheit, dass ihr Leben gelingt, genauso wie das Leben Jesu gelungen ist, allerdings durch das Kreuz hindurch. Nichts – so erfuhren es die

Christen in jeder Eucharistiefeier – kann uns scheiden von der Liebe Christi. Selbst der Tod hat keine Macht über uns. Wir werden hineingenommen in den Weg Jesu Christi. Und dieser Weg führt auch uns zum wahren Leben, zum Leben in Fülle, das sich auszeichnet durch die vollkommene Freude und die vollkommene Liebe.

Man könnte das heute für viele unverständliche Wort »Mysterium« auch als Gottes Traum vom Menschen deuten. Nicht nur wir haben Lebensträume, auch Gott hat sich einen Traum vom Menschen gemacht. Und dieser Traum wurde in seinem Sohn Jesus Christus Wirklichkeit. Da ist die Güte und Menschenfreundlichkeit Gottes erschienen (vgl. Titus 3,4).

Die Lateiner übersetzen das griechische Wort »philanthropia« = »Menschenliebe« mit »humanitas« = »Menschlichkeit, Menschenbild«. In Christus ist das Bild des Menschen offenbar geworden, wie Gott es sich erträumt hat. Es ist das Bild eines Menschen, der ganz und gar mit Gott eins ist, durchdrungen von Gottes Güte und Liebe. Die Eucharistie stellt in ihren Riten das Geheimnis der Menschwerdung Jesu Christi dar, den Traum Gottes von uns Menschen, die eins werden mit Gott. Gerade in den verschiedenen Mischungsriten (zum Beispiel Wasser mit Wein, Brot mit Wein) kommt zum Ausdruck, dass wir in Jesus eins werden mit Gott.

Aber wir feiern in der Eucharistie nicht nur die Menschwerdung, sondern auch den Tod und die Auferstehung Jesu. Darin kommt seine Menschwerdung zur Vollendung. Selbst die Abgründe des Todes sind durch Christus verwandelt worden. Sogar im Tod können wir nicht aus der Einheit mit Gott herausgerissen werden. Indem die Kirche das Geheimnis der Menschwerdung und das Mysterium von Tod und Auferstehung Jesu darstellt, bekommen wir daran Anteil, werden wir hineingenommen in das Geheimnis des Weges Jesu, der auch uns in die Einheit mit Gott führt und uns die Gewissheit schenkt, dass uns nichts mehr scheiden kann von der Liebe Christi, in der wir ununterscheidbar eins werden mit Gott.

Eucharistie als Brotbrechen

In der Urkirche wurde die Eucharistie als Brotbrechen bezeichnet. Lukas sagt von den ersten Christen in Jerusalem:

> Tag für Tag verharrten sie einmütig im Tempel, brachen in ihren Häusern das Brot und hielten miteinander Mahl in Freude und Einfalt des Herzens.
> APOSTELGESCHICHTE 2,46

Das Brotbrechen erinnert die Christen daran, dass Jesus beim letzten Abendmahl und dann beim Mahl mit den Emmausjüngern das Brot gebrochen hat. Indem der Priester das Brot bricht, haben die Feiernden den Tod Jesu vor Augen, in dem sich Jesus aus Liebe zu ihnen zerbrechen ließ. Das Brotbrechen stellt den Gipfelpunkt der Liebe Jesu in seiner Hingabe am Kreuz dar. Aber es verweist auch auf all die Begegnungen Jesu mit den Menschen, in denen er sich ihnen heilend und befreiend mitgeteilt hat, in denen er seine Zeit, seine Kraft, seine Liebe mit ihnen geteilt hat. Im Brotbrechen kommt zum Ausdruck, dass Jesus nicht für sich allein gelebt hat, sondern dass er sich in seiner ganzen Existenz für uns aufgebrochen hat, um uns sich und seine Liebe mitzuteilen. Jesus ist wesentlich »Für-Sein«, »Pro-Existenz«. Wir drücken im Brotbrechen unsere tiefste Sehnsucht aus, dass da

Verwandlung und Einswerden

einer ganz für uns da ist, so sehr, dass er sich bis in den Tod hinein für uns einsetzt und uns liebt. Beim Brotbrechen dachten die Christen auch an die Brotvermehrungsgeschichten, die alle Evangelisten erzählen. Wie Jesus dort die Brote brach und den Segen sprach, das hat die gleiche Struktur wie bei der Eucharistie. Bei Markus heißt es:

Dann nahm er die sieben Brote, sprach das Dankgebet, brach die Brote und gab sie seinen Jüngern zum Verteilen.

MARKUS 8,6

Das Brotbrechen hat mit Teilen zu tun. Die Jünger sollen ihr Brot mit den vielen Zuhörern teilen. Teilen ist ein wichtiges Bild für die Eucharistiefeier. Eucharistie ist nicht nur die Einladung, unseren Besitz mit anderen Menschen zu teilen, den Hungernden unser Brot zu reichen. Eucharistie ist in sich schon Feier des Teilens. Wir teilen unsere Zeit und unseren Raum miteinander. Indem wir uns auf die gemeinsame Feier einlassen, auf das Singen und Beten, auf die Menschen, die mit uns Mahl halten, teilen wir mit ihnen unser Leben, unsere Sehnsüchte und Wünsche, unsere Gefühle und Bedürfnisse, unsere Ängste und Hoffnungen. Indem wir in der Eucharistie unser Leben miteinander teilen, schaffen wir Raum für Gemeinschaft und Gastfreundschaft. Es entsteht Verbundenheit, Wärme und Mitsorge. »Teilen ist heilen«, meint Bernard Rootmensen. Durch das Teilen wird ein Stück Zerrissenheit geheilt. Das Brot, das wir füreinander brechen, schenkt uns die Hoffnung, dass auch das Zerbrochene und Gebrochene in uns geheilt wird. Die Bruchstücke unseres Lebens werden neu zusammengesetzt. Das Brotbrechen ist zugleich Einladung, uns füreinander aufzubrechen, unseren Gefühlspanzer zu zerbrechen und unsere Herzen füreinander zu öffnen.

II. Gestaltung der Eucharistiefeier

Für viele ist die Eucharistiefeier langweilig, weil sie immer gleich abläuft. Sie wollen Abwechslung. Doch auch wenn an den Festen oder bei besonderen Anlässen wie der Feier der hl. Messe in einer kleinen Gruppe eine gewisse Veränderung einzelner Riten angebracht ist, so gehört es andererseits zum Wesen der Eucharistie, dass sie immer wieder in der gleichen Weise gefeiert wird. Wir dürfen uns daher nicht unter Leistungsdruck stellen und ständig neue Inszenierungen versuchen, während uns der eigentliche Gehalt der Eucharistie verloren geht.

Andere feiern täglich Eucharistie, ohne dass sie wissen, was die einzelnen Riten eigentlich bedeuten. Alle Riten der Eucharistie wollen uns einen Aspekt der Liebe Jesu Christi darstellen. Sie wollen uns sichtbar vor Augen halten, was Jesus an uns und für uns getan hat und in jeder Eucharistie von neuem an uns wirkt. Und die Riten wurzeln in alten Vorstellungen, wie sie in allen Völkern verbreitet sind. In ihnen drückt sich die Sehnsucht der Menschheit nach Verwandlung, Heiligung und Heilung ihres Lebens aus.

Daher möchte ich den Ritus der Reihe nach durchgehen und ihn erklären. An einigen Stellen werde ich Anregungen geben, wie dieser Ritus zu bestimmten Anlässen besonders gefeiert werden könnte.

Einleitungsriten

Jede kultische Feier beginnt mit Einleitungsriten.

> *Durch die Einleitung wird der Zugang in den verschlossenen, geheimnisvollen, heiligen Bezirk geschaffen.*
>
> KIRCHGÄSSNER 382

Die Einleitung ist gleichsam der Schlüssel, der uns Menschen, die aus der Hektik dieser Zeit kommen, die Türe aufschließt in den Raum des Heiligen. Wir betreten in der Liturgie eine andere Welt. Wenn wir uns auf den heiligen Bezirk der Liturgie einlassen wollen, müssen wir uns lösen von dem, was uns sonst in Beschlag nimmt. So beginnt die Chrysostomos-Liturgie mit dem Hymnus:

> *Alle irdischen Sorgen lasst uns ablegen,*
> *um den Allherrscher zu empfangen.*
>
> KIRCHGÄSSNER 413

Viele beklagen sich heute, dass die Eucharistie nichts mit ihrem Leben zu tun hat. Aber das gehört zum Wesen des Kultes, dass er uns in eine andere Welt versetzt. Es hilft uns, wenn wir in der Eucharistie die Welt verlassen dürfen, die uns oft genug im Griff hat, wenn wir eine andere Welt betreten, eine Welt, in der wir erfahren können, wer wir eigentlich sind, in der wir uns so erleben dürfen, wie es unserer Seele entspricht. Unsere Welt ist ja oft »seelenlos« geworden. Die Eucharistie tut unserer Seele gut. Sie will uns in Berührung bringen mit unserer Seele, damit wir dann auch in der

Die Eucharistiefeier

Welt unseres Alltags »beseelt« leben können, im Bewusstsein unserer göttlichen Würde, im Wissen darum, dass wir mehr sind als die Welt, die nach uns greift.

Wie jeder Kult kennt auch die Eucharistiefeier eine Reihe von Einleitungsriten. Die Feier beginnt mit dem »Introitus«, dem Eingangslied. Singend tritt die Gemeinde ein in das Geheimnis der Liebe, das Gott ihr in der Eucharistie vor Augen führen wird. Der Priester hat sich schon in der Sakristei auf die Feier vorbereitet, indem er die heiligen Gewänder angezogen hat. Früher hat er bei jedem Kleidungsstück ein eigenes Gebet verrichtet. Mit den Ministranten hat er sich schweigend auf das heilige Geschehen eingestimmt. Dann wird die Türe zur Kirche geöffnet. In der Ostkirche betet der Priester dabei:

> *Herr, ich will eintreten in dein Haus und dich in heiliger Ehrfurcht in deinem Tempel anbeten.*
> KIRCHGÄSSNER 392

Dann verneigen sich Priester und Ministranten (beziehungsweise beugen das Knie) vor dem Altar und schreiten die Stufen zum Altar hinauf. Der Priester küsst den Altar. Der Kuss ist Ausdruck von Zärtlichkeit und Liebe. Er ist die intensivste Berührung, die wir einander schenken. Der Altar ist Symbol für Christus. Im Altarkuss berührt der Priester Christus, um seine Kraft und seine Liebe in sich aufzunehmen. Er drückt damit aus, dass er nicht selbst die Eucharistie feiert, sondern nur aus der Kraft und Liebe Christi heraus. »Kuss«, so sagt Kirchgässner, ist »Ein-Atmen der göttlichen Atmosphäre, Trinken am Quell des Lebens« (Kirchgässner 498). Immer wieder

Verwandlung und Einswerden

wird der Priester während der hl. Messe den Altar berühren, um »aus der Kraft des Altares handeln zu können« (Kirchgässner 498). Der Schlüssel, der den Gläubigen die Türe zum Raum der Liebe aufschließt, in den sie in der Eucharistie eintreten, ist das Kreuzzeichen. Wenn die frühen Christen sich mit dem Kreuz bezeichneten, drückten sie damit aus, dass sie Gott gehörten und nicht der Welt, dass kein Machthaber über sie herrschen kann. Und es war für sie eine Auszeichnung. Sie ritzten sich in diesem Zeichen die Liebe Christi in ihren Leib ein. Mit dem Kreuzzeichen segnen wir uns. Das deutsche Wort »segnen« kommt von »secare«, das heißt »schneiden, ritzen«. Im Kreuzzeichen berühren wir zuerst die Stirne, dann den Unterbauch, dann die linke und die rechte Schulter. Wir drücken damit aus, dass Jesus Christus alles an uns liebt, das Denken, die Vitalität und Sexualität, das Unbewusste und das Bewusste. Wir beginnen die Eucharistie also mit dem Zeichen der Liebe, um damit schon auszudrücken, worum es eigentlich geht. Es geht in der Messe darum, dass wir Christi Liebe leibhaft erfahren. Wir verbinden das Kreuzzeichen mit der trinitarischen Formel:

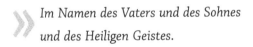

*Im Namen des Vaters und des Sohnes
und des Heiligen Geistes.*

Das ist für viele eine Floskel geworden. Aber wir bekennen damit, dass Gott kein ferner und in sich abgeschlossener Gott ist, sondern der Gott, der für uns offen ist, der uns teilnehmen lässt am Kreislauf seiner Liebe. Man könnte diese Formel auch verdeutlichen, indem man sie ähnlich wie die syrische Kirche erweitert und so ganz langsam und bewusst sich mit dem Kreuz bezeichnet: »Im Namen des Vaters, der uns ausgedacht und geschaffen hat, und des Sohnes, der in die Tiefe unseres Menschseins hinabgestiegen ist, und des Heiligen Geistes, der das Linke zum Rechten wendet, der das Unbewusste und Unbekannte in uns verwandelt, damit es ausgerichtet wird auf Gott.«

Nach dem Kreuzzeichen begrüßt der Priester die Gemeinde mit der Zusage, dass der Herr selbst mit und bei ihnen sei mit seinem Frieden, mit seiner Gnade, mit seiner Liebe. Dadurch soll deutlich werden, dass nicht der Priester der Messe vorsteht, sondern dass Christus selbst in unserer Mitte ist als der eigentlich Handelnde.

Dann, nach einer kurzen Einführung in den Gottesdienst, etwa in das Festgeheimnis oder in das Leben des Tagesheiligen, folgt der Bußakt. Damit haben heute viele Menschen Probleme. Sie meinen, sie müssten sich erst als arme Sünder fühlen, sie würden von der Kirche erst »klein« gemacht, bevor ihnen dann großzügig die Vergebung zugesagt werde.

Der Sinn des Bußaktes ist, dass wir uns mit allem, was in uns ist, mit unseren Licht- und Schattenseiten, mit unseren Erfolgen und Misserfolgen, mit unserem Gelingen und Misslingen und auch mit unserer Schuld auf die Begegnung mit Christus einlassen. Wir müssen uns nicht klein machen. Vielmehr lädt uns Christus ein, dass wir auch die Seiten von uns mitbringen, die wir lieber draußen lassen würden, weil sie uns unangenehm sind. Der Bußakt will uns also dazu ermutigen, als ganze Menschen die Eucharistie zu feiern und nicht nur unseren »frommen« Teil in die Begegnung mit Gott hineinzunehmen. Er sagt uns schon zu Beginn der Feier zu, dass Eucharistie die Erfahrung der vergebenden Liebe Gottes ist, die uns bedingungslos annimmt.

Den Begrüßungsteil und den Bußakt kann die Gemeinde, vor allem wenn es eine kleine Gruppe ist, durchaus individuell gestalten. Sie kann den Gottesdienst mit einem meditativen Tanz eröffnen oder Anliegen einbringen, für die man diese Messe feiern möchte. Sie kann im Bußakt auf Verstrickungen aufmerksam machen, in die einzelne oder ihre Umwelt hineingezogen sind, oder ihn auch als Spiel gestalten.

Bei einem Pfingstkurs in unsrer Abtei stellte einmal die Gruppe einen Teich dar, in den man hineingehen konnte, um zu sagen, was man da zurücklassen möchte, wovon man abgewaschen werden wollte. Manchmal gestalte ich den Bußakt auch durch drei Gebärden: einmal durch die Gebärde der offenen Schale. Ich spreche dazu ein Gebet, etwa mit den Worten: »Wir halten in unseren Händen alles Gott hin, was wir in die Hand genommen, gestaltet und geformt haben, was uns gelungen und misslungen ist. Wir halten unsere Hände hin, die wir anderen gereicht haben und die wir vor anderen zurückgezogen haben. Wir halten alles hin, was sich in unsere Hände eingegraben hat, damit Gott es mit seiner guten Hand segnen möge.« Dann drehen wir die Hände zum Boden. »Wir lassen los, woran wir uns festklammern. Wir begraben, was vergangen ist, was uns belastet, was wir uns einander vorwerfen. Wir drücken in dieser Gebärde aus, dass wir das Vergangene nicht mehr als Vorwurf gegen andere oder als Entschuldigung für unser Unvermögen benutzen wollen. Wir lassen auch unsere Schuldgefühle los. Wir begraben sie, um mit Christus neu aufzustehen aus dem Grab unserer Selbstverletzung und unseres Selbstmitleids.« Und dann reichen wir uns die Hände und halten unsere Beziehungen Gott hin mit allem, was uns verbindet und was uns trennt. »Wir halten unsere geglückten Beziehungen Gott hin, dass er sie segne. Und wir bringen unsere Beziehungen, die blockiert sind durch Missverständnisse und emotionale Trübungen, vor Gott, damit seine heilende Liebe wieder zwischen uns strömen möge.«

Es ist der Phantasie der Gruppe überlassen, hier kreativ zu werden, ohne dass sie sich unter Leistungsdruck stellt. Aber wichtig ist, dass diese kreative Gestaltung für ganz bestimmte Feste und für Gruppengottesdienste passt, dass es aber auch die alltägliche Gestaltung geben muss, die in sich stimmig ist.

Nach dem Bußakt folgen die Kyrie-Rufe. Sie sind eigentlich Huldigungsrufe an den erhöhten Herrn. Wenn diese Rufe im lateinischen Choral gesungen werden, dann ist für mich deutlich, dass der erhöhte Herr im Singen selbst in unserer Mitte ist. Wir besingen den, der unter uns ist. Und indem wir ihn besingen, entsteht sein Bild deutlicher unter uns. Es ist so, wie wenn ein Liebhaber seine Geliebte besingt. Im Lied entsteht sie vor seinen Augen, und singend fühlt er sich mit ihr tief verbunden. Bei Gruppengottesdiensten lade ich die Teilnehmer ein, Christus unter dem Namen oder dem Bild anzurufen, der oder das ihnen spontan einfällt: »Christus, du unser Bruder. Christus, du guter Hirte, du Freund der Armen, du Liebhaber, du Licht der Welt.« Es ist erstaunlich, wie viele Namen Jesu den Teilnehmern teuer sind. Indem jeder Christus mit seinem Namen anspricht, wird deutlich, wer da unter uns ist. Und es entsteht eine innige Beziehung zu diesem Jesus, der in unserer Mitte ist, um unsere tiefsten Sehnsüchte zu erfüllen.

Am Sonntag und an Festen folgt auf das Kyrie der weihnachtliche Hymnus »Gloria« – »Ehre sei Gott in der Höhe«. In ihm wird schon voller Freude das Geheimnis unserer Erlösung besungen. Dann folgt die Oration, das Tagesgebet, in dem der Priester das Festgeheimnis kurz zum Ausdruck bringt.

Die Lesungen

In Lesung und Evangelium wird das Wort Gottes verkündet. Die Leseordnung, die nach dem Zweiten Vatikanischen Konzil eingeführt wurde, bringt uns eine reiche Auswahl von biblischen Texten. Das Wort selbst will schon wirken. Daher braucht es einen aufmerksamen Sinn, um die Worte nicht nur mit dem Ohr aufzunehmen, sondern sie ins Herz fallen zu lassen. Und es braucht das Schweigen, damit das Wort sich ins Herz einsenken kann. Wenn das Wort im Herzen ankommt, dann wirkt es auch. Damit das Wort ins Herz fallen kann, muss der Vorleser sein eigenes Herz in die Worte hineinlegen. Man muss spüren, dass er die Lesung engagiert vorträgt, dass er selbst von den Worten berührt wird, die er vorliest.

Die Worte aus Lesung und Evangelium wollen uns nicht in erster Linie sagen, was wir tun sollen, sondern wer wir sind. In den Lesungen aus dem Alten und Neuen Testament wird das Geheimnis unseres Lebens gedeutet. Im Evangelium tritt Jesus Christus selbst in unsere Mitte. Er selbst spricht zu uns, und er handelt an uns so, wie es der Text verkündet.

Bevor der Priester das Evangelium verkündet, bezeichnet er das Buch und sich selbst auf Stirn, Mund und Brust mit dem Kreuzzeichen, und die Gläubigen folgen ihm darin. Wir drücken damit aus, dass jedes Wort Ausdruck der Liebe ist, mit der uns Christus bis zur Vollendung geliebt hat, und dass wir diese Liebe in unser Denken, Sprechen und Fühlen einprägen wollen.

Damit das Wort noch mehr bei den Hörern ankommt, deuten es der Priester oder dazu beauftragte Männer und Frauen in der Predigt. Die Predigt soll das, was wir in der Eucharistie feiern, verdeutlichen und der ganzen Gemeinde bewusster machen. Wenn es keine Predigt gibt, ist es manchmal hilfreich, in wenigen Sätzen Lesung oder Evangelium auf unser Leben hin auszulegen. Das kann zum Beispiel in der Einleitung zu den Fürbitten geschehen. Was im Evangelium verkündet wurde, das wird in der Eucharistie Wirklichkeit, das wird im heiligen Spiel dargestellt. In der Kommunion werden wir diesen Jesus leibhaft berühren. Und von dieser Berührung können auch unsere Wunden geheilt werden, kann unsere Angst zerrinnen, kann sich unsere Traurigkeit in Freude wandeln, unsere Starre in Lebendigkeit und unsere Kälte in Liebe.

Credo und Fürbitten

Am Sonntag wird nach der Predigt das Credo gebetet, in dem wir unseren Glauben bekennen. Für viele scheint das abstrakt zu sein. Aber jeder Satz aus dem Credo drückt das Geheimnis unseres durch Christus erlösten Lebens aus.

Dann folgen die Fürbitten, in denen wir die ganze Welt in den Raum des Gottesdienstes hereinholen. Bei den Fürbitten kann sich bei bestimmten Gelegenheiten die Phantasie der Gemeinde entfalten. Wenn es angebracht ist, können die Fürbitten spontan von den Gottesdienstbesuchern gebetet werden. Bei Gruppengottesdiensten oder an Festen, an denen das Licht im Mittelpunkt steht (wie Mariä Lichtmess, Maria Immaculata, Weihnachten, hl. Odilia, hl. Luzia und so weiter), kann der Priester die Gottesdienstteilnehmer einladen, eine Kerze oder ein Teelicht in einem ganz bestimmten Anliegen zu entzünden und auf den Altar oder vor eine Ikone zu stellen.

Bei Gottesdiensten für eine bestimmte Berufsgruppe oder einen Verein könnten einige Vertreter ihre Fürbitte mit einem Symbol verbinden, indem sie etwas Charakeristisches aus ihrem Beruf oder ihrer Vereinstätigkeit aussuchen, vor den Altar bringen und eine Bitte dazu sprechen. Bei Gruppengottesdiensten verbinde ich die Gabenbereitung manchmal mit den Fürbitten, indem ich die Hostienschale herumgehen lasse. Jeder nimmt sie in die Hand und legt entweder schweigend oder mit Worten etwas von sich hinein oder einen Menschen, der ihm am Herzen liegt, etwa so: »Ich lege in diese Schale, was in mir erstarrt ist, meine innere Unruhe, meine Angst, mein mangelndes Selbstwertgefühl. Ich lege in diese Schale meine Schwester, die sich um ihre Kinder Sorgen macht« und so weiter.

Dann reicht er die Schale dem Nachbarn weiter, bis sie wieder zu mir gelangt. Ich erhebe die Schale und spreche ein Gebet über alles, was wir in sie hineingelegt haben. Und ich bitte Gott, dass er alles verwandeln möge, wenn er jetzt das Brot in den Leib Christi verwandelt.

Die Gabenbereitung

Die Gabenbereitung beginnt mit der Gabenprozession, die allerdings in vielen Kirchen kaum mehr geübt wird. Sie hat den tiefen Sinn, dass wirklich unsere Welt bewusst vor Gott getragen wird. Wenn die Ministranten oder Vertreter der Gemeinde die Hostienschalen und die Kelche langsam und behutsam zum Altar bringen, dann wird deutlich, dass sie in der Hostienschale die Zerrissenheit unserer Welt und im Kelch Leid und Sehnsucht der ganzen Menschheit vor Gott bringen. Die Eucharistie ist mehr als eine fromme Privatfeier

Die Eucharistiefeier

unter Christen. Sie will sich auswirken auf die ganze Welt. Durch die Verwandlung von Brot und Wein will eine verwandelnde Bewegung in die ganze Welt ausgehen.

So wie Christus für die ganze Welt gestorben ist und sie in seiner Auferstehung aufgerichtet hat, so will auch die Eucharistie den gesamten Kosmos mit einschließen, wenn Christus »heute« unter uns ist und an uns wirkt. Ein wichtiges Bild ist dabei das Erheben der Gaben. Durch diesen Gestus werden die irdischen Gaben in den Bereich Gottes hineingehalten. Wir bekennen, dass alles von Gott kommt und alles Gott gehört. Wir preisen Gott für die guten Gaben, die er uns täglich schenkt und in denen wir seine fürsorgende Güte leibhaft erfahren dürfen. Aber wir appellieren mit diesem Hochheben auch an Gott, dass er Sorge tragen möge, dass seine heilende und befreiende Kraft sich auch heute auf seine ganze Schöpfung auswirken und seine Versöhnung die Entzweiten zusammenführen möge. In den Gaben halten wir unser Leben in den Bereich Gottes. Nur von Gott her wird unser Leben heil und ganz.

Bei der Gabenbereitung ist ein kleiner Ritus vorgesehen, den viele übersehen. Der Priester gießt Wein und ein wenig Wasser in den Kelch und spricht dazu:

> *Wie das Wasser sich mit dem Wein verbindet zum heiligen Zeichen, so lasse uns dieser Kelch teilhaben an der Gottheit Christi, der unsere Menschennatur angenommen hat.*
> MESSBUCH

Die Vermischung von Wein und Wasser weist also auf die Menschwerdung Gottes in Jesus Christus hin. Wie Gott die menschliche Natur angenommen hat, so werden wir durch die Eucharistie Anteil erhalten an der göttlichen Natur. Wir werden mit Gott eins, so wie Wasser und Wein ununterscheidbar eins geworden sind. Man kann Wasser und Wein nicht mehr voneinander trennen. Genausowenig können wir in uns Göttliches und Menschliches voneinander scheiden.

Riten der Mischung gibt es in allen Kulten. In ihnen wird ausgedrückt, dass das Getrennte sich vereinigt, dass die ursprüngliche Einheit des Paradieses wieder hergestellt wird. Da gibt es keine Entzweiung mehr. Da lagern Wolf und Lamm, Löwe und Rind beisammen (vgl. Jesaja 11,6ff). So wie die Mischung von Wasser und Wein nicht mehr rückgängig gemacht werden kann, so kann die Vereinigung zwischen Gott und Mensch in Jesus Christus und – durch ihn auch in uns – nicht mehr aufgehoben werden. Ignatius von Antiochien († 110) schreibt:

> *Wir sind seinem Fleisch*
> *und Geist vermischt.*

Und Kyrillos von Alexandrien († 444) sagt:

> *Wir werden, wenn auch verweslich der Fleischesnatur nach, durch*
> *die Mischung die eigene Gebrechlichkeit verlieren und in das Eigen-*
> *tümliche jener (Christus-Natur) umgewandelt.*
> KIRCHGÄSSNER 469

So zeigt der kleine Ritus der Mischung von Wein und Wasser, wie ernst wir die Menschwerdung, die Fleischwerdung Gottes in der Eucharistie nehmen. Sie schenkt uns ein neues Daseinsgefühl. Denn zu wissen, dass Gottes Leben und Liebe in mir fließen und nicht mehr von mir getrennt werden können, gibt mir ein Gespür für meine Würde als Christ.

Das Hochgebet

Nach der Gabenbereitung beginnt mit dem Hochgebet das eigentliche Zentrum der Eucharistiefeier. Es wird eingeleitet von der Präfation, einem Loblied auf Gottes erlösendes Handeln an uns. Auf die Präfation antwortet die Gemeinde mit dem Gesang des »Sanctus«, des »Dreimal Heilig«. Darin stimmt sie ein in den Lobgesang der Engel. Hier wird deutlich, dass die feiernde Gemeinde nicht unter sich bleibt, sondern dass sich da ein Fenster öffnet zum Himmel, dass sie teilhat an der himmlischen Liturgie. Für mich ist es immer erhebend, wenn wir in der Abtei als Konzelebranten um den Altar stehen und das »Sanctus« singen. Da habe ich das Gefühl, dass ich es gemeinsam mit allen Mitbrüdern singe, die hier einmal gelebt und Gott gelobt haben, dass sich da der Himmel über uns öffnet, dass Himmel und Erde einander berühren.

Dann spricht der Priester das Hochgebet, für das es verschiedene Fassungen gibt. Das Hochgebet setzt im ersten Teil (dem Postsanctus) den Lobpreis der Präfation fort. Dann wird in der »Epiklese« der Heilige Geist auf die Gaben von Brot und Wein herabgerufen, damit er sie in den Leib und das Blut Christi verwandle. Der Priester streckt dabei seine Hände über die Gaben aus, um auszudrücken, dass der lebenspendende Gottesgeist über Brot und Wein ausgegossen wird, um sie in den Leib und das Blut Jesu Christi zu verwandeln. Darauf folgen die Einsetzungsworte, die immer in der Weise formuliert werden, wie sie uns die Evangelisten und Paulus überliefert haben. Nach den Einsetzungsworten erhebt der Priester jeweils die Hostie und den Kelch mit Wein, um sie allen zu zeigen. Alle sollen um das Geheimnis wissen, dass Christus unter uns ist. Und alle sollen auf ihn schauen:

Das Leben ist uns erschienen.
1 JOHANNES 1,2

Dieser Satz aus dem 1. Johannesbrief wird hier Wirklichkeit. Seit jeher hat der Zeigeritus den Sinn, am Geheimnis des Angeschauten Anteil zu haben.

Die Israeliten wurden von ihren Schlangenbissen geheilt, als sie auf die Eherne Schlange blickten. Vom Anschauen der Hostie erhofften und erhoffen sich die Gläubigen heilende Wirkung für die eigenen Wunden. Im Zeigen der Hostie wurde der Psalmvers Wirklichkeit:

Zeige uns dein Angesicht, und wir sind gerettet.
PSALM 80,4

Auf das Erheben antwortet der Priester jeweils mit einer Kniebeuge, in der er anbetend vor dem Geheimnis der Liebe Gottes niederfällt, die in Jesus Christus jetzt in diesem Augenblick für uns aufstrahlt. Und die Gemeinde antwortet auf den Ruf des Priesters: »Geheimnis des Glaubens« mit den Worten:

Deinen Tod, o Herr, verkünden wir, und deine Auferstehung preisen wir, bis du kommst in Herrlichkeit.
MESSBUCH

Die Eucharistiefeier

Auf den Einsetzungsbericht folgt die sogenannte Anamnese, ein Gebet, in dem aller erlösenden und befreienden Taten Gottes in Jesus Christus gedacht wird, in dem vor allem an den Tod, die Auferstehung und Himmelfahrt Jesu erinnert wird. Alles, was Gott in Jesus Christus getan hat, wird jetzt unter uns und für uns gegenwärtig. Es soll an uns und an der ganzen Welt seine heilende, befreiende und erlösende Wirkung entfalten.

Auf dieses Gebet folgen nun Fürbitten für die Kirche, für die versammelte Gemeinschaft und für die Verstorbenen, mit denen sich die Gemeinde verbunden weiß. Dann schließt das Hochgebet mit dem Lobpreis, der »Doxologie«. Dabei hebt der Priester die Gaben von Brot und Wein hoch. Dadurch wird deutlich, dass Christus selbst der eigentlich Feiernde und Betende ist. Durch Christus wird Gott alle Herrlichkeit und Ehre zuteil.

Früher hat der Priester die Hostie über den erhobenen Kelch gehalten. Das hatte eine tiefe Bedeutung. Daher halte ich mich an diesen ehrwürdigen Ritus. Die runde Hostie ist Bild der Sonne, die in der Auferstehung für immer über alle Finsternis gesiegt hat. Der Kelch mit dem Blut Jesu symbolisiert zum einen die Abgründe der Seele, über denen die Sonne aufleuchtet, und die vielen Tode, die durch die Auferstehung verwandelt werden. Zum anderen ist der Kelch ein Bild für die mütterliche Erde, aus der Christus als Sonne aufsteigt. So wird in diesem kleinen Ritus das Geheimnis der Auferstehung ausgedrückt. Die Frauen kamen am Auferstehungsmorgen zum Grab, »als eben die Sonne aufging« (Markus 16,2). In der Auferstehung ist Christus als die wahre Sonne aufgegangen.

Verwandlung und Einswerden

 Das Volk, das im Dunkel lebte, hat ein helles Licht gesehen; denen, die im Schattenreich des Todes wohnten, ist ein Licht erschienen.
MATTHÄUS 4,16, ZITIERT JESAJA 9,1

Die Sonne Christi leuchtet gerade über den vielen Gräbern auf, in denen wir hausen, über dem Grab unserer Angst, unserer Resignation, unserer Depression. In dem auferstandenen Herrn wird Gott alle Ehre und Herrlichkeit zuteil. Und durch ihn und in ihm haben wir selbst teil an der Herrlichkeit Gottes.

Die Kommunionfeier

Das Vaterunser leitet schon zur Kommunionfeier über. Die Kirchenväter weisen bei ihrer Erklärung, warum das Vaterunser gerade vor der Kommunion gebetet wird, vor allem auf die beiden Bitten: »Unser tägliches Brot gib uns heute« und »Vergib uns unsere Schuld, wie auch wir vergeben unseren Schuldigern« hin. Das eucharistische Brot – so meinen die Kirchenväter seit Origenes – ist das Brot, das unserer geistigen Natur angemessen ist. Die Vergebungsbitte deutet Augustinus als das Waschen des Gesichtes, bevor man zum Altare tritt. In unserer Abtei beten nicht nur die Priester sondern alle Mönche das Gebet des Herrn mit einer Gebetsgebärde entweder mit erhobenen Händen oder mit zur Schale geöffneten Händen. Und viele Gläubige schließen sich diesen Gebärden an. Natürlich braucht es da immer Sensibilität, um die Gottesdienstbesucher zu einer Gebärde einzuladen. Denn Gebärden flößen manchen Menschen Angst ein. Da müssten sie ja Gefühle zeigen. Der Einzelne muss sich immer frei fühlen, und er darf nicht überrumpelt werden. Aber wenn Gebärden in der

Die Eucharistiefeier

Liturgie für alle möglich sind, entfalten sie eine Kraft und geben dem Gottesdienst eine ungeahnte Dichte und Tiefe. Dann können wir uns vorstellen, dass durch unsere geöffneten Hände der Geist Jesu hineinströmt in unsere Welt und sie mit Seiner Liebe durchdringt.

Nach dem Vaterunser betet der Priester um den Frieden in der Welt und lädt alle zum Friedensgruß ein. Auch hier braucht es Behutsamkeit und Achtung vor den Hemmungen, die manche haben, um aufeinander zuzugehen. In Gruppengottesdiensten besteht manchmal die Gefahr, dass alle vereinnahmt werden durch einen gewissen Gruppendruck, jeden zu umarmen und jedem den Frieden zu wünschen. Aber der Friedensgruß kann auf gute Weise zum Ausdruck bringen, dass wir gemeinsam das hl. Mahl feiern und dass wir einander annehmen müssen, wenn wir in der Kommunion mit Christus und untereinander eins werden wollen.

Auf den Friedensgruß folgt das Brechen des Brotes. Oft nehmen die Gläubigen diese kleine Handlung des Priesters gar nicht wahr. Und doch ist dieser Ritus wichtig. Die frühen Christen nannten die Eucharistiefeier häufig nur das Brotbrechen. Wenn das Brot gebrochen wird, ist das ein Bild dafür, dass Christus sich für uns am Kreuz zerbrechen ließ, damit wir an unserem Leben nicht mehr zerbrechen. Er hat sich für uns aufgebrochen, um das Gebrochene in uns zu heilen und die Bruchstücke unseres Lebens neu zusammenzufügen. Das Brotbrechen erinnert uns daran, dass wir selbst gebrochene und verwundete Menschen sind, dass aber über unserer Gebrochenheit der Auferstandene steht, der alles heil und ganz macht.

Nach dem Brotbrechen taucht der Priester ein kleines Stück der Hostie in den Kelch. Für die Alten war das ein Bild für die Auferstehung Christi. Wenn Leib und Blut Bilder für die Hingabe Jesu am Kreuz sind, dann symbolisiert das Eintauchen des Brotes in den Wein das Zusammenkommen von Leib und Blut Jesu in der Auferstehung. Für mich ist das ein schönes Bild, dass die Brüche meines Lebens geheilt werden, wenn sie eingetaucht werden in die Liebe Christi, von der der Kelch voll ist. Mein Leben wird wieder ganz, wenn es hineingehalten wird in das Blut Jesu, der für mich gestorben und auferstanden ist. Die Kirchenväter bezeichnen das Brot, das in den Wein getaucht wird, als »fermentum«, als »Sauerteig«. Sie sehen in diesem kleinen Ritus ein Symbol dafür, dass die irdische und die himmlische Natur in Christus miteinander eins werden. So beten die syrischen Jakobiten bei diesem Ritus:

> *Du hast vermischt, Herr, deine Gottheit mit unserer Menschheit und unsere Menschheit mit deiner Gottheit, dein Leben mit unserer Sterblichkeit ... du nahmst an, was unser war, und hast uns das Deine gegeben zum Leben und zum Heil unserer Seele.*
> KIRCHGÄSSNER 484

Die Verbindung von Brot und Wein weist auch hin auf das Einswerden von Mann und Frau. Brot ist für C. G. Jung weiblich und Wein männlich. So wird in diesem kleinen Ritus unsere Sehnsucht nach Einswerdung, nach der heiligen Hochzeit ausgedrückt, in der anima und animus sich nicht mehr bekämpfen, sondern sich einander befruchten und eins werden in der Einheit, zu der Gott uns geschaffen hat.

Brot und Wein stehen für das Feste und Flüssige, für alle Gegensätze dieser Welt. Im Eintauchen werden sie eins. So kann in uns alles eins werden, was sich oft genug bekämpft. Daher nennt die Basilius-Liturgie die Mischung von Brot und Wein »heilige Einung«.

Die Eucharistiefeier

Dann hält der Priester die Hostie hoch mit den Worten:

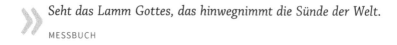
Seht das Lamm Gottes, das hinwegnimmt die Sünde der Welt.
MESSBUCH

Es ist das Wort, mit dem Johannes der Täufer seine Jünger auf Christus hinweist (vgl. Johannes 1,36). Der Priester zeigt in dem Brot auf Christus, den Erlöser und Befreier, der uns bis zum Ende geliebt hat. Es ist ein Wort, das mich einlädt, so wie ich bin, zu Christus aufzuschauen und in ihm meine Heilung zu erfahren. Auch meine Sünden und meine Schuldgefühle dürfen kein Hindernis sein, die Liebe Gottes jetzt in der Kommunion leibhaft zu erfahren. Ich höre bei diesem Verweis auf das Lamm Gottes immer auch die Worte mit, mit denen Johannes sein Zeugnis für Jesus beendet:

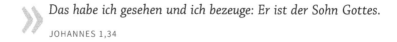
Das habe ich gesehen und ich bezeuge: Er ist der Sohn Gottes.
JOHANNES 1,34

Alle antworten mit den Worten, die der Hauptmann zu Jesus gesprochen hat, als er seinen Sohn heilen wollte:

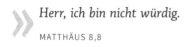
Herr, ich bin nicht würdig.
MATTHÄUS 8,8

Viele haben mit diesem Satz Probleme. Sie assoziieren damit all die Erlebnisse, in denen sie von Eltern oder von der Kirche »klein« gemacht worden sind. Ich kann diese Menschen gut verstehen. Aber ich tue mich schwer, wegen dieser negativen Assoziationen das Bibelwort wegzulassen. Ein evangelischer Christ meinte bei einer Diskussion über dieses Wort, ihm sei das überhaupt das liebste Wort in der katholischen Eucharistiefeier. Wir sollen uns in diesem Wort nicht klein machen, sondern ein Gespür für das Geheimnis der Kommunion bekommen, dass wir als Menschen den Sohn Gottes bei uns eintreten lassen. Es ist nicht das kleine Stück Brot, das manche heute recht achtlos zu sich nehmen. Es ist Christus selbst, der da zu mir kommt, um mich zu heilen. Der Hauptmann, der so zu Jesus sprach, erniedrigte sich damit nicht. Im Gegenteil, er strotzte vor Selbstbewusstsein. Er erklärte Jesus, dass er Soldaten unter sich habe.

 Sage ich nun zu einem: »Geh!«, so geht er, und zu einem anderen: »Komm!«, so kommt er.
MATTHÄUS 8,9

Doch zugleich hatte er ein Gespür dafür, dass es eine Ehre sei, wenn Jesus zu ihm komme. Er fühlte, dass er es als Nicht-Jude nicht wert war, dass Jesus sein Haus betrete, und dass es genügen würde, wenn Jesus nur ein einfaches Wort spräche. Dann würde sein Diener gesund (Matthäus 8,8).

Die Liturgie hat das Wort »Diener« zu »meine Seele« geändert. Die Seele dient dem Leben. Wenn unsere Seele krank ist, ist der ganze Mensch davon beeinträchtigt. Die Worte, mit denen wir auf die Einladung des Priesters antworten, sind also einmal Ausdruck der Ehrfurcht vor Jesus Christus, der zu uns kommt und bei uns eintritt. Zum anderen drücken wir darin unser Vertrauen aus, dass Jesus in der Kommunion unsere Seele heilen wird, dass wir durch die Begegnung mit Jesus von unserer Zerrissenheit befreit und heil und ganz werden, dass unsere Wunden durch das Einswerden mit Christus verwandelt werden. Dann teilen der Priester und die Kommunionhelferinnen und -helfer die Kommunion aus. Es ist wichtig, dass die Kommunion wirklich zu einer Begegnung mit Christus wird. Daher hält der Priester die Hostie jedem einzelnen vor die Augen und spricht dazu:

> *Der Leib Christi.*
> MESSBUCH

Der Kommunizierende soll in diesem Stück Brot Christus selbst erkennen, der in sein Haus eintritt, um ihn im Innersten zu heilen. Cyrillus von Jerusalem hat im 4. Jahrhundert beschrieben, in welcher Haltung wir die Kommunion empfangen sollen:

> *Wenn du nun hingehst, so gehe nicht hin so, dass du die flachen Hände ausstreckst oder die Finger auseinander spreizest, sondern mache die linke Hand zu einem Thron für die Rechte, die den König empfangen soll, und dann mache die flache Hand hohl und nimm den Leib Christi in Empfang und sage das Amen dazu. Dann heilige mit aller Sorgfalt deine Augen durch die Berührung des heiligen Leibes und empfange ihn.*
> JUNGMANN 469

Es ist ein ehrfürchtiger Gestus, Christus mit seiner Hand zu empfangen. Im 4. Jahrhundert berührte man mit dem Leib Christi auch die Augen. Und wenn die Lippen nach Empfang des Blutes Christi noch feucht waren, berührte man sie mit den Händen und heiligte damit die Augen, die Stirne und alle Sinne. In dem Ritus der Kommunion erfuhren die Christen damals, dass Jesus auch ihre blinden Augen berührt, damit sie sehend werden, dass Jesus ihre Ohren und ihren Mund öffnet, damit sie richtig hören und sprechen können. Es war eine sinnliche Begegnung mit Jesus Christus. Wegen der Ansteckungsgefahr hat man im Mittelalter auf die Kelchkommunion für alle verzichtet. Allerdings gab es auch andere Wege, sich gegen die Gefahr der Ansteckung zu schützen. Mancherorts tauchte man das Brot in den Kelch. In Rom gab es Saugröhrchen, mit denen man aus dem Kelch trank Wo es angebracht ist, sollte man heute den Kelch wieder allen reichen, etwa bei Gruppengottesdiensten, bei der Trauung, beim Werktagsgottesdienst, am Gründonnerstag und an Fronleichnam. Im Blut Christi trinken wir die menschgewordene Liebe Gottes, damit sie unseren ganzen Leib durchdringt und uns mit dem Geschmack der Liebe erfüllt. Ich kann mir dann vorstellen, dass Christi heilende Kraft in alle Verletzungen und Kränkungen meines Leibes und meiner Seele hineinfließt. Oder ich kann mir das Wort aus dem Hohenlied vorsagen:

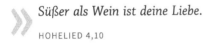

> *Süßer als Wein ist deine Liebe.*
> HOHELIED 4,10

Dann kann ich diese Liebe Christi leibhaft erfahren. Der Priester kann nach dem Gebet der Gläubigen noch ein Wort hinzufügen, zum Beispiel »Wer von diesem Brot isst, wird in Ewigkeit leben.« Für mich ist es sinnvoll, bei der Kommunion ein Wort aus dem Evangelium zu wiederholen. Dann wird sichtbar, dass das, was im Evangelium beschrieben wird, jetzt an uns geschieht. Wenn da eine Heilungsgeschichte erzählt wird, kann ich sagen: »Ich will, sei rein!«, oder »Jesus sagte zu dem Gelähmten: Steh auf, nimm dein Bett und geh!«.

Beim Reichen des Kelches kann ich auf die Heilung der blutflüssigen Frau (Markus 5,25–34) Bezug nehmen: »Das Blut Christi heile Deine Wunden.« Oder ich kann ein Wort aus einem Gleichnis nehmen, das den Kommunionempfang unter einem ganz bestimmten Bild sieht. Dann wird die Kommunion nicht nur der immer gleiche Mahlritus sein, sondern Jesus wird mir jeweils unter einem anderen Bild begegnen und an mir wirken. Dann kann ich erfahren, dass er an mir heute genauso handelt wie an den Kranken und Sündern zu seiner Zeit und dass ich in der Kommunion sein fleischgewordenes Wort in mich aufnehme, damit es in der Tiefe meines Herzens Leib und Seele in gleicher Weise verwandle.

Nach der Kommunion ist es angemessen, eine Zeit der Stille zu halten, damit das Einswerden mit Christus auch im Herzen ankommen und mit allen Sinnen vollzogen werden kann. Die Stille kann Raum geben zu einer persönlichen Zwiesprache mit Christus, der jetzt in uns ist. Sie kann auch einfach ein Nachklingen dessen sein, was wir gefeiert haben, ein Eindringen von Leib und Blut Christi in den ganzen Leib und in alle Abgründe meiner Seele hinein. Es ist ein achtsames Sichhineinspüren in das Geheimnis der Kommunion, dass Gott jetzt ununterschieden eins mit mir geworden ist. Was Gott da an mir getan hat, das muss ich für mich in meinem Leben verwirklichen. Wenn Gott mit mir eins geworden ist, dann kann auch ich mit mir und meinem Leben einverstanden sein und mit mir in Einklang kommen. Und wenn Christus in uns allen ist, dann muss ich auch versuchen, in meinem Innern allen gegenüber wohlwollend zu werden und mich mit ihnen eins zu fühlen.

Entlassung

Nach einer angemessenen Zeit der Stille betet der Priester das Schlussgebet, gibt der Gemeinde den Segen und entlässt sie dann in Frieden. Die Gläubigen sollen als Gesegnete in ihren Alltag zurückkehren und dort selbst zu einer Quelle des Segens und des Friedens werden. Durch sie soll der Friede Christi in diese Welt kommen. Sie haben die Eucharistie nicht nur für sich gefeiert, sondern sie sind nun »Gesandte«, um an Christi Statt zu verkünden:

> *Lasst euch mit Gott versöhnen!*
> 2 KORINTHER 5,20

In einer Gruppenmesse lade ich manchmal die Teilnehmer ein, einander den Segen zu geben, und zwar indem sie dem Nachbarn ein Kreuz in die Handfläche zeichnen und dazu einen Segenswunsch sprechen. Die Hand mit ihren verschiedenen Linien ist Bild für unser Leben. Wer in der Hand lesen kann, kann die Wahrheit eines Menschen erkennen. In diese uns eingeschriebenen Linien zeichnen wir das Kreuz ein, um zu bekennen, dass alle Linien von der Liebe Gottes umfangen sind, dass Gott alle Wege zu Wegen des Heiles verwandeln kann und dass Gott seine gute Hand schützend und heilend über uns hält, dass wir von Gottes Hand getragen und in Seiner Hand geborgen sind.

Genauso sorgfältig wie die Eucharistiefeier begonnen wird, wird sie auch beschlossen. Die Riten zur Beendigung sind wie der Schlüssel, der umgedreht wird, damit die Türe wirklich abgeschlossen ist und die Teilnehmer »fertig« sind. »Fertig« heißt ursprünglich: »zum

Ausfahren gerüstet«. Die Eucharistie wird mit dem Segen abgeschlossen, damit die Feiernden als Gesegnete in ihren Alltag zurückkehren können. Und sie werden mit dem Gruß entlassen:

> *Gehet hin in Frieden!*
> MESSBUCH

Der Friede Gottes, den sie in der Eucharistie erfahren haben, soll sie auf ihrem Weg begleiten. Sie sollen nicht ungeschützt in ihren Alltag zurückkehren.

> *Keiner soll wieder ganz draußen sein, der einmal drinnen war und an den Geheimnissen teilgenommen hat.*
> KIRCHGÄSSNER 424

Der Priester küsst nochmals den Altar, um die Kraft des Altares mit auf den Weg zu nehmen und sich nochmals liebend von Christus zu verabschieden. Die Liebe Jesu, die auf dem Altar gefeiert worden ist, soll nun sein Reden und Handeln prägen und in alle seine Begegnungen einfließen. Die Gemeinde verabschiedet sich entweder singend oder hörend, indem sie dem Orgelspiel zum Auszug lauscht. Viele bleiben noch schweigend sitzen, damit das Geheimnis der heiligen Feier ihren Leib und ihre Seele durchdringt, damit sie wirklich anders hinausschreiten können, als sie eingetreten sind, damit sie als Verwandelte nun auch ihren Alltag zu wandeln vermögen.

III. Leben aus der Eucharistie

Als Priester bedeutet es mir sehr viel, möglichst jeden Tag die Eucharistie zu feiern. Es wird für mich nie langweilig. Es ist immer ein Geheimnis, dass Brot und Wein in Leib und Blut Christi verwandelt werden und dass ich in der Kommunion eins werden darf mit Christus. Es ist mir ein Bedürfnis, die Eucharistie zu feiern als Einübung in meinen Alltag, um den Alltag von diesem Zentrum meines Glaubens her zu leben. Was die Eucharistie in meinem Alltag bewirkt und wie sie ihn verwandelt, das kann ich schlecht beschreiben. Aber die Eucharistie ist wie eine tägliche Oase, in der ich aus der Quelle des Lebens trinken kann. Sie ist die tägliche Speise, die mir Kraft gibt für die Anforderungen des Alltags.

Leben aus den Worten der Eucharistie

Jeder wird auf andere Weise aus der Eucharistie leben. Für manche ist es wichtig, dass sie die Lesungen der Eucharistiefeier meditieren und sich jeden Tag einen Satz herausnehmen, der sie dann tagsüber begleitet. Hier sind es also vor allem die Worte, die aus der Eucharistiefeier in den Alltag hinübergerettet werden und die das Leben dann prägen. Die Worte sind wie eine Brille, mit der ich alles, was geschehen wird, betrachte. Aber die Worte, die in der Eucharistiefeier gehört werden, sind mehr als zufällige Bibelworte, die ich meditiere. Sie sind die Worte, die heute überall auf der Welt verkündet werden. Und es sind Worte, die durch die Fleischwerdung des Wortes in der Eucharistie an Gewicht gewonnen haben. Sie sind im Fleisch und

Blut Jesu konkret geworden. Ich habe sie nicht nur mit den Ohren gehört, sondern sie gegessen und getrunken, ich habe sie mir einverleibt. Ich bin mit ihnen eins geworden. Die Worte wollen sich nun auch in meinen Alltag hinein inkarnieren, einfleischen, damit sich mein Alltag verwandelt.

Leben aus der Kommunion

Andere leben eher aus der Erfahrung der Kommunion. Für sie ist wichtig, dass sie auch während des Tages daran denken, dass sie nicht alleine ihren Weg gehen, sondern dass Christus in ihnen ist als die eigentliche Quelle des Lebens und der Liebe. Sie erinnern sich immer wieder daran, dass sie mit Christus eins geworden sind, dass sie aus der innigen Beziehung zu ihm heraus leben. Und sie sehen diesen Christus nicht nur in sich selbst, sondern auch in ihren Brüdern und Schwestern. Sie gehen daher anders mit ihnen um. Sie glauben daran, dass sie überall Christus begegnen. In der Kommunion sind sie auch eins geworden mit allen Menschen, für die Christus gestorben ist und die er mit seiner Liebe umgibt. Die Erinnerung an die Eucharistie kann mitten in die alltäglichen Konflikte hinein die Ahnung vermitteln, dass in jedem ein guter Kern ist, dass jeder sich danach sehnt, dem Christus in sich ähnlich zu werden, und dass letztlich jeder an den Konflikten leidet. Der Glaube an Christus im anderen hilft ihnen, an das Gute in den anderen zu glauben und es aus ihnen hervorzulocken.

Der Altar des Alltags

Für andere ist der Gedanke wichtig, dass der Altar, auf dem ihre eigentliche Hingabe geschieht, ihr Alltag ist. Was sie auf dem Altar in der Kirche gefeiert haben, die Hingabe Jesu für sie und die eigene Hingabe an Gott, das verwirklichen sie in der Treue, mit der sie ihre alltäglichen Pflichten erfüllen, mit der sie sich auf ihren Beruf einlassen und mit der sie den Menschen dienen, für die sie in der Familie, im Betrieb oder in der Gemeinde die Verantwortung übernommen haben. Ihre Arbeit ist dann auch eine Art Gottesdienst, die Fortsetzung der Eucharistie. In jeder Arbeit geht es letztlich um Hingabe und Opfer. Wir geben uns einem Werk oder einem Dienst hin. Wir opfern unsere Kraft und Aufmerksamkeit den Menschen und Dingen. In der alltäglichen Arbeit wird das Opfer des Altares fortgesetzt und in unsere Welt hinein verlängert.

Es ist oft schwieriger, das Opfer der Hingabe auf dem Altar unseres Alltags, unserer täglichen Konflikte und Enttäuschungen zu vollziehen, als es im hohen Dom unter feierlichen Gesängen zu feiern. In der Arbeit geht es darum, dass diese Welt verwandelt wird, dass sie mehr und mehr für Christus durchlässig wird und die Menschen Christus in ihr erkennen können. Sie sprechen gleichsam die Worte der Epiklese, die in der Eucharistie über Brot und Wein gesprochen wurden, über ihre Arbeit, über ihre Besprechungen, über ihren Schreibtisch, über ihren Haushalt: »Sende deinen Geist auf diese Gaben herab und heilige sie, damit sie uns werden Leib und Blut deines Sohnes, unseres Herrn Jesus Christus.« Der Hl. Geist, der Brot und Wein in Leib und Blut Christi verwandelt hat, verwandelt auch ihren Alltag. Über alles, was sie in die Hand nehmen, können sie sprechen: »Das ist mein Leib. Das ist mein Blut.« In allem begegnen sie Christus als dem Urgrund allen Seins. Die Verwandlung unseres Alltags durch die Eucharistie verlangt auch einen anderen Umgang mit den Dingen, mit den Menschen, mit der Schöpfung. Die gleiche Ehrfurcht, mit der wir Christus in der Kommunion empfangen haben, erweisen wir dann den Menschen, denen wir begegnen. Auch in ihnen will Christus selbst in uns eintreten. Der hl. Benedikt hat aus dieser eucharistischen Frömmigkeit heraus gelebt, wenn er vom Cellerar fordert, dass er alle Geräte des Klosters wie heilige Altargeräte behandeln solle. Er soll achtsam mit ihnen umgehen, genauso achtsam wie mit dem Leib und Blut Christi in der Eucharistie. In allem, was wir berühren, betasten wir letztlich die Liebe Christi, die durch die ganze Schöpfung fließt.

Eucharistiefeier und die täglichen Mahlzeiten

Wer die Eucharistie ernst nimmt, der wird auch auf andere Weise Mahl halten. In jedem Mahl leuchtet etwas vom Geheimnis der Eucharistie auf. Was wir essen, sind Gaben Gottes an uns, durchtränkt von Seinem Geist, von Seiner Liebe. Daher braucht es das achtsame Essen. Jede Mahlzeit ist letztlich Feier der Liebe Gottes. Gott sorgt für uns und Er liebt uns. Wenn wir Brot bewusst langsam kauen, werden wir den guten Geschmack erst richtig wahrnehmen. Und in diesem Schmecken können wir etwas erahnen von der Liebe Gottes, die unserem Leben einen neuen Geschmack schenkt. Essen ist von den Menschen immer als Geheimnis angesehen worden. Daher gipfelt das Essen in der heiligen Mahlzeit. Und von den heiligen Mahlzeiten fällt ein Licht auf das alltägliche Essen. Essen ist mehr als das Stillen unseres Hungers. Wir schlingen keine bloßen Sättigungsmittel in uns hinein, sondern wir essen Lebensmittel, etwas, das uns Leben vermittelt, worin wir etwas von dem Leben spüren, das Gott uns schenkt. Der hl. Benedikt hat auch die Mahlzeiten der Mönche ritualisiert. Sie sind wie eine Agape, Fortsetzung des Liebesmahles, das Christus mit seinen Jüngern gehalten hat. Das kommt zum Ausdruck im Gebet vor und nach dem Essen, aber auch in der Tischlesung, in der wir zu den Gaben Gottes auch Gottes Wort hören, das uns daran erinnert, dass alles von Gott kommt und alles von Gottes Geist erfüllt ist.

Eucharistische Anbetung

Für manche ist die eucharistische Anbetung der Weg, aus der Eucharistie zu leben. Sie ziehen sich tagsüber in eine Kirche zurück und knien vor dem Tabernakel nieder. Sie glauben daran, dass im eucharistischen Brot, das im Tabernakel aufbewahrt wird, Christus selbst ist. Sie meditieren sich in seine Liebe hinein, mit der er sich für uns hingegeben hat. Das eucharistische Brot erinnert sie an die Liebe, mit der sie Jesus am Kreuz bis zur Vollendung geliebt hat. Und sie halten dann in diese Liebe ihren Alltag hinein, mit ihren Konflikten, mit ihren Aggressionen, mit ihrer Unzufriedenheit, mit ihren Verletzungen und ihrer Enttäuschung. Dann dürfen sie manchmal erfahren, wie sich ihr Alltag verwandelt und ihre trüben Emotionen sich klären.

In vielen Kirchen wird eucharistische Anbetung gehalten, indem das eucharistische Brot in der Monstranz gezeigt wird. Anbetung heißt, dass ich auf die runde Hostie schaue und daran glaube, dass sie Christus selbst ist. Im Schauen auf die Hostie erahne ich, dass nicht nur dieses Brot in den Leib Christi verwandelt ist, sondern dass die Verwandlung die ganze Welt umfasst. Christus ist die innerste Mitte aller Wirklichkeit geworden. Indem ich auf das verwandelte Brot schaue, schaue ich mit neuen Augen in diese Welt. Überall erkenne ich Christus als den eigentlichen Grund. Und alles weiß ich von Seiner Liebe durchdrungen.

Diese Erfahrung war für Teilhard de Chardin, den französischen Jesuiten und Naturforscher, entscheidend. In der Anbetung hat er erfahren, dass Christus von der Hostie her die ganze Welt mit seiner Liebe durchdringt. Wenn ich in der Anbetung ganz eins werde mit der Hostie, auf die ich schaue, dann ahne ich auch, dass Christus in mir ist. Und ich versuche, mir dann vorzustellen, dass Er nun alle Kammern meines Lebenshauses durchdringt, auch die, in denen sich der Ärger eingenistet hat oder die verstellt sind vom Müll des alltäglichen Durcheinanders. Eucharistische Anbetung ist eine Liturgie des Herzens. Sie setzt fort, was wir in der Eucharistie gemeinsam gefeiert haben. Sie geht wesentlich über das Schauen. Im Schauen auf die Hostie üben wir einen neuen Blick ein für die Wirklichkeit unseres Lebens.

Erinnerungszeichen für die Eucharistie

In der geistlichen Tradition gibt es viele Erinnerungshilfen, um aus dem Geheimnis der Eucharistie zu leben. Da sind einmal die Kirchenglocken, die zur Eucharistie einladen. Viele, die keine Zeit haben, werktags in die hl. Messe zu gehen, werden durch die Kirchenglocken daran erinnert. Und diese Erinnerung verändert schon ihren Alltag.

Verwandlung und Einswerden

Bei uns läuten die Glocken auch während der Wandlung. Das ist für viele eine Aufforderung, kurz innezuhalten und daran zu glauben, dass die Wandlung in der Eucharistiefeier nun auch ihren konkreten Alltag verwandelt. Andere werden durch jede Kirche, an der sie vorbeigehen oder vorbeifahren, an die Eucharistie erinnert. Für mich war es jedes Mal beeindruckend, wenn mein Vater immer, wenn er an einer Kirche vorbeiging, den Hut zog. Das war Ausdruck der Ehrfurcht vor der Eucharistie, die in dieser Kirche täglich gefeiert wurde.

In der spirituellen Tradition gab es die Übung der geistigen Erneuerung der Eucharistie. Wenn man keine Gelegenheit hat, an der Eucharistie teilzunehmen, versetzte man sich geistig in die Feier der hl. Messe, um sein Leben von der Eucharistie her zu heiligen und sich mit Christus Gott hinzugeben. Das Ziel dieser Übung war es, den Alltag als Eucharistie zu verstehen, als Danksagung Gott gegenüber und als Hingabe an Gott. Entscheidend ist bei all diesen Erinnerungshilfen, dass die Eucharistie nicht auf die kurze Feier beschränkt bleibt, sondern sich in unser ganzes Leben hinein auswirkt, dass sie alles in uns und um uns herum verwandelt und wir überall der Liebe begegnen, mit der Christus uns bis zur Vollendung geliebt hat.

Eucharistie – heiliges Schauspiel

In der Eucharistie feiern wir das Zentrum unseres Glaubens. Das heißt aber auch, dass sich darin alle Probleme unseres Glaubens und unsere Schwierigkeiten im Miteinander verdichten. Es geht nicht um ein wenig Kosmetik, dass wir die Eucharistie ansprechender gestalten. Es geht vielmehr darum, wie wir unseren Glauben heute so ausdrücken können, dass wir uns selbst und unsere Sehnsucht darin wiederfinden und dass wir Jesus Christus erfahren als unseren Erlöser und Heiland, als unseren Befreier und als den, der uns den Sinn unseres Lebens erschließt. Die Eucharistie ist ein heiliges Spiel. Aber wie können wir es so spielen, dass es den heutigen Menschen erreicht? Wir sollen die Eucharistie nicht dem Zeitgeschmack anpassen. Gerade das Fremde und Sperrige kann heute den Menschen durchaus ansprechen, wenn es nur angemessen und achtsam dargestellt wird. Der Evangelist Lukas, als Grieche fasziniert von Theater und Schauspiel, hat den Tod Jesu am Kreuz, der in jeder Eucharistie gefeiert wird, als heiliges Schauspiel bezeichnet. Die Wirkung dieses Schauspiels war, dass die Menschen in ihrem Herzen angerührt wurden und in ihrem Inneren eine intensive Umkehr erlebten:

> *Alle, die zu diesem Schauspiel herbeigeströmt waren und sahen, was sich ereignet hatte, schlugen sich an die Brust und gingen betroffen weg (oder: kehrten um).*
>
> LUKAS 23,48

Verwandlung und Einswerden

Es käme darauf an, dass wir das heilige Spiel der Eucharistie heute so spielen, dass die in der Kirche zusammengeströmten Menschen – oft genug nur Zuschauer – betroffen reagieren und anders nach Hause gehen, als Menschen, die gespürt haben, wer dieser Jesus Christus ist, dass er ihnen wahres Leben schenkt und ihre Wunden heilt, dass er sie aufrichtet und ihnen einen Weg zeigt, wie sie sinnvoll auf dieser Welt leben könnten. Wir dürfen nicht von jeder Eucharistiefeier erwarten, dass wir zutiefst betroffen werden. Aber die Ahnung, dass da das Geheimnis Gottes und des Menschen gefeiert wird, müsste in jeder Eucharistie zu spüren sein. Dann wird die Feier der Eucharistie – so sieht es der Grieche Lukas – dazu beitragen, das Heil Jesu Christi in diese unheile Welt zu bringen. Wir werden aufrechter aus der hl. Messe in unseren Alltag gehen und fähig sein, die Menschen um uns aufzurichten und mit den Dingen dieser Welt richtig umzugehen.

Literatur

Maria Caterina Jacobelli, Ostergelächter. Sexualität und Lust im Raum des Heiligen, Regensburg 1992.

Carl Gustav Jung, Das Wandlungssymbol in der Messe, in: Gesammelte Werke 11. Bd., Zürich 1963.

Josef Andreas Jungmann, Missarum Sollemnia. Eine genetische Erklärung der römischen Messe, Freiburg 1962.

Alfons Kirchgässner, Die mächtigen Zeichen. Ursprünge, Formen und Gesetze des Kultes, Freiburg 1959.

Kurt Koch, Leben erspüren – Glauben feiern. Sakramente und Liturgie in unserer Zeit, Freiburg 1999.

Bernard Rootmensen, Oasen in der Wüste. Lebensräume für den Glauben, Düsseldorf 1995.

Walter Schubart, Religion und Eros, München 1941.

Die Firmung –
Verantwortung und Kraft

Einleitung

Wohl kein Sakrament hinterlässt bei den Gläubigen heute so viel Unsicherheit und Unbehagen wie das der Firmung. Viele Pfarreien machen die Erfahrung, dass die Jugendlichen nur noch schwer zu motivieren sind, sich das Sakrament der Firmung spenden zu lassen. Die Jungen und Mädchen stellen die Frage, was ihnen denn das Sakrament bringe. Bei der Erstkommunion haben sie noch eine Ahnung, was das bedeuten könnte. Aber bei der Firmung können sie sich nichts mehr vorstellen. Viele Firmgruppenmütter und -väter tun sich schwer, den Jugendlichen zu erklären, was mit der Firmung eigentlich gemeint sei.

Seit Jahren wird in den Pfarreien über das geeignete Firmalter diskutiert. Und je nachdem, welche Haltung die Gemeinden beziehungsweise die Pastoraltheologen einnehmen, wird da jeweils ein verschiedenes Verständnis von Firmung sichtbar. Die einen sehen die Firmung als Vollendung der Taufe. Nach ihnen könnte man die Firmung sogar noch vor der Erstkommunion spenden, wie es lange üblich war. Für die anderen ist Firmung das »Schwellen-Sakrament zwischen Kindheit und Erwachsenen-Alter« oder das »Sakrament der Mündigkeit«, Sakrament der christlichen Entfaltung, der Verantwortung, der Eingliederung in die Kirche, der Sendung in die Welt. Wenn die Firmung als Initiationsritus in das Erwachsenwerden verstanden wird, dann bietet sich ein Firmalter von 14 bis 18 Jahren an. Eine Tagung von Seelsorgern und Seelsorgerinnen im März 2000 ergab, wie unterschiedlich nach wie vor auf die Firmung vorbereitet wird und wie verschieden das Firmalter gesehen wird. Die Verantwortlichen in den Pfarrgemeinden entwickeln viel Phantasie und Kreativität, um die Jugendlichen für die Firmung zu motivieren und ihnen das Geheimnis dieses Sakraments schmackhaft zu machen. Da lädt der Pastoralreferent die Jungen und Mädchen zu einem einstündigen Gespräch über den Glauben ein. Da werden Erlebniscamps durchgeführt. Dabei wurde deutlich, dass es kein Patentrezept gibt, sondern dass es immer auf die Überzeugungskraft derer ankommt, die die Jugendlichen bei der Vorbereitung zu diesem Sakrament begleiten (vgl. Christ in der Gegenwart vom 19.3.2000, S. 94).

Mein Anliegen ist es nicht, für ein bestimmtes Vorbereitungsmodell auf die Firmung zu werben. Ich möchte vielmehr die Eltern der Firmlinge ansprechen und sie einladen, sich über die Firmung Gedanken zu machen, sich zu fragen, was dieses Sakrament für sie heute bedeutet, ob sie daraus leben könnten. Und ich möchte sie ermutigen, mit ihren Kindern darüber ins Gespräch zu kommen. Gedacht ist auch an Männer und Frauen, die Jugendliche auf dem Weg zur Firmung begleiten, an alle, die in der Jugendarbeit engagiert sind, an Seelsorger und Seelsorgerinnen, die Firmkurse leiten und gemeinsam mit den Jugendlichen die Gestaltung der Firmung vorbereiten. Sie sollen Anregungen bekommen, die Riten der Firmung so zu vollziehen, dass der Sinn des Sakraments deutlich wird und die Menschen in ihren Herzen berührt werden.

Wohl jeder Christ ist gefirmt. Aber nur wenige reflektieren, was es für sie heißt, gefirmt zu sein. Wie kann ich heute aus dem Sakrament meiner Firmung leben? Sagt mir das Sakrament etwas oder könnte ich auch genauso gut ohne es als Christ leben? Wenn Firmung das Sakrament der Sendung ist, was ist dann heute meine Sendung? Habe ich eine Sendung? Oder genügt es für mich, mich als Christ an die Gebote Gottes zu halten? Was macht das Besondere der Firmung aus? In diesem Kapitel möchte ich darüber nachdenken, wie wir aus der Firmung leben können, ob sie für uns eine Wirklichkeit sein kann, die unser Leben prägt.

Die Firmung

I. Firmung als Initiation

Einführen in die Kunst des Lebens

Die Firmung ist das Sakrament der Initiation. In allen Kulturen gibt es solche Initiationsriten. Die meisten Völker haben diese Riten an den Beginn des Erwachsenwerdens gestellt. Die Pubertätsinitiation beinhaltet eine Reihe von dramatischen Prüfungen, denen sich die Jugendlichen unterziehen müssen. Sie werden von der Mutter getrennt, in den Busch geführt, dort isoliert. Bei manchen australischen Stämmen wird dem Jungen ein Zahn ausgeschlagen als Zeichen dafür, dass er als Kind stirbt, um als Erwachsener wieder aufzuerstehen. Manchmal werden die Jugendlichen ganz mit Lehm beschmiert, um sie gespensterähnlich erscheinen zu lassen. In einigen Völkern werden die Jungen beschnitten und es wird ihnen Blut abgenommen. Sie werden in Buschhütten gesteckt und müssen dort fastend einige Tage verbringen. Diese Buschhütten verstand man als Drachen, der die Jugendlichen verschlingt, damit sie durch den Tod zur Auferstehung gelangen. Manche sehen die Isolierung in den Buschhütten auch als Rückkehr in den Mutterschoß, um neu geboren zu werden.

    Als ein junger Berliner, der gefirmt werden sollte, mein Manuskript zur Firmung las, interessierte er sich vor allem für diese Initiationsriten. Und er wollte genauer wissen, wie das mit dem Backenstreich war, der früher in der Firmung gegeben wurde. Er meinte, die Firmung sei langweilig. Da geschehe ja nichts Aufregendes. Offensichtlich hatte er ein Gespür dafür, dass Firmung eine ähnliche

Aufgabe habe wie die oft sehr herausfordernden und schmerzlichen Initiationsrituale. Der Backenstreich erinnert an diese Initiationsriten. Ildefons Herwegen leitet diesen Ritus vom germanischen Rechtsbrauch ab. Bei den Germanen war es üblich, bei einem Rechtsakt, wie der Versetzung eines Grenzsteins, Jugendliche mitzunehmen und sie dort zu verprügeln. Dieses Verprügeltwerden hatte den Sinn, dass die Jugendlichen sich auch später an den Ort erinnern konnten, an dem der Grenzstein versetzt worden war. Ähnlich sollte die Ohrfeige dem Firmling helfen, sich daran zu erinnern, dass ihm der Heilige Geist gegeben wurde, um die Bedeutung des Heiligen Geistes zu erfassen.

Da der Geist Gottes so unfassbar ist, brauchte es dazu etwas Eindrücklicheres als Worte, eine körperliche Erfahrung. So begründet der mittelalterliche Theologe Durandus von Mende († 1296) den Backenstreich damit, dass »sich der Firmling um so eindringlicher die Erinnerung einpräge, dass er das Sakrament empfangen habe« (Schnitzler 103). Diese Symbolik ist auch noch in einen anderen Firmritus eingeflossen. Der Pate sollte nach dem alten Ritus dem Firmling auf den Fuß treten. Offensichtlich sollte die schmerzliche Erinnerung an diesen »Fußtritt« das Gespür dafür wachhalten, dass man das Sakrament der Firmung empfangen habe und dass da noch ein anderer Geist in einem sei als das alltägliche Einerlei. Diese alten Firmriten, die noch an die Initiationsriten der Völker erinnern, wussten, dass es schmerzlich ist, den Weg der Menschwerdung zu gehen, und dass es wehtut, die Spannung zwischen dem Heiligen Geist und meinem Geist auszuhalten.

Die Frage ist, wie wir die Firmung und die Vorbereitung auf dieses Sakrament heute als Initiation in das Erwachsenwerden gestalten können. Es wäre sinnlos, einfach den alten Ritus des Backenstreiches, der nach dem Zweiten Vatikanischen Konzil abgeschafft wurde, wieder einzuführen. Denn der wäre nur ein unverstandenes Relikt aus alter Zeit. Aber diese beiden Riten zeigen, dass wir nicht zu vorsichtig und ängstlich mit den jungen Leuten umgehen sollten. Wir dürfen sie durchaus herausfordern. Jugendliche wollen gefordert sein. Das habe ich während meiner fünfundzwanzig Jahre in der Jugendarbeit immer wieder erfahren. Wenn wir bei den Kursen den Jugendlichen zugemutet und zugetraut haben, früh um 5.15 Uhr aufzustehen, dann sind sie auch aufgestanden und fanden das durchaus interessant. Die Idee mit dem Erlebniscamp im Gebirge ist also sicher nicht so schlecht als Vorbereitung auf die Firmung. Konstantin Wecker beklagte in einem Radio-Interview, dass die jungen Leute heute keine Initiationsriten hätten. Deshalb würden viele Hasch als Initiationsmittel nehmen. Andere würden mit dem Auto ihres Vaters mit 180 Stundenkilometern über die Straßen rasen. Das sind Ersatzrituale, weil wir den Jugendlichen keine angemessenen Initiationsrituale anbieten. Das Interesse gerade dieser Altersgruppe an okkulten Praktiken weist auf das Defizit an echten Initiationspraktiken hin. Die Kirche müsste sich neu Gedanken machen, wie sie auf dieses Defizit angemessen antworten könnte.

Soziologen sprechen heute von einer »Erlebnisgesellschaft« (G. Schulze). »Erlebe dein Leben!« ist die Maxime vieler Jugendlicher (vgl. Biemer 201f). Die Firmung sollte von der Kirche als Chance begriffen werden, die Jugendlichen in die Kunst des Lebens einzuführen, in die Kunst, wirklich intensiv zu leben, anstatt immer neue Kicks zu brauchen, um sich überhaupt noch zu fühlen. Aber diese Hinführung zum Leben müsste über tiefe »Erlebnisse« gehen und nicht über allzu vorsichtiges Sprechen über das Leben.

Verantwortung und Kraft

Es gibt bereits viele Versuche, die Firmlinge in der Vorbereitungszeit in die Kunst des Lebens einzuführen. Da sind die gemeinsamen Firmlager. Wichtig wäre aber hier, dass die Jugendlichen auch gefordert werden. Das könnte das frühe Aufstehen sein oder die Einführung in die Meditation. Es ist für Jugendliche nicht leicht, einfach nur still dazusitzen und sich selbst auszuhalten. Doch es gehört zum Erwachsenwerden, sich im Schweigen und im Alleinsein selbst kennen zu lernen und zu akzeptieren. Eine Übung dazu, die bei den Jugendlichen sicher einen großen Eindruck hinterlässt, wäre ein Wüstentag, den man beim Firmlager einlegt. Das wäre ein Tag, an dem jeder allein auf sich gestellt ist, sich selbst ernähren muss von dem, was er in der Natur vorfindet, an dem man mit keinem sprechen darf, sondern allein seinen Weg geht und immer wieder Ruhephasen einlegt, in denen man einfach nur da ist und mit seinen Sinnen wahrnimmt, was um einen herum ist. Viele Jugendliche kommen heute nicht mit ihrem Leib in Berührung. Sie brauchen immer einen Anstoß von außen, um sich überhaupt zu spüren. Da wäre es wichtig, dass sie die Sinne öffnen, um mit ihnen das Leben, das sich ihnen in der Natur darbietet, zu schauen, zu hören, zu riechen, zu schmecken und zu betasten.

In unserer Abtei machen wir gute Erfahrungen damit, dass Firmgruppen für einige Tage ins Kloster kommen. Wenn sie dort aus Neugier den Rhythmus der Mönche mitmachen, ist das eine große Herausforderung für die Jugendlichen. Aber viele lassen sich auf diese Herausforderung gerne ein. Sie stehen dann wirklich um 4.40 Uhr auf, um beim Frühchor dabei zu sein. Sie erleben, dass da Männer bewusster ihr Christsein zu leben versuchen. Das fordert ihre oft oberflächlichen Erfahrungen von Christsein heraus und lockt in ihnen Fragen hervor, wie man denn so leben könne, was der Sinn des Lebens sei, was einen wirklich glücklich machen könne. Orte mit einer geistlichen Tradition haben in sich die Kraft, eine Firmgruppe in ihrer spirituellen Suche zu befruchten.

Eine andere Herausforderung wäre, sich über die eigene Identität klar zu werden: Wer bin ich? Bin ich nur der Sohn oder die Tochter dieser Eltern? Was ist meine wahre Identität? Was ist das einmalige Bild Gottes, das sich in mir verwirklichen will? Was fühle ich? Was denke ich, wenn ich mich nicht nach den anderen richte? Was ist mein Lebenstraum? Was möchte ich mit meinem Leben ausdrücken, was möchte ich in dieser Welt bewegen? Und es wäre wichtig, die Gefühle wahrzunehmen, die in uns auftauchen, wenn wir alleine sind. Wie gehe ich mit meiner Einsamkeit um? Bin ich nur jemand, wenn andere um mich herum sind, wenn andere mich bestätigen? Kann ich zu mir stehen, für mich einstehen? Wie steht es um mein Selbstvertrauen?

Man könnte das Zu-sich-Stehen auch mit dem Leib einüben. Ich habe mit jungen Menschen oft folgende Übung gemacht: Wir stehen, die Füße etwa in Hüftbreite auseinander, die Arme hängen locker herunter. Wir stehen aufrecht. Ich sage dazu Worte wie: »Ich habe einen Standpunkt. Ich habe Stehvermögen. Ich kann etwas durchstehen. Ich kann für mich einstehen. Ich stehe zu mir.« Die Jugendlichen spüren nach, ob sie diese Sätze in dieser Haltung nachempfinden können. Dann stehen wir bewusst eng und mit hochgezogenen Schultern. Die Jugendlichen erkennen sofort, dass man so nicht zu sich stehen kann. Und dann stehen wir bewusst breitbeinig, wie es oft in Westernfilmen dargestellt ist. In dieser Haltung übertreiben wir, wollen wir uns beweisen. Aber wir können leicht umfallen.

Verantwortung und Kraft

Das deutsche Wort »Firmung« kommt von »firmare«, das »befestigen, bestärken, tauglich machen, zum Stehen bringen, Stehvermögen schenken« bedeutet. Die Firmung möchte den jungen Menschen in seinem Christsein bestärken und ihm durch den Heiligen Geist Stehvermögen vermitteln, damit er in dieser Welt zu sich selbst stehen lernt, damit er seinen Standpunkt findet und in einer oft geistlosen Welt aus der Kraft des Heiligen Geistes leben kann. In der Taufe sind wir im Wasserbad des Heiligen Geistes neu geboren worden. In der Firmung werden wir in unserer neuen Existenz bestärkt, damit wir uns nicht vom Geist dieser Welt leiten lassen, sondern vom Geist Gottes. Wir erhalten Anteil an der Kraft des Geistes, damit wir der Welt keine Macht über uns geben, sondern sie nach Gottes Willen gestalten.

Verantwortung übernehmen

Die Firmung kann als Sakrament der Verwandlung des Jugendlichen zum Erwachsenen verstanden werden. Der junge Mensch soll sich nicht mehr allein als Kind seiner Eltern verstehen. Durch die Neugeburt aus dem Heiligen Geist soll er seine eigene Identität finden und für sich und sein Leben Verantwortung übernehmen. Es ist heute modern, die Verantwortung für sein Leben zu verweigern. Man schiebt den Eltern die Schuld zu, dass man zu wenig Selbstvertrauen mitbekommen hat, dass man zu wenig begabt ist, dass man sein Leben nicht in den Griff bekommt.

Pascal Bruckner, ein französischer Philosoph, hat als die zwei herausragenden Haltungen unserer Zeit die Infantilisierung und die Victimisierung beschrieben. Viele bleiben in der Haltung des Kindes stecken, das nur Erwartungen an die anderen hat, an die Mutter, an die Gesellschaft, an die Kirche. Man bleibt infantil, möchte immer wie ein Kind versorgt werden, man übernimmt keine Verantwortung für andere. Alle haben sich nur um einen selbst zu kümmern. Diese Haltung ist gepaart mit der Victimisierung. »Victima« bedeutet »Opfer«. Man fühlt sich in der Rolle des Opfers. Schuld an meiner Misere sind immer die anderen. Die Eltern sind schuld, dass ich depressiv bin und mein Leben nicht meistern kann. Die Lehrer sind schuld, dass ich meine Fähigkeiten nicht entfalten kann. Die Kirche ist schuld, dass ich keine Lust am Glauben habe. Die Gesellschaft ist schuld, dass ich nicht meinen Traumberuf bekomme. Wenn ich in dieser Haltung der Victimisierung stecken bleibe, weigere ich mich, die Verantwortung für mein Leben zu übernehmen. Weil heute viele nicht einmal die Verantwortung für sich selbst übernehmen, sind sie auch nicht bereit, in der Kirche oder Gesellschaft die Verantwortung für andere zu übernehmen.

Zum Erwachsenwerden aber gehört es, dass ich mein Leben selbst verantworte. Es ist nicht entscheidend, wie ich geworden bin, was ich bin, welche Einflüsse die Eltern und Lehrer auf meine Erziehung hatten, sondern was ich daraus mache. Ich muss akzeptieren, dass ich so geworden bin, und dann die Verantwortung für mein Leben übernehmen. Sonst bleibe ich immer auf der Anklagebank sitzen und zeige auf die Fehler der anderen. Oder aber ich verharre in der Rolle des Zuschauers, der nur zuschaut, wie das Leben vor ihm abläuft, ohne selbst einzugreifen. So wäre es in der Vorbereitung auf die Firmung wichtig, in verschiedenen Bereichen Verantwortung einzuüben.

Die erste Verantwortung ist die für mich selbst. Ich bin verantwortlich für meine persönliche Entwicklung, für mein Aussehen, für meine innere Stimmung. Ich bin dafür verantwortlich, wie es mir innerlich geht, ob ich mich für das Unglücklichsein entscheide oder für das Leben. Ich bin verantwortlich für die Gedanken, mit denen ich mich beschäftige, für die Ordnung in meinem Zimmer und für das sinnvolle Ausnützen meiner Zeit.

Als meine Nichten und mein Neffe gefirmt wurden, sprach meine Schwester mit ihnen darüber, was die Verantwortung, die sie in der Firmung einüben, nun für das Miteinander in der Familie bedeuten könnte. Sie übergab den Kindern am Tag der Firmung den Hausschlüssel und jeder bekam von diesem Tag an die Verantwortung für einen Bereich im Haushalt. So spürten die Kinder, dass sich mit der Firmung auch ihre Rolle daheim veränderte. Es hat wenig Sinn, wenn die Firmlinge in der Gemeinde in das Erwachsenwerden eingeführt werden, daheim aber noch die alten Rollen weiter spielen müssen. So wäre es gut, wenn die Eltern die Firmung zum Anlass nähmen, mit ihren Söhnen und Töchtern über ihre Verantwortung für das Miteinander in der Familie zu sprechen und darüber, was jeder unter Erwachsensein und Mündigkeit versteht.

Auch in der Firmgruppe können die Jugendlichen Verantwortung einüben. Da könnte jeder für einen Bereich verantwortlich sein. Darüber hinaus sollten die Jugendlichen lernen, füreinander Verantwortung zu übernehmen. Das kann in der Firmgruppe wie in der Schulklasse sein. Wo sind da Schwächere, die Hilfe brauchen? Gibt es Außenseiter, die von allen gehänselt werden? Gibt es Ausländer in der Klasse, die nicht integriert sind? Dann könnte sich jeder, der sich auf die Firmung vorbereitet, für einen Schüler oder eine Schülerin einsetzen.

Die Firmung

Begabung mit neuen Fähigkeiten

Zur Neugeburt aus dem Heiligen Geist gehört die Entwicklung neuer moralischer und spiritueller Fähigkeiten. Im Lukasevangelium wird immer wieder berichtet, wie Jesus in der Kraft (dynamis) des Heiligen Geistes seinen Weg geht und seine Sendung erfüllt. Lukas versteht die Taufe als Begabung Jesu mit dem Heiligen Geist. Von Geist erfüllt geht Jesus in die Wüste, wo er vom Teufel versucht wird. Dort erlebt er seine Initiation in das Amt des Messias. Nach der Versuchung heißt es:

> *Jesus kehrte, erfüllt von der Kraft des Geistes, nach Galiläa zurück.*
> LUKAS 4,14

In der Synagoge von Nazaret liest er dann die Stelle aus dem Propheten Jesaja:

> *Der Geist des Herrn ruht auf mir; denn der Herr hat mich gesalbt. Er hat mich gesandt, damit ich den Armen eine gute Nachricht bringe; damit ich den Gefangenen die Entlassung verkünde und den Blinden das Augenlicht; damit ich die Zerschlagenen in Freiheit setze und ein Gnadenjahr des Herrn ausrufe.*
> LUKAS 4,18f

Im Sakrament der Firmung empfängt der junge Mensch den Heiligen Geist, damit er nun seine Sendung in der Welt und in der Kirche erfülle. Der Geist befähigt den Firmling, ein neues Verhalten einzuüben und neue Fähigkeiten zu entfalten. Daher gehört zur Vorbereitung auf die Firmung auch die Herausforderung, dass die jungen Menschen selbstständig Ideen entwickeln, was sie in ihrem Leben anpacken und wo sie ihr Leben selbst in die Hand nehmen könnten. Die jungen Menschen sollten ihr eigenes Charisma entdecken: Was kann ich? Was liegt mir? Wozu fühle ich mich berufen? Was ist meine Sendung? Die Firmung will den Blick des Jugendlichen von der Erfüllung seiner eigenen Bedürfnisse weg lenken, damit er nicht immer fragt: »Was bringt es mir?« Er sollte vielmehr fragen: »Was kann ich bringen? Wozu bin ich gesandt? Welcher Auftrag wartet auf mich?« Diese Änderung der Blickrichtung tut den jungen Menschen gut. Sie befreit sie von dem ständigen Kreisen um sich selbst und fordert sie heraus, ihre Kräfte zu entfalten und diese für eine Aufgabe einzusetzen, die sie fasziniert.

Zur Firmung als Bestärkung des christlichen Lebens gehört auch die Einübung in eine gesunde Askese. Das fängt damit an, dass die jungen Menschen ihren Tag sinnvoll einteilen, dass sie ihr Zimmer richtig aufräumen und selbst gestalten. Und dazu gehört das Nachdenken, wie sie in ihrem Verhalten bisher nur alte Muster befolgen, die sie von den Eltern übernommen haben. Wo kopieren sie nur die Eltern oder ihre Idole und wo denken und handeln sie selbstständig? Was ist ihre persönliche Spur, die sie in diese Welt eingraben möchten? Was ist für sie stimmig? Askese heißt Einübung in die innere Freiheit. Wo bin ich abhängig vom Konsum, von der Meinung der anderen, von der Bestätigung anderer? Wo kann ich Nein sagen? Kann ich verzichten oder muss ich jedes Bedürfnis sofort stillen? Wer nicht verzichten kann, der wird nie ein starkes Ich entfalten können.

Der Geist gibt uns neue Fähigkeiten, damit wir sie einsetzen zum Wohl der Menschen. Jesus versteht seine Salbung durch den Geist des Herrn als Auftrag und Sendung für die Welt. Jeder Mensch hat eine Sendung. Jeder kann in dieser Welt etwas bewirken, was nur durch ihn bewirkt werden kann. Was meine Sendung ist, kann ich erkennen, wenn ich meine Stärken und Schwächen anschaue. Was kann ich gut? Worauf habe ich Lust, etwas zu gestalten, zu verändern, zu bewegen? Anstatt zu jammern, dass die Welt so schwierig ist, wäre es gut, den jungen Menschen das Gefühl zu geben, dass sie nicht nur ihr eigenes Leben in die Hand nehmen sollen, sondern auch die Probleme ihrer Mitwelt anpacken können. Sie können einen Beitrag leisten, dass die Welt um sie herum menschlicher und wohnlicher wird.

Was könnte die Firmgruppe tun, damit ein Stück Umwelt in der Gemeinde natürlicher und menschenfreundlicher wird? Welches Projekt könnten sie gemeinsam anpacken? In der einen Gemeinde könnten es Projekte des Umweltschutzes sein, in der anderen die Gottesdienstgestaltung, in wieder einer anderen die Betreuung von Asylanten, Ausländerfamilien, von Obdachlosen oder Strafentlassenen. Wie die Verantwortung der Firmlinge in der Gemeinde aussehen kann, hängt von der sozialen Struktur der Gemeinde ab. In der einen Gemeinde sind es eher die Alten und Kranken, die vernachlässigt werden, in einer anderen eher Aussiedler. Für die einen wäre Hausaufgabenbetreuung ein geeignetes Feld, für die anderen konkrete Hilfe beim Einkaufen oder Wohnungsputz. Allerdings bräuchten die Jungen und Mädchen dabei die Unterstützung von Erwachsenen, um sich mit ihren Projekten nicht zu übernehmen und nicht gleich bei der ersten Schwierigkeit wieder aufzugeben.

Aber genauso wichtig ist es auch, dass jeder seinen eigenen Lebenstraum träumt. In Südamerika habe ich erlebt, wie die Jugendlichen optimistisch in die Zukunft schauen. Obwohl die äußeren Verhältnisse dort trostloser sind als hier in Europa, haben die jungen Menschen doch den Eindruck, dass es sich lohnt zu leben, dass sie dazu beitragen wollen, dass die Welt menschenfreundlicher wird. Hier ist oft Resignation zu spüren: »Es hat ja alles keinen Zweck. Die Welt ist in der Hand der großen Firmenkonglomerate oder einiger einflussreicher Gruppen.« Es ist wichtig zu wissen, dass ich darauf vertrauen kann, dass durch mich etwas in diese Welt gekommen ist, das einmalig ist, und dass durch mich eine Spur in den Kosmos und in die Gesellschaft eingegraben werden kann, die das Aussehen dieser Welt bleibend verändert. Natürlich wird es nur eine kleine Spur sein. Aber wenn ich anfange, anders zu denken und zu handeln, wird das Auswirkungen haben. Wenn ich einmal einen Gedanken ausgesprochen habe, wird er Wellen schlagen. Ich bin nicht einfach nur in diese Welt hineingeboren, ich bin auch in sie hineingesandt. Ich habe einen Auftrag, eine Sendung. Das Bewusstsein für die Sendung jedes Einzelnen zu schärfen wäre Aufgabe der Firmvorbereitung.

II. Die Pfingstgeschichte bei Johannes und Lukas

In der Firmung empfängt der Firmling die Gabe des Heiligen Geistes. Viele können sich unter dem Heiligen Geist nicht viel vorstellen. Manche verbinden mit dem Heiligen Geist das Bild der Taube. Aber das spricht sie kaum an. Mit Jesus können sie etwas verbinden. Aber der Heilige Geist ist ihnen zu abstrakt. Man kann ja auch zum Heiligen Geist keine persönliche Beziehung aufbauen wie zu Jesus oder zu Gottvater. Und doch kann man den Heiligen Geist erfahren als die Kraft, die einen antreibt, als die Liebe, die einen erfüllt. Wie sollen wir den Heiligen Geist verstehen? Am besten fragen wir die Evangelien, wie sie den Heiligen Geist sehen. Dabei möchte ich mich auf das Johannes- und Lukasevangelium beschränken.

Der Heilige Geist im Johannesevangelium

Johannes versteht unter dem Heiligen Geist den persönlichen Geist Jesu, den er uns mitteilt. Am Osterabend haucht Jesus seine Jünger an und spricht zu ihnen:

> *Empfangt den Heiligen Geist!*
> JOHANNES 20,22

Wenn sich ein Kind verletzt, bläst die Mutter über die Wunde und sagt: »Es wird alles wieder gut.« Wenn sie das Kind anhaucht, ist es immer ihre Liebe, die sie dem Kind leibhaft vermitteln möchte. So ähnlich können wir uns das Anhauchen Jesu vorstellen. Er will uns

Verantwortung und Kraft

seine Liebe einhauchen, damit wir sie leibhaft spüren, damit wir sie in jedem Atemzug wahrnehmen.

Die Liebe, so sagt uns das Johannesevangelium, ist die eigentliche Gabe Jesu. Und die Liebe ist identisch mit dem Heiligen Geist. Daher gibt es für Johannes keinen geeigneteren Ort, diese Liebe über uns auszugießen, als das offene Herz.

Als der Soldat am Kreuz die Seite Jesu durchbohrt, da strömen Blut und Wasser heraus. Das ist für Johannes ein Bild für den Heiligen Geist, der über uns allen ausgegossen wird. Und dieser Geist ist die Liebe, die dem Herzen Jesu entströmt. Die Menschen – so hat es Johannes wohl erlebt – sind zu wahrer Liebe kaum fähig. Ihre Liebe ist immer schon vermischt mit Besitzansprüchen, mit gegenseitigen Erwartungen und Forderungen. Johannes versteht den Heiligen Geist als die Liebe, die Jesus uns einhaucht, damit wir unsere verschlossenen Türen aufbrechen (vgl. Johannes 20,19) und uns für andere Menschen öffnen. Wir leben oft mit verschlossenen Türen. Wir verschließen uns vor den Menschen. Wir haben Angst, jemanden an uns heranzulassen. Er könnte uns ja verletzen. Wir könnten ja in unserer Liebe wieder enttäuscht werden. Jugendliche sehnen sich danach, einen Freund oder eine Freundin zu lieben. Aber wenn sie in ihrer Liebe enttäuscht werden, verschließen sie sich und bleiben allein mit ihrer Sehnsucht nach Liebe. Der Heilige Geist ist die Verheißung, dass sie sich trauen dürfen, ihre Türen zu öffnen und andere bei sich eintreten zu lassen, um mit ihnen das Geheimnis der Liebe zu erfahren.

Neben der Liebe drückt sich der Heilige Geist in der Vergebung aus. Als Jesus den Jüngern am Osterabend den Heiligen Geist einhaucht, sagt er zu ihnen:

Die Firmung

 Empfangt den Heiligen Geist!
Wem ihr die Sünden vergebt, dem sind sie vergeben.
JOHANNES 20,22f

Wenn wir es fertig bringen, einem Menschen zu vergeben, der an uns schuldig geworden ist, dann ist das das Werk des Heiligen Geistes. Ein Diakon aus der Schweiz erzählte mir, dass er in seiner Pfarrei diesen Aspekt des Heiligen Geistes in der Firmvorbereitung auf folgende Weise konkretisiert: Er lädt die Firmlinge mit ihren Eltern, Geschwistern und dem Firmpaten zu einem Bußgottesdienst ein. Nach einer Einführung ruft er dann die Firmlinge auf, sich mit ihrer Familie und ihrem Paten zusammenzustellen. Dann reden sie miteinander, wofür sie sich entschuldigen möchten, was ihnen leid tut. Dann legt jeder dem anderen die Hände auf, zuerst der Vater dem Firmling, dann umgekehrt, dann die Mutter dem Firmling und umgekehrt und so weiter und betet schweigend um Gottes Vergebung. Es ist ein eindrückliches Ritual, das diese Gemeinde feiert. Zunächst hatte der Diakon Bedenken, ob sich die Firmlinge und ihre Angehörigen darauf einlassen würden. Aber jedes Jahr macht er von neuem die Erfahrung, dass dieses Ritual die Beziehungen in der Familie verbessert und die Atmosphäre durch die Erfahrung der gegenseitigen Vergebung reinigt.

Ein anderes Bild des Heiligen Geistes bei Johannes ist das der Quelle. Wer den Geist empfängt, aus dessen Innerem »werden Ströme von lebendigem Wasser fließen.« (Johannes 7,38) Der Heilige Geist strömt in uns als eine Quelle, die nie versiegt. Aus ihr trinken wir die Kraft, die Gott uns schenkt. Wer aus dieser Quelle schöpft, der wird niemals erschöpft sein, weil diese Quelle unendlich ist. Die

Quelle des Heiligen Geistes will uns befähigen, unser Leben ohne Angst anzupacken und uns auf Aufgaben einzulassen, ohne gleich zu befürchten, dass unsere Kraft nicht ausreicht. Wer aus dieser Quelle trinkt, der hat Lust an seinem Leben und Lust an der Arbeit und seinen Aufgaben. Und er bleibt lebendig und frisch. Er wird nicht von Verbitterung und Enttäuschung, von Ärger oder Angst bestimmt, von Emotionen, die heute den Geist so vieler Menschen eintrüben. Er sieht klar und er hat Lust, diese Klarheit in diese Welt zu bringen. Wer aus der Quelle des Heiligen Geistes lebt, in dem strömt das Leben. Ich erschrecke heute manchmal, wie starr schon junge Menschen sein können. Da fließt keine Lebendigkeit. Da ist keine Phantasie, keine Kreativität, keine Spritzigkeit. Da ist kaum noch Kommunikation. Der Heilige Geist will das Leben in uns zum Fließen bringen.

Ein viertes Bild ist bei Johannes wichtig: Der Heilige Geist ist der Beistand, der uns zur Seite steht. Wir sind nicht allein gelassen in dieser Welt, wenn uns die Eltern verlassen oder wenn wir aus dem Elternhaus ausziehen. Da ist der Heilige Geist, der uns begleitet, der für uns kämpft und für uns eintritt. Und dieser Geist spricht zu uns. Wir sind nicht ohne Unterweisung, wenn wir die Forderungen der Eltern nicht mehr verstehen und uns davon abwenden. Der Geist spricht in unserem Inneren und zeigt uns, was für uns stimmt, was für uns gut ist, was uns zum Leben bringt. Jesus hat den Beistand seinen Jüngern gerade in den Bedrängnissen ihres Lebens versprochen.

Leben ist auch Kampf. Das erfahren die Jugendlichen in der Pubertät. Gerade in diesem Kampf sind sie nicht allein gelassen. Da tritt einer für sie ein. Da steht einer neben ihnen und zu ihnen. Da steht einer hinter ihnen und stärkt ihnen den Rücken. Das ist eine Verheißung, die junge Menschen durchaus verstehen können.

Die Firmung

Der Heilige Geist bei Lukas

Das Bild des Beistands wird vom Evangelisten Lukas weitergeführt. In der Apostelgeschichte beschreibt er, wie der Heilige Geist als Sturm in die verschüchterte Jüngergemeinde hineinfährt und ihnen Mut macht, hinauszugehen und den Menschen zu verkünden, was Gott ihnen in Jesus Christus getan hat. Der Heilige Geist vertreibt die Angst und erfüllt die Jünger mit Vertrauen. So ist der Heilige Geist vor allem Zutrauen. Er möchte den jungen Menschen Mut machen, zu sich zu stehen, sich etwas zuzutrauen, Selbstvertrauen zu entwickeln. Wer in sich die Kraft des Heiligen Geistes spürt, der hat es nicht nötig, nach außen hin eine Fassade von Selbstsicherheit aufzubauen. Bei vielen jungen Menschen spürt man hinter ihrer coolen Fassade eine große Unsicherheit und ein starkes Minderwertigkeitsgefühl. Der Heilige Geist befreit die Jünger von den Grübeleien, was die anderen wohl über sie denken und ob sie sie wohl verspotten werden. Sie reden einfach, was ihnen der Geist eingibt. Wer aus dem Heiligen Geist lebt, der ist frei vom ständigen Sichvergleichen mit anderen. Er sagt nicht das, was andere von ihm erwarten, sondern er spricht in »Freimut«. Er sagt frei heraus, was er spürt und denkt. Er lebt aus sich selbst heraus und nicht von der Bestätigung anderer.

Der Heilige Geist wird in der Pfingsterzählung des Lukas durch die Gabe eines neuen Sprechens sichtbar. Die Jünger

> *begannen, in fremden Sprachen zu reden,*
> *wie es der Geist ihnen eingab.*
>
> APOSTELGESCHICHTE 2,4

Der Heilige Geist befähigt junge Menschen dazu, ihre eigene Sprache zu finden. Das griechische Wort »lalein« meint eigentlich: »plappern, plaudern, vertraut sprechen«. Die Jünger überlegen sich nicht jedes Wort, damit es gut ankommt. Sie sprechen einfach aus sich heraus. Weil sie aus dem Herzen heraus sprechen, berühren ihre Worte die Zuhörer. Der Heilige Geist sollte die Jugendlichen ermutigen, nicht ängstlich nachzuplappern, was alle sagen, was man heute so spricht, sondern voll Vertrauen ihre eigenen Gefühle und Bedürfnisse auszudrücken. Dann werden sie die Erfahrung machen, dass ihre Worte von den Erwachsenen verstanden werden.

Die Sprache, die der Heilige Geist schenkt, stiftet Beziehung, sie ermutigt, sie richtet auf. Ich erschrecke manchmal, wenn ich die Sprachlosigkeit bei manchen jungen Menschen erlebe. Andere dagegen können erstaunlich gut ihre Gefühle und ihre Wahrnehmungen ausdrücken. Die Sprache, die aus dem Herzen kommt, ist die Sprache des Heiligen Geistes. Sie berührt auch das Herz anderer und bewegt etwas in ihnen. Die Bibel nennt den Geist, der stumm macht, einen bösen Geist, einen Dämon (vgl. Markus 9,17). Wer für seine innere Wirklichkeit keine Sprache hat, wer seine Leidenschaften und Emotionen nicht aussprechen kann, der wird krank. Er wird – wie Markus von einem jungen Mann erzählt – vom Geist der Stummheit hin- und hergezerrt (Markus 9,20). Eine wichtige Aufgabe der Firmvorbereitung wäre daher, im Einzelgespräch oder in der Gruppe einen Raum zu schaffen, in dem die jungen Menschen über sich und ihre Gefühle sprechen können. Es ist oft nicht so leicht, in einer Gruppe, die voller Angst ist und daher nur über Oberflächliches redet, ein Klima des Vertrauens zu bereiten, das die Fessel der Zunge löst, so dass man richtig sprechen kann (vgl. Markus 7,35f).

Die Firmung

Wer vom Geist der Stummheit beherrscht ist, der ist auch stumm, wenn um ihn herum Unrecht geschieht. Er sagt nichts, wenn neben ihm in der S-Bahn jemand angepöbelt wird. Der Heilige Geist will uns ermutigen, unsere Stimme zu erheben für die, die keine Stimme haben, für die zu sprechen, die sprachlos geworden sind. Es wäre ein wichtiges Übungsfeld für die Firmvorbereitung zu überlegen, wo der Einzelne und wo die Gruppe ihre Stimme erheben soll. Vielleicht spürt die Gruppe, dass in der Pfarrei manches nicht gut läuft, dass da Menschen ausgegrenzt werden. Oder wäre es wichtig, in der Schulklasse die Stimme denen zu leihen, die nie zu Wort kommen, die mundtot gemacht werden? Eine gute Übung wäre es, sich eine Woche lang vorzunehmen, immer dann, wenn ein innerer Impuls hochkommt, für jemanden einzutreten, dann auch den Mund aufzutun und das zu sagen, was man in sich wahrnimmt. Oft genug halten uns dann irgendwelche Ausreden davon ab, die Worte zu sprechen, die notwendig sind: »Es hat ja doch keinen Zweck. Ich verbrenne mir lieber nicht den Mund. Meine Worte hört sowieso niemand. Ich kann ja nichts bewirken. Ich bekomme nur Ärger.«

Der Geist formt aus der ängstlichen Gemeinde der Jünger die Kirche. Wenn der Geist über die Menschen kommt, dann schafft er Gemeinschaft, dann entsteht Kirche, eine Gemeinschaft von Menschen, die in der Vollmacht Jesu das Gleiche tun, was Jesus auch getan hat. Das wird deutlich, wenn Lukas die Apostel Petrus, Johannes und Paulus die gleichen Heilungswunder wirken lässt wie Jesus und der Diakon Stephanus im Sterben seinen Feinden genauso vergibt wie Jesus. Der Heilige Geist ermöglicht uns, so zu handeln wie Jesus. Wir können genauso wie Jesus auf die Menschen zugehen und sie aufrichten, sie ermutigen und ihnen die Augen öffnen für die eigentliche Wirklichkeit. In der Firmung geht es darum, dass wir mit dem Geist Jesu erfüllt werden, um in dieser Welt Zeugnis für ihn abzulegen, in der Kraft des Geistes Wunder der Heilung und Ermutigung zu wirken und den Ungeist dieser Welt zu entlarven. Das klingt vielleicht wie ein zu hoher Anspruch. Aber immer dann, wenn einer uns von seinen Verletzungen und Kränkungen erzählt und wir einfach nur zuhören, geschieht das Wunder der Heilung. Da geht einer heiler von uns, als er gekommen ist. Der eine heilt mit seinem Humor, ein anderer mit seinem Zuhören, ein dritter, indem er das Problem anpackt und einen konkreten Weg mit dem verletzten Freund geht. Die Firmung möchte uns bewusst machen, dass auch heute durch uns Zeichen und Wunder geschehen. Wir können diese Wunder nicht erzwingen. Aber wir sollten dankbar sein, wenn ein unlösbarer Konflikt sich löst, wenn eine Barriere fällt, wenn Leben sich durchsetzt.

III. Die Gestaltung der Firmung und die Bedeutung der Riten

Credo: »Ich glaube«

Die Firmung wird normalerweise in der Eucharistiefeier gespendet, und zwar nach der Predigt des Bischofs. Der Ritus sieht jedoch vor, dass ein Betreuer der Firmlinge jeden Einzelnen vor der Predigt des Bischofs beim Namen ruft. Und jeder tritt dann einzeln vor den Bischof und nimmt im Chorraum Platz. Gut wäre es, wenn sie oder er – ähnlich wie bei der Priesterweihe – dabei sagen würde: »Ich bin bereit.« Dann würde deutlich, dass es ein aktiver Entschluss ist, sich firmen und vom Heiligen Geist senden zu lassen. Die Firmlinge empfangen ja wie in der Priesterweihe eine Sendung. Ähnlich wie bei der Priesterweihe hält der Bischof seine Ansprache vor allem an die Firmlinge. Nach der Predigt bekennen die Firmlinge ihren Glauben. Es berührt die jungen Menschen wohl kaum, wenn sie nur das Credo nachbeten. Wichtig ist, dass sie sich vorher über das Glaubensbekenntnis Gedanken gemacht haben. Vielleicht können sie auch selbst ein Credo formulieren. Das würde sie herausfordern, sich Gedanken zu machen, wie sie heute in ihrer Sprache ihren Glauben vor anderen bekennen möchten.

Ein Diakon erzählte mir, dass er jedem Firmling die Aufgabe gegeben hat, den Satz aus dem Credo aufzuschreiben und mit persönlichen Worten zu begründen und umzuformulieren, der ihn am meisten anspricht und aus dem heraus er leben will. Es war für die

Jugendlichen eine Herausforderung, ihren Glauben auf dem Hintergrund des vorformulierten Glaubensbekenntnisses in eigenen Worten auszudrücken. Aber was herausgekommen ist, war ein Glaubenszeugnis, das die Gemeinde erstaunt und berührt hat. Viele Erwachsene hatten den Jugendlichen gar nicht zugetraut, dass sie sich ernsthaft Gedanken über ihren Glauben machen.

Das Ausbreiten der Hände

Nach dem Glaubensbekenntnis breitet der Firmspender seine Hände über alle aus und ruft den Heiligen Geist auf die Firmlinge herab. Das Ausbreiten der Hände ist ein altehrwürdiger Gestus. Er bedeutet, dass der Geist Gottes herabkommen und die Menschen beschützen und verwandeln möge. Bei der Wandlung breitet der Priester seine Hände über Brot und Wein aus und ruft den Heiligen Geist herab, dass sie Leib und Blut Christi werden. So ruft der Bischof den Heiligen Geist auf die jungen Menschen herab, dass sie neu geboren werden, dass sie wie in der Eucharistie verwandelt werden, dass sie mit Christi Geist, mit seiner Liebe und seiner Kraft erfüllt werden. Sie sollen durch die Handauflegung zum Brot des Himmels werden, zum Brot für andere, das sie auf ihrem Weg wahrhaft nährt, und zum Wein, der die Herzen der Menschen erfreut.

Bei der Priesterweihe legt der Bischof dem Priester die Hände auf, um ihn in seiner Sendung zu bestärken. Auch für die Firmlinge bedeutet dieser Ritus, dass sie in die Welt hinausgesandt werden, um in der Kraft des Heiligen Geistes diese Welt zu gestalten und für Christus Zeugnis abzulegen. Das Ausbreiten der Hände bedeutet ferner, dass Gott selbst seine schützende Hand über den jungen

Menschen hält und ihn auf seinem Weg begleiten wird. Aber mit dem Ritus des Händeausbreitens wird auch Besitzergreifung ausgedrückt. »Du gehörst mir«, sagt Gott durch diese Gebärde. Wenn ich Gott gehöre, dann heißt das auch, dass ich frei bin, dass ich keinem Menschen gehöre, dass kein Mensch Macht hat über mich, dass kein König oder Kaiser über mich bestimmen kann, sondern nur Gott. Das verleiht ein Gefühl der eigenen Würde. Die jungen Menschen sind nicht dazu da, die Erwartungen ihrer Eltern oder Lehrer oder Freunde zu erfüllen. Sie gehören Gott. Sie sind einmalig. Sie sind frei. Niemand hat Macht über sie. Sie sollen als freie Kinder Gottes in dieser Welt leben, aufrecht, im Bewusstsein ihrer Würde, aufgerichtet durch den Heiligen Geist.

Die Handauflegung

Dann tritt jeder Firmling einzeln vor den Bischof, nun begleitet vom Firmpaten. Nachdem der Bischof zuvor über alle seine Hände segnend ausgebreitet hat, legt er nun wie bei der Priesterweihe dem Einzelnen die Hände auf den Kopf und betet still für ihn. Alles Große geschieht im Schweigen. So wird der Heilige Geist schweigend über den Einzelnen herabgefleht, damit er in jedem das bewirkt, was für ihn stimmt. Der Heilige Geist wird in jedem anders wirken. Das schweigende Gebet um den Heiligen Geist legt den Einzelnen nicht fest auf ein ganz bestimmtes Verhalten. Jeder bekommt die Gabe des Heiligen Geistes, die er braucht. Jeder empfängt die Kraft, die ihm nottut, um sein Leben zu meistern und auf seine persönliche Weise in dieser Welt Zeugnis abzulegen für das Leben, für Christus, den »Anführer des Lebens« (Apostelgeschichte 3,15).

Die schweigende Handauflegung ist ein intensiver Ritus, der jeden beeindruckt, der sich darauf einlässt. Der Firmling kann sich dabei vorstellen, dass der Heilige Geist ihn persönlich meint, dass er ihn, so wie er ist, mit seinen Schwächen und Stärken, mit seinen Eigenheiten und Besonderheiten annimmt. Der Heilige Geist strömt durch die Hände des Bischofs in den Leib des Firmlings. Er durchdringt ihn mit seiner Kraft. Er erfüllt ihn mit seiner Liebe. Er durchleuchtet die dunklen Kammern seines Lebenshauses. Er heilt seine Wunden. Er verwandelt alles, was in ihm ist.

Die Salbung mit Chrisam

Nach der Handauflegung und dem schweigenden Gebet salbt der Bischof den jungen Menschen mit Chrisam, indem er dabei spricht:

> *N.N., sei besiegelt durch die Gabe Gottes,*
> *den Heiligen Geist.*

Die Salbung mit Chrisam ist im Firmritus mit »Besiegeln« umschrieben. Das ist ein biblischer Ausdruck. Im Epheserbrief heißt es:

> *Durch ihn habt ihr das Siegel des verheißenen Heiligen Geistes empfangen, als ihr den Glauben annahmt. Der Geist ist der erste Anteil des Erbes, das wir erhalten sollen, der Erlösung, durch die wir Gottes Eigentum werden, zum Lob seiner Herrlichkeit.*
> EPHESER 1,13f

Die Firmung

In der Antike wurden bei Griechen und Römern Menschen mit einem Brandsiegel versehen, um zu zeigen, dass sie Eigentum eines bestimmten Gottes wurden und unter seinem Schutz standen. Auch die Juden kannten das Siegel als Schutzzeichen. In einem alten jüdischen Text ist die Rede davon, dass die, die das Siegel der Beschneidung tragen, sich nicht vor den bösen Geistern fürchten und stark sind wie ein Mann, dessen Schwert um seine Hüften gegürtet ist. Die frühen Christen kannten das Siegel des Kreuzes. Manche tätowierten sich das Kreuzzeichen auf die Stirn, um zu bekennen, dass sie Gott gehörten und dass kein Mensch mehr Macht über sie hatte. So ist das Siegel des Heiligen Geistes in der Firmung ein Zeichen, dass der Firmling nicht mehr den Eltern gehört, sondern Gott und dass Gott ihn durch das Siegel des Heiligen Geistes stärkt, den Lebenskampf zu bestehen. Wer besiegelt ist mit dem Heiligen Geist, der braucht sich nicht mehr zu fürchten vor den Gefährdungen des Lebens, vor dem Ungeist, der ihn oft genug umgeben wird, vor den inneren Blockaden, die ihn vom Leben abhalten möchten.

Der Firmling wird mit Chrisam gesalbt. Chrisam besteht aus Olivenöl und Balsam. Mit Olivenöl werden Speisen gewürzt. Öl heilt Wunden. Der barmherzige Samariter goss Öl und Wein in die Wunden des Mannes, der unter die Räuber gefallen war. In der Antike salbte der Sportler seine Glieder mit Öl. Dadurch wurde sein Leib geschmeidiger, zu höheren Leistungen fähig. All diese Bedeutungen spielen auch bei der Firmung eine Rolle. Da bekommt das Leben durch den Heiligen Geist einen neuen Geschmack, da werden die Verletzungen der Lebensgeschichte geheilt, da wird der Jugendliche für den Lebenskampf gesalbt, damit er mit neuer Kraft und neuem Elan in den Kampf zieht, um zu siegen. Das Öl ist mit Balsam vermischt.

Balsam besteht aus den wohlriechenden Harzen verschiedener Pflanzen. Balsam machte das Öl in der Antike zu einem Kosmetikum. Erst durch Balsam wird das Öl zum »Chrisam«, ein Wort, das an Christus erinnert. Das Chrisam soll den Duft der Liebe Christi vermitteln, den jungen Menschen mit dem Wohlgeruch Christi erfüllen, ihm etwas von seiner liebenden Ausstrahlung schenken. Die Riten können ihre Wirkung nur dann in ihrer Fülle entfalten, wenn sie auch gedeutet werden. Daher wäre es wichtig, sich über diese zentralen Riten der Firmung auszutauschen und sie so zu erklären, dass sich die Jugendlichen darauf freuen und sie intensiv erleben können.

Der Pate

Bei der Handauflegung und Salbung durch den Bischof steht der Firmling nicht allein. Der Firmpate steht hinter ihm und legt ihm die rechte Hand auf die Schulter. Der Firmpate gehört wesentlich zum Firmritual. Für die Jugendlichen ist es gut, zu wissen, dass da ein Erwachsener zu ihnen steht und ihnen beisteht. Im Firmpaten wird der Heilige Geist als Beistand sichtbar. Der Pate stärkt dem Firmling das Rückgrat, damit er zu sich stehen kann. Er hält ihm den Rücken frei, damit er das Leben wage. Zur Aufgabe des Paten gehört es, dem Firmling die rechte Hand auf die Schulter zu legen. Die Schulter ist ein Kraftzentrum. Von der Schulter aus schleudert der Krieger den Speer. Jemandem die kalte Schulter zeigen heißt: sich abgrenzen. Indem der Pate dem Firmling die Hand auf die Schulter legt, vermittelt er ihm: »Es ist gut, dass du da bist. Du hast Kraft. Du meisterst dein Leben. Steh zu dir! Gehe deinen Weg!« Zugleich drückt er mit der Handauflegung aus, dass die Kraft, die in ihm steckt und oft genug nicht ausreicht, von der Kraft des Heiligen Geistes durchdrungen wird, dass der Heilige Geist ihm den Rücken stärkt, damit er die nächsten Schritte aufrecht und voll Vertrauen gehen kann.

In manchen Gemeinden tritt nicht nur der Pate mit dem Firmling heraus, sondern auch seine Eltern, Geschwister und Freunde. Sie alle legen dann dem Firmling die Hände auf die Schulter oder sie bilden eine Menschentraube, indem einer dem anderen die Hände auf die Schulter legt. Dadurch kommt zum Ausdruck, dass der Firmling nicht allein ist, dass es viele gibt, die ihm den Rücken freihalten, die mit ihm durchs Leben gehen, auf die er zählen kann. Er wird in der Firmung aufgenommen in den Kreis der Erwachsenen, in den Kreis von Menschen, die die Schritte zur Mündigkeit bereits gegangen sind, die ihm bevorstehen. Und er ist aufgenommen in eine Gemeinschaft von glaubenden Menschen, die bereit sind, ihren Glauben mit ihm zu teilen und ihn auf seinem Glaubensweg zu begleiten. In den Menschen, die seinen Weg mit ihm gehen, kann er immer wieder die stärkende Kraft des Heiligen Geistes erfahren, gerade dann, wenn er selbst mutlos und verlassen ist.

Der Friedensgruß

Nach der Salbung mit Chrisam gibt der Bischof dem Firmling den Friedensgruß. Er wird als gleichwertiges Mitglied in der Kirche begrüßt und umarmt. Der Friedensgruß geschieht meistens als Umarmung. Früher gab es beim Friedensgruß den etwas rätselhaften »Backenstreich«, die sogenannte »alapa«. Er wurde so gedeutet, dass der Firmling jetzt durch den Heiligen Geist gestärkt sei und nicht mehr erröten solle, wenn er den Namen Christi bekennt. Eine andere

Erklärung bezieht sich auf die Szene, in der der heilige Benedikt einen Mönch durch einen Backenstreich von einem bösen Geist befreit. Der Backenstreich sollte dann zeigen, dass er keine Angst mehr zu haben brauche vor bösen Geistern, vor Ungeistern, vor unbekannten Kräften in seinem Innern. Die Kraft des Heiligen Geistes ist stärker als aller Ungeist, der auf ihn einströmen möchte. Andere erklären den Backenstreich als Ritterweihe oder als Mündigkeitserklärung. Die vielen Erklärungen zeigen schon, dass der Ritus oft genug Anlass für Missverständnisse war. Aus diesem Grund hat ihn das Konzil 1965 abgeschafft.

Manche Riten müssen erst absterben, damit sie neu entdeckt werden. Man kann den Ritus heute sicher nicht einfach wieder so vollziehen wie vor dem Konzil. Das wäre nicht vermittelbar. Aber vielleicht könnte der Sinn dieses alten Ritus dadurch zum Ausdruck kommen, dass der Bischof den jungen Mann oder die junge Frau nicht nur ganz zaghaft umarmt, sondern ihn/sie fest an den Schultern packt und ihm/ihr die Kraft des Heiligen Geistes zusagt. Damit vermittelt er den jungen Menschen, dass sie nun erwachsen sind, dass sie Kraft haben und dass er ihnen etwas zutraut. Manchmal wird der Friedensgruß nur angedeutet. Dann erscheint er wie ein leeres Ritual, das nichts bewirkt. Im Friedensgruß soll ausgedrückt werden, dass der andere ganz und gar angenommen ist, willkommen in der Gemeinschaft der Kirche, ernst genommen in seiner Einmaligkeit, wahrgenommen als Mann oder Frau.

Die Fürbitten

Mit dem Friedensgruß schließt der eigentliche Firmritus. Als Antwort auf den Empfang des Sakraments tragen die Firmlinge dann ihre Fürbitten vor. Hier hätten die Jugendlichen Raum für Kreativität. Hier könnten sie zeigen, dass sie den Sinn der Firmung verstanden haben. Es gibt verschiedene Möglichkeiten, die Fürbitten zu gestalten. Ein Weg wäre, wenn die Jugendlichen in ihrer Sprache ihre Sorgen und Sehnsüchte in Bezug auf Welt und Kirche zum Ausdruck bringen. Das kann in Worten geschehen oder indem man Symbole sucht, die die Träume der Jugendlichen sichtbar werden lassen. Die könnte man dann der Gemeinde zeigen, erklären und vor den Altar legen als Hoffnungszeichen, dass durch die Firmung die Gemeinde und die Gesellschaft verwandelt werden. Eine andere Möglichkeit wäre, wenn jeder der Firmlinge vor der Gemeinde sagen würde, was er als seine Sendung versteht und mit was für einer Aufgabe er konkrete Verantwortung übernehmen möchte. Dadurch wäre die Sendung des Einzelnen öffentlich. Er würde sich für eine bestimmte Zeit festlegen, etwas Konkretes zu tun. Und vielleicht könnte das Zeugnis der Jugendlichen in der Gemeinde Kreise ziehen und andere zur Nachahmung anstecken.

Der Ort der Fürbitten wäre auch dafür geeignet, dass die Gefirmten sich bei der Gemeinde für das bedanken, was sie in und mit ihr erlebt haben, dass sie aber auch ihre Wünsche an die Gemeinde formulieren und ihr den Beitrag anbieten, den sie für das Leben der Gemeinde einbringen möchten. Ein anderes schönes Ritual wäre es, wenn jeder Firmling auf einen Menschen in der Gemeinde zugeht, entweder auf seine Eltern oder auf einen, den er bewusst für sich aussucht, und ihm das Kreuz auf die Stirn zeichnet. Er könnte das Kreuzzeichen schweigend vollziehen oder aber mit einem persönlichen Segenswunsch oder einer Formel, die man sich vorher schon überlegt hat, etwa: »Ich bezeichne dich mit dem Zeichen des Kreuzes. Du gehörst Gott. Es ist gut, dass es dich gibt. Lebe in der Freiheit des Heiligen Geistes!« Da die Firmung nicht sehr viele Rituale beinhaltet, wäre es eine gute Gelegenheit, neue Rituale zwischen Gefirmten und der Gemeinde zu schaffen. Rituale geben uns die Möglichkeit, Gefühle auszudrücken, die wir sonst verstecken, und eine neue Qualität von Beziehung zu schaffen. Man muss erst eine Hemmschwelle überschreiten, um sich auf ein solches Ritual einzulassen. Aber wer den Mut hat, der wird belohnt durch eine tiefe Erfahrung. An solche Erfahrungen werden sich die jungen Menschen noch lange erinnern.

Nach dem Firmritus wird die Eucharistiefeier mit der Gabenbereitung fortgesetzt. Hier sollten die neu Gefirmten die Gaben der Gemeinde zum Altar tragen. So wie sie durch den Heiligen Geist verwandelt worden sind, sollen nun auch die Gaben verwandelt werden. Im Brot tragen die Jungen und Mädchen die Mühen und Arbeiten der Gemeinde vor Gott, aber auch die Zerrissenheit und die Sehnsucht nach Einheit. Und im Kelch tragen sie die Not und die Freude der Welt zum Altar, damit der Geist sie verwandle. Es ist wichtig, diesen einfachen Ritus gut einzuüben, damit die Jugendlichen die Hostienschalen und Kelche ganz langsam und bewusst zum Altar tragen, stellvertretend für die Gemeinde. Dann können sie erahnen, dass in der Eucharistie die Fortsetzung der Firmung geschieht, dass die Gaben, die sie bringen, in göttliche Gaben verwandelt werden, die die Menschen nähren und stärken auf ihrem Weg.

IV. Aus der Firmung leben

Viele Erwachsene können sich noch an ihre Firmung erinnern. Aber wenn ich an meine eigene Firmung denke, so war das kein so nachhaltiges Erlebnis, dass davon mein Leben geprägt wurde. So wird es vermutlich den meisten gehen. Ich kann also nicht aus der Erinnerung an meine Firmung leben. Aber ich kann aus der Wirklichkeit meiner Firmung mein Leben neu sehen und gestalten. Ich mache mir dann bewusst, dass ich gesalbt bin mit dem Heiligen Geist, dass der Geist in mir ist. Leben aus der Firmung ist für mich identisch mit dem Leben aus dem Geist. Aber was heißt das: aus dem Geist Gottes leben?

Leben aus der Freiheit des Geistes

Paulus hat in seinen Briefen an vielen Stellen beschrieben, was es heißt, aus dem Geist zu leben und nicht aus dem Fleisch. Aus dem Fleisch leben, das bedeutet für ihn, von den Maßstäben dieser Welt her leben, aus dem Druck heraus leben, Erfolg und Anerkennung haben zu müssen. Die wichtigste Erfahrung, die die aus dem Geist Lebenden machen, ist für Paulus die Freiheit:

> *Jetzt gibt es keine Verurteilung mehr für die, welche in Christus Jesus sind. Denn das Gesetz des Geistes und des Lebens in Christus Jesus hat dich frei gemacht vom Gesetz der Sünde und des Todes.*
>
> RÖMER 8,1f

Verantwortung und Kraft

Der Heilige Geist befreit uns vom Verhaftetsein in den alten Mustern unserer Psyche, in die wir immer wieder hineinfallen. Wir fühlen in uns immer wieder die gleichen Lebensmuster und Mechanismen: Auf die Menschen, die uns verletzen, reagieren wir mit Hass und Wut. Wir lassen uns von anderen die Spielregeln für unser Verhalten aufdrängen. Sobald Konflikte auftreten, suchen wir die Schuld bei uns. Solche Lebensmuster nennt Paulus das Gesetz der Sünde und des Todes. Sünden führen dazu, dass wir unser Leben verfehlen. Sünde heißt ja: am Ziel vorbeischießen, verfehlen. Und sie bedeutet für uns Tod. Die Sünden halten uns vom wirklichen Leben ab. Sich vom Geist leiten zu lassen, das macht innerlich frei. Das war wohl die intensivste Erfahrung, die Paulus in der Begegnung mit Jesus Christus gemacht hat:

> *Der Herr aber ist Geist, und wo der Geist des Herrn wirkt, da ist Freiheit.*
> 2 KORINTHER 3,17

Die Freiheit, die uns der Geist schenkt, zeigt sich für Paulus vor allem darin, dass wir nicht mehr Sklaven sind, sondern freie Söhne und Töchter Gottes:

> *Alle, die sich vom Geist Gottes leiten lassen, sind Söhne Gottes. Denn ihr habt nicht einen Geist empfangen, der euch zu Sklaven macht, so dass ihr euch immer noch fürchten müsstet, sondern ihr habt den Geist empfangen, der euch zu Söhnen macht, den Geist, in dem wir rufen. Abba, Vater!*
> RÖMER 8,15

Paulus versteht die Menschen, die sich nach anderen ausrichten müssen, die ständig in der Furcht leben, es anderen nicht recht machen zu können, als Sklaven, als Knechte. Der Christ ist nach Paulus der freie Mensch. Er kann aufrecht durch das Leben gehen. Er hat eine unantastbare Würde. Er muss sich seinen Wert nicht durch Leistung erkaufen und sein Beliebtsein nicht durch Angepasstsein bewirken. Wer ständig die Erwartungen anderer erfüllen muss, um sich überhaupt als Mensch fühlen zu können, der gibt anderen Macht über sich. Wer aus dem Geist lebt, der gibt dem anderen keine Macht mehr. Der Geist, der in uns ist, befreit uns von der Macht derer, die uns ein schlechtes Gewissen einimpfen wollen, die uns von sich abhängig machen, die uns unterdrücken und uns in ihr Bild von uns pressen möchten.

Leben aus der Kraft des Geistes

Wie wir aus der Kraft des Geistes leben können, zeigt uns Lukas in der Apostelgeschichte. Ich möchte nur eine kurze Stelle aus der Apostelgeschichte auslegen, um zu zeigen, wie das Leben aus der »dynamis«, aus der Kraft des Heiligen Geistes für uns konkret aussehen könnte. Die Jünger beten in der Apostelgeschichte:

> *Gib deinen Knechten die Kraft, mit allem Freimut dein Wort zu verkünden. Streck deine Hand aus, damit Heilungen und Zeichen und Wunder geschehen durch den Namen deines heiligen Knechtes Jesus. Als sie gebetet hatten, bebte der Ort, an dem sie versammelt waren, und alle wurden mit dem Heiligen Geist erfüllt, und sie verkündeten freimütig das Wort Gottes.*
>
> APOSTELGESCHICHTE 4,29–31

Verantwortung und Kraft

Die Kraft des Geistes zeigt sich für die Jünger darin, dass sie mit allem Freimut das Wort Gottes verkünden. Das griechische Wort für Freimut heißt »parresia«. Parresia ist die Redefreiheit, der Mut, in Freiheit das zu sagen, was ich in meinem Herzen spüre. Wir richten uns in unserem Reden oft nach den Erwartungen der anderen. Wir sprechen nicht das aus, was in uns ist, sondern was den anderen gefällt, was uns beliebt macht, was uns ins rechte Licht rückt. Daher geht von unseren Worten keine Kraft mehr aus. Unsere Worte bewirken nichts, sie passen sich nur an. Aus der Kraft des Geistes leben würde heißen, in Freiheit das zu sagen, was wir in unserem Herzen fühlen und was uns Gott eingibt, ohne falsche Rücksicht auf die Meinung der anderen.

Die Kraft des Geistes zeigt sich für Lukas in Heilungen, Zeichen und Wundern. Die Kraft des Geistes ist in uns. Auch durch uns kann Heilung geschehen. Doch wir sind entweder zu bescheiden und trauen uns gar nichts zu, oder aber wir fühlen uns als die großen Heiler und Helfer und meinen, wir könnten aus eigener Kraft die Wunden anderer heilen. Aus der Kraft des Geistes leben heißt, dass wir durchlässig werden für den Heiligen Geist. Wenn ich in ein Gespräch mit einem Ratsuchenden gehe, dann muss ich mich nicht unter Druck setzen, jetzt besonders kluge Ratschläge zu geben oder mit meiner Intelligenz die Probleme des anderen zu lösen. Ich höre mir den anderen an und traue dem Geist, der mir eingibt, wie ich reagieren und was ich sagen soll. Das entlastet mich von meinem Leistungsdruck. Und das führt dazu, dass ich immer wieder Wunder der Heilung bestaunen kann. Da geht der andere mit neuer Zuversicht und Hoffnung von mir. Nicht ich habe das bewirkt, sondern die Kraft des Geistes, die durch mich wirkt. Die Erinnerung an die

Die Firmung

Firmung will uns ermutigen, dem Wirken des Geistes in uns Raum zu geben. Es geschehen auch heute mehr Zeichen und Wunder, als wir glauben: Wenn eine Begegnung gelingt, wenn da auf einmal das Herz berührt wird, wenn der Trauernde von einem, der ihm beisteht, Trost erfährt, wenn der, der sich selbst verletzt und verachtet, seine Würde entdeckt und sich an seinem Leben wieder freuen kann. Dabei wirkt der Geist Gottes nicht nur durch unsere Stärken, sondern ebenso durch unsere Schwächen. Selbst wenn ich mich in einem Gespräch ratlos und ohnmächtig fühle, kann der Geist Gottes durch mich wirken, wenn ich mich ihm hinhalte und zur Verfügung stelle. Das entlastet mich vom Leistungsdruck. Das Einzige, was ich tun muss, ist, durchlässig zu sein für den Heiligen Geist.

Für die Jünger wurde die Kraft des Geistes erfahrbar, als der Ort, an dem sie versammelt waren, bebte (Apostelgeschichte 4,31). Das griechische Wort »saleuo« heißt nicht nur »beben, erschüttern, schütteln«, sondern auch »in Schwingung geraten« oder »in Schwingung versetzen«. Die Kraft des Heiligen Geistes kann auch uns manchmal in Schwingung versetzen, wenn in einem Gottesdienst auf einmal eine ganz dichte Atmosphäre herrscht, wenn da plötzlich bei allen die gleiche Schwingung spürbar ist. Von so einer gemeinsamen Schwingung geht eine große Kraft aus. Manchmal erleben wir diese Schwingung auch, wenn wir gemeinsam schweigen. Doch eine solche Schwingung lässt sich nicht durch unseren Willen erzeugen. Sie wird uns geschenkt. Wenn sie da ist, spüren wir, dass wir gemeinsam eine Kraft in uns haben, diese Welt zu gestalten und etwas in dieser Welt zu bewegen. Wenn der Geist uns in Schwingung versetzt, dann geraten auch in uns die alten Strukturmuster unserer Seele in Bewegung. Dann bricht manche Erstarrung auf und neues

Leben entsteht. Wir werden durcheinandergeschüttelt, wachgerüttelt. Wir entdecken, dass wir uns nur an der Oberfläche unseres Lebens eingerichtet haben. Die Schwingung, die der Heilige Geist in uns bewirkt, bringt uns mit der eigenen Tiefe in Berührung. Und wir spüren, dass diese Schwingung auch andere erreicht. Auf einmal bewegt sich etwas in uns und zwischen uns. Und wir bewegen etwas in dieser Welt. Leben aus der Kraft des Geistes heißt für mich, dass ich mich immer wieder vom Heiligen Geist in Schwingung versetzen lasse, dass ich dem Geist Gottes zutraue, dass er mich mit seiner Kraft erfüllt und mich zu wirksamem Tun bewegt.

Leben aus den Gaben des Heiligen Geistes

Paulus spricht im 1. Korintherbrief von den vielen Gaben des Heiligen Geistes. Jeder Mensch hat eine andere Gabe. Aber es ist immer der gleiche Geist, der uns diese Gaben schenkt.

> *Dem einen wird vom Geist die Gabe geschenkt, Weisheit mitzuteilen, dem anderen durch den gleichen Geist die Gabe, Erkenntnis zu vermitteln, dem dritten im gleichen Geist Glaubenskraft, einem anderen – immer in dem einen Geist – die Gabe, Krankheiten zu heilen, einem anderen Wunderkräfte, einem anderen prophetisches Reden, einem anderen die Fähigkeit, Geister zu unterscheiden, wieder einem anderen verschiedene Arten von Zungenrede, einem anderen schließlich die Gabe, sie zu deuten.*
>
> 1 KORINTHER 12,8–10

Die Tradition hat im Anschluss an Paulus und an die Verheißung des Geistes in Jesaja 11,2f sieben Gaben des Heiligen Geistes gesehen: Den Geist der Weisheit, der Einsicht, des Rates, der Erkenntnis, der Stärke, der Gottesfurcht und der Frömmigkeit.

Die Sieben ist immer die Zahl der Verwandlung, die Irdisches in Göttliches verwandelt. Diese sieben Gaben beschreiben den Menschen, der aus dem Heiligen Geist heraus lebt. Es ist ein Mensch, der durchblickt, der die Wirklichkeit so sieht, wie sie ist, der die inneren Zusammenhänge seines eigenen Lebens und des Kosmos versteht, der auch die Fähigkeit hat, andere Menschen zu verstehen und ihnen zu raten, einen Weg zu weisen, der für sie stimmt. Es ist ein Mensch voller Weisheit, der das Geheimnis allen Seins erfahren, geschmeckt, gekostet hat. Und es ist ein Mensch, der aus Gott lebt, der immer mit Gott rechnet und auf Gott bezogen ist in all seinem Denken und Tun.

Jeder Mensch hat seine je eigene Gabe. Was meine persönliche Gabe ist, kann ich erkennen, wenn ich meine Lebensgeschichte anschaue. Meine Wunden können auch zu Gaben werden. Sie machen mich sensibel für andere. Meine Stärken können mir meine Gaben aufzeigen. Der eine kann gut zuhören, der andere übernimmt selbst die Initiative, er hat Ideen, ist kreativ, bringt etwas in Bewegung. Der andere trägt etwas durch, er ist treu, auf ihn kann man sich verlassen. Einer spricht Konflikte an, bis sie gelöst sind. Ein anderer ist fähig, die streitenden Parteien zu versöhnen und Gespaltenes zu verbinden.

Viele Menschen trauen sich nichts zu. Sie vergleichen sich mit anderen und haben den Eindruck, dass sie zu kurz gekommen sind, dass sie nichts beizutragen haben zur Gemeinschaft und zum Wohl dieser Welt. Sich seiner Firmung zu vergewissern bedeutet, dass wir unseren Gaben trauen, dass wir in uns hineinhören, um zu erkennen, welche Gaben uns der Geist geschenkt hat.

In manchen Gemeinschaften ist es Brauch, an Pfingsten eine Gabe des Heiligen Geistes zu ziehen, wie man ein Los zieht. Mit dieser Gabe versuchen sie dann, ein Jahr lang zu leben. Bei einem Gottesdienst reichten wir nach der Kommunion einen Korb herum, in den wir Zettel mit je einer Geistesgabe gelegt hatten. Jeder Teilnehmer durfte sich einen Zettel nehmen und sollte dann über die Gabe nachdenken, die ihm da zugefallen war. Das hat in den Teilnehmern viel ausgelöst. Viele waren sehr betroffen und berührt, dass sie ausgerechnet diese Gabe gezogen hatten. Da hat ein Mann die Gabe des Heilens genommen. Sie war für ihn eine Herausforderung, vertrauensvoller mit der Depression seiner Frau umzugehen. Eine Frau, die sich nicht viel zutraute, bekam die Gabe des Leitens. Nach anfänglichem Zögern – spürte sie, das sie die ungelösten Konflikte in ihrer Verwandtschaft aktiver angehen sollte. Wir dürfen darauf vertrauen, dass es immer der Heilige Geist ist, der uns gerade diese Gabe zutraut. Sie wird uns mit neuen Fähigkeiten und Möglichkeiten in Berührung bringen. Und wir werden nach einem Jahr dankbar zurückblicken auf das, was der Geist in uns bewirkt hat.

Dem Geist folgen

Für Paulus heißt Leben aus dem Geist, sich nach den Forderungen des Geistes auszurichten:

> *Wenn wir aus dem Geist leben, dann wollen wir dem Geist auch folgen. Wir wollen nicht prahlen, nicht miteinander streiten und einander nichts nachtragen.*
> GALATHER 5,25f

Leben aus dem Geist hat also Folgen für unser Verhalten. Es ist eine Herausforderung, neue Verhaltensweisen einzuüben. Paulus spricht von den Früchten des Heiligen Geistes. Sie sind auf der einen Seite Geschenke des Geistes an uns, zum anderen aber auch Herausforderungen:

> *Die Frucht des Geistes aber ist Liebe, Friede, Langmut, Freundlichkeit, Güte, Treue, Sanftmut und Selbstbeherrschung.*
> GALATHER 5,22f

Diese Früchte stellen ein wichtiges Kriterium dafür dar, ob ich aus dem Geist Gottes lebe. Sie zeigen mir an, wo sich in mein Leben der Ungeist eingeschlichen hat. Sogar mein religiöses Leben kann vom Ungeist der Angst und Enge, der Härte und Selbstgerechtigkeit verfälscht werden. Es braucht einen langen Weg der Verwandlung, bis ich mit meiner ganzen Existenz wirklich Liebe, Freundlichkeit, Güte und Sanftmut ausstrahle.

Verantwortung und Kraft

Der Heilige Geist ist eine Herausforderung, an mir zu arbeiten. Denn es braucht eine gesunde Askese, um Selbstbeherrschung zu erreichen, um das Gefühl zu haben, dass ich selbst lebe, anstatt von meinen Leidenschaften und Bedürfnissen gelebt zu werden. Selbstbeherrschung heißt auch, die Verantwortung für mein Leben zu übernehmen. Die Firmung ist die Initiation in das Erwachsenwerden. Die Erinnerung an die Firmung will mich davor bewahren, in infantile Haltungen zurückzufallen und die anderen für meine Probleme verantwortlich zu machen. Sie fordert mich heraus, selbst zu leben, anstatt mich als Opfer meiner Erziehung oder der gesellschaftlichen Verhältnisse zu fühlen und zu stilisieren.

Um in den Geist Jesu hineinzuwachsen, der sich in den oben genannten Früchten des Geistes ausdrückt, brauche ich die tägliche Meditation. Für mich ist das Jesusgebet ein wichtiger Weg geworden, mich in die Haltung Jesu einzuüben. Ich versuche, in meinen Ärger, in meine Unruhe, in meine Härte, in mein Verurteilen das Wort hineinzusprechen: »Herr Jesus Christus, Sohn Gottes, erbarme dich meiner!« Dann darf ich oft erfahren, dass sich mein Ungeist läutert, dass ich etwas von der Barmherzigkeit und Liebe Jesu in mir spüre. Das Jesusgebet, mit dem Atem verbunden, verwandelt meine Gleichgültigkeit in Liebe, meine Zerrissenheit in Frieden, meine Ungeduld in Langmut, meine Bitterkeit in Freundlichkeit, meine Härte in Güte, meine Treulosigkeit in Treue.

Ich muss diese Haltungen nicht mit eigener Anstrengung erarbeiten. Wenn ich den Geist Gottes durch die Meditation in meine Gefühle und Leidenschaften einfließen lasse, verwandelt er meine Seele. Sie wird fähig, diese Haltungen und Tugenden zu leben. Aber ich weiß auch, dass ich immer in der Spannung zwischen Geist und

Ungeist lebe, dass ich immer wieder auch vom Geist dieser Welt bestimmt werde. Die Erinnerung an die Firmung gibt mir das Vertrauen, dass der Geist stärker ist als der Ungeist. Ich bin nicht einfach meiner Vergangenheit ausgeliefert. Ich bin nicht dazu verdammt, die Verletzungen meiner Kindheit zu wiederholen. Der Geist kann mich verwandeln. Ich muss mich ihm nur immer wieder aussetzen und meine unerlösten Anteile hinhalten, damit er mich durchdringen und verwandeln kann.

Erinnerung an die Firmung

Es gibt verschiedene Rituale, die uns immer wieder an die Wirklichkeit unserer Firmung erinnern. Die meisten wissen vermutlich nicht mehr, an welchem Tag sie gefirmt worden sind. Daher können sie ihren Firmtag auch nicht begehen. Wer darum weiß, könnte an seinem Firmtag eine Kerze entzünden, um das Feuer des Geistes in sich neu zu entfachen. Für uns alle ist das Pfingstfest immer wieder Anlass, daran zu denken, dass wir gefirmt sind und aus der Wirklichkeit des Geistes heraus leben wollen. Wenn wir das Pfingstfest als Erinnerung an die eigene Firmung feiern, dann wäre es ein gutes Pfingstritual, eine Gabe des Heiligen Geistes zu ziehen. Wir könnten das im Kreis der Familie tun. Dann bekäme das Pfingstfest ein eigenes Gepräge. Bei vielen geht Pfingsten ja spurlos vorüber, weil das Fest kaum Familienrituale kennt wie Weihnachten oder Ostern. Eine andere Möglichkeit wäre, dass am Schluss des Gemeindegottesdienstes jeder aus einem dargereichten Korb einen Zettel mit einer Geistesgabe nehmen kann. Diese Gabe sollte uns dann bis zum nächsten Pfingstfest begleiten. Wir könnten ausprobieren, was sie an uns bewirkt, wie sie unsere

Blickrichtung verändert und wie sie uns mit Haltungen in Berührung bringt, die wir bisher vernachlässigt haben.

Ein Ritual, mich an die Wirklichkeit des Heiligen Geistes zu erinnern, besteht für mich darin, mich in den Wind zu stellen. Je nachdem, wie stark der Wind ist, stelle ich mir vor, dass der Geist Gottes alles Verstaubte aus mir herausbläst, dass er den abgestandenen Geist leerer Unterhaltung und entleerter Umgangsformen heraustreibt und mich erfrischt oder aber dass er mich zärtlich streichelt und mir etwas von seiner Liebe vermittelt. Auch bewusstes Atmen kann mich den Heiligen Geist erfahren lassen. Wenn ich bewusst in meinem Atem bin, stelle ich mir vor, dass ich nicht nur Luft atme, sondern dass im Atem der Heilige Geist in mich eindringt und mich mit seiner Liebe erfüllt.

Augustinus war überzeugt, dass wir mit dem Atem den Heiligen Geist einatmen, wie er es in seinem berühmten Gebet zum Ausdruck brachte:

Atme in mir, du Heiliger Geist, dass ich Heiliges denke.
AUGUSTINUS ZUGESCHRIEBEN

Der bewusste Atem bringt mich in Berührung mit mir selbst. Ich bin bei mir. Aber in diesem Bei-mir-Sein erahne ich zugleich, dass Gottes Geist in mir ist, dass in mir eine andere Kraft ist.

Ein anderes Ritual ist für mich, mich bewusst in die Sonne zu stellen und die Sonnenstrahlen durch den ganzen Leib dringen zu lassen. Der Heilige Geist ist Feuer, Glut, die mich wärmt. Ich bin nicht ausgebrannt, sondern in mir ist eine Glut, die in mir immer wieder die Flamme der Liebe entfacht. Geistliches Leben heißt für den bekannten spirituellen Autor Henry Nouwen, das innere Feuer zu hüten, den Heiligen Geist als Glut in uns zu bewahren. Mir hilft dabei die Gebärde, dass ich die Hände über meiner Brust verschränke und mir vorstelle, dass in mir das Feuer des Geistes brennt und mich mit göttlicher Liebe durchdringt.

Der Heilige Geist ist vor allem im Johannesevangelium die Quelle, die in uns strömt. Wenn ich mich an einen Bach oder Fluss setze und einfach nur auf das strömende Wasser schaue, dann erahne ich, dass in mir eine Quelle fließt, die nie versiegt. Der Heilige Geist erfrischt mich immer wieder und macht mich lebendig. Er reinigt das Trübe in mir und lässt mein Inneres wieder klar und lauter werden. Er ist in mir strömendes Wasser, das alles mit sich reißt, was sich in den Weg stellt, das die Blockaden auflöst, das Erstarrte wieder zum Fließen bringt. Fließendes Wasser relativiert alles, woran ich mich festklammere. Vor allem aber erahne ich, dass in mir eine Quelle strömt, die unerschöpflich ist, weil sie göttlich ist. Wenn ich in Berührung bin mit dieser Quelle des Heiligen Geistes, dann kann ich viel arbeiten, ohne erschöpft zu werden. Die Arbeit fließt aus mir heraus. Sie macht mir Spaß. Ich muss mich nicht beweisen.

Aus der Firmung leben heißt für mich, die Wirklichkeit des Heiligen Geistes ernst zu nehmen. Wenn ich mir bei allem, was ich tue, immer wieder bewusst mache, dass da auch der Heilige Geist in mir ist, in meinem Atem, in meinem Denken, in meinem Sprechen, in meinem Handeln, dann befreit mich das von dem Leistungsdruck, alles selbst machen zu müssen. Und es gibt mir das Gefühl, dass ich aus einer anderen Wirklichkeit heraus lebe. Ich bin nicht allein im Prozess meiner Selbstwerdung. Ich muss den Kampf meines Lebens nicht alleine bestehen. Ich muss meine Probleme nicht alle aufarbeiten. Ich muss meine Traurigkeit nicht aus eigener Kraft überwinden. Es ist nicht ein endloser Kampf, bis ich die negativen Emotionen in mir besiege. Vielmehr streitet in mir der Geist Gottes. Der löst nicht alle Probleme. Der löst auch meine Depression nicht einfach auf.

Aber wenn ich mich in meiner Depression an den Geist Gottes in mir erinnere, dann ist das wie eine Bresche, die er in die Mauer meiner Depression schlägt. Sie hat mich nicht mehr so schlimm im Griff. Ich fixiere mich nicht mehr auf sie. Sie darf sein, genauso wie meine Verletzungen und Wunden. Ich muss sie nicht alle aufarbeiten. Aber ich weiß, dass da der Heilige Geist in mir strömt, der diese Wunden verwandeln kann. Wenn ich diesem Geist in mir traue, mitten in meiner psychischen Labilität, dann starre ich nicht ängstlich auf meine Psyche, sondern dann vertraue ich, dass Gottes Geist mich durch alle Klippen dieses Lebens führen wird.

Der Glaube an den Heiligen Geist, der mir in der Firmung unwiderruflich zugesagt wurde, mit dem ich gesalbt und versiegelt wurde, schenkt mir das Vertrauen und die Gewissheit, dass mein Leben gelingen wird. Es wird nicht unbedingt den Erwartungen meiner Umwelt entsprechen und auch nicht den Maßstäben dieser Welt. Aber es wird gelingen. Denn der Geist Gottes ist »Anteil des Erbes, das wir erhalten sollen« (Epheser 1,14), er ist Verheißung, dass ich als Gottes Eigentum nicht mehr aus seiner guten und schützenden Hand herausfallen werde, bis ich für immer das Lob seiner Herrlichkeit singe (vgl. Epheser 1,14).

Schlussgedanken

Die Kreativität, mit der viele Gemeinden die Jugendlichen auf die Firmung vorbereiten, spiegelt etwas wider vom Wesen dieses Sakraments. Da wir in der Firmung mit dem Heiligen Geist gesalbt werden, ist es nur folgerichtig, dass der Geist auch schon bei der Vorbereitung der Firmlinge am Werk ist.

Die Erfahrung zeigt, dass es nicht *den* einzig richtigen Weg gibt, junge Menschen auf die Firmung vorzubereiten. Entscheidend ist, dass sich sowohl die Jugendlichen als auch die Seelsorger und Seelsorgerinnen bei der Vorbereitung vom Geist Gottes leiten lassen und mit Phantasie und Kreativität ans Werk gehen. Dann wird das Firmsakrament nicht spurlos an den jungen Menschen vorübergehen. Es wird sie berühren und sie befähigen, auf andere Weise zu leben: erwachsener und mündiger, mutiger und kreativer, verantwortungsvoller und im Bewusstsein einer eigenen Sendung.

Wer schon gefirmt ist, tut gut daran, sich immer wieder an die eigene Firmung zu erinnern oder das Wesen dieses Sakraments zu bedenken, damit er jeden Tag neu aus der Kraft des Heiligen Geistes zu leben vermag.

Wer dem Geist Gottes in seinem Leben Raum gibt, der wird erfahren, wie der Geist ihn in die Lebendigkeit führt und ihm die wahre Freiheit schenkt. Das wichtigste Kennzeichen des Geistes ist die Freiheit. Und die tut uns allen heute bitter not, da wir uns von vielen Abhängigkeiten bestimmt wissen. Unsere Firmung will uns immer wieder von neuem an den Satz des heiligen Paulus erinnern:

Der Herr aber ist der Geist, und wo der Geist des Herrn wirkt, da ist Freiheit.

2 KORINTHER 3,17

Literatur

Günter Biemer, Symbole des Glaubens leben. Symbole des Lebens glauben. Sakramenten-Katechese als Lernprozeß, Ostfildern 1999.

Pascal Bruckner, Ich leide, also bin ich. Die Krankheit der Moderne. Eine Streitschrift, Weinheim 1996.

Burkhard Menke, An Grenzen des Lebens und Glaubens wachsen. Neue Wege der Firmkatechese, in: Christ in der Gegenwart Nr. 12/2000, S. 94.

Karl Natiesta, Katechetik des Firm-Sakramentes. Diplomarbeit, Wien 1995.

Henry Nouwen, Feuer, das von innen brennt, Freiburg 1981.

Theodor Schnitzler, Was die Sakramente bedeuten. Hilfen zu einer neuen Erfahrung, Freiburg 1982.

Die Trauung –
Segen für das gemeinsame Leben

I. Das Sakrament der Ehe

1. Wortbedeutungen

Die Ehe

In der Feier der Trauung spenden sich die Brautleute gegenseitig das Sakrament der Ehe. Bevor ich theologisch über das Ehesakrament schreibe, möchte ich mich von der Sprache her an das Geheimnis von Ehe, Heirat, Trauung und Hochzeit annähern. Denn die Sprache ist Ausdruck von Erfahrung und Lebensweisheit. Das Wort Ehe heißt im Westgermanischen ursprünglich »Recht, Gesetz«. Offensichtlich ist die Ehe eine wichtige Institution des sozialen Lebens. Sie ist nicht nur etwas Emotionales, sondern hat auch eine ganz bestimmte Struktur, die den Ehepartnern helfen soll, richtig zu leben. Der Vertrag ist öffentlich. Es ist offenbar ein Bedürfnis von Menschen, die sich lieben, dass sie ihre Liebe auch öffentlich zeigen können. Und der Vertrag bindet die Eheleute aneinander.

Das Bedürfnis nach Zugehörigkeit, so sagen die Soziologen, bewegt die Menschen heute stärker als in früheren Zeiten. Offensichtlich gibt das Gefühl von Zugehörigkeit dem Menschen Sicherheit und Halt. Ehe hängt auch mit »echt« zusammen. Es geht darum, »echt« und authentisch zu leben. Die Ehe wird nur gelingen, wenn die Partner echt zueinander sind, wenn sie sich gegenseitig nichts vormachen.

Die Verbindung von »Ehe« und »echt« weist aber auch darauf hin, dass die Ehe dem Wesen des Menschen entspricht, der von Gott als Mann und Frau geschaffen wurde.

Die Heirat

Heirat ist aus zwei Worten zusammengesetzt: Heim und Rat. Ursprünglich heißt es: Hausbesorgung. Rat meint eigentlich: Mittel, die zum Lebensunterhalt notwendig sind, Hausrat.

Durch die Heirat entsteht ein Heim, eine Heimat. Damit die Ehe Heimat bieten kann für die ganze Familie, braucht es den nötigen Hausrat, das, was zum Leben notwendig ist. Das sind nicht nur die äußeren Dinge, sondern auch ganz bestimmte Verhaltensweisen. Es braucht den »Rat« im heutigen Sinn, den guten Vorschlag, die rechte Weisung, wie man gut miteinander zusammen leben kann. Das Heim, das durch die Heirat zweier Menschen zustande kommt, soll auch für andere Menschen zur Heimat werden. Wo Menschen sich lieben, entsteht ein Raum der Liebe, in dem auch andere sich geliebt wissen und sich daher daheim fühlen.

Die Hochzeit

Hochzeit ist die hohe Zeit, das hohe Fest, die höchste Herrlichkeit. Seit jeher haben die Menschen gewusst, dass es eine hohe Zeit ist, wenn zwei Menschen sich so lieben, dass sie es wagen, miteinander einen Weg zu gehen. Es ist ein Fest, das die Menschen verzaubert und in ihren Alltag die Verheißung von Gottes Liebe einfließen lässt. Gott selbst bricht ein in ihr Leben mit seiner Liebe, die sein größtes

Geschenk an die Menschen ist. Wer Hochzeit feiert, der drückt damit aus, dass sein Leben vom Geheimnis göttlicher Liebe erfüllt ist. Und er lädt andere dazu ein, damit sie mit ihm ein Fest feiern. Wenn zwei Menschen es nicht mehr wagen, so ein hohes Fest zu begehen, dann sagt das auch etwas über ihr Miteinander aus. Wie wenig trauen sie sich zu, dass sie es nicht für nötig halten, zu feiern und andere an ihrem Fest teilhaben zu lassen? Wie langweilig muss ihre Liebe sein, dass sie sich nicht mehr in einer Hochzeit ausdrücken kann?

Die Trauung

Trauung kommt von trauen, einander Vertrauen schenken. Wer heiratet, traut sich dem anderen an. Er setzt Vertrauen in den anderen und in den Segen Gottes. Er traut sich selbst etwas zu und er traut dem Partner zu, dass er treu ist. Trauen hängt mit »treu« zusammen. Treu heißt ursprünglich »stark, fest wie ein Baum«. Wer sich traut, sich dem anderen anzuvertrauen, der hat die Hoffnung, dass die Treue, die daraus entsteht, ein fester Halt wird, an dem er sich anklammern kann, der ihm Sicherheit schenkt, auf den er sich verlassen kann. Genau wie ein Baum wächst und so immer fester wird, so muss auch das Vertrauen wachsen. Es ist noch nicht gleich zu Beginn da. Wer Trauung feiert, drückt damit aus, dass sein Vertrauen in den anderen und in den Segen Gottes stark genug ist, sich ein Leben lang an den anderen zu binden und dadurch Festigkeit und Sicherheit zu erlangen. Heute haben Partner oft Angst, sich aneinander zu binden. Die Erfahrung früherer Zeiten, die in die Sprache eingegangen ist, war offensichtlich anders. Da war die Trauung Verheißung von Treue und Trost, von Festigkeit und Halt.

Das Ja-Wort

In Hochzeitsanzeigen liest man oft, dass sich Braut und Bräutigam das Ja-Wort geben. Darin steckt eine tiefe Bedeutung. Wer dem anderen sein Ja-Wart gibt, der bejaht ihn ganz und gar. Das kann er aber nur, wenn er zu sich selbst ja sagt, wenn er sich selbst bedingungslos akzeptiert. Wenn zwei Menschen sich annehmen, so wie sie sind, wenn sie ja sagen zu allem, was im anderen ist, dann entsteht dadurch ein Raum, in dem jeder sich mehr und mehr in das Bild hinein verwandeln kann, das Gott ihm zugedacht hat. Das Ja des anderen ist für mich wie eine Klammer, die das Viele und Konträre in mir zusammenhält. Das verleiht Festigkeit. Und es macht mir möglich, dass ich in die Gestalt hineinwachsen kann, die für mich stimmig ist. Durch das Ja-Wort zweier Menschen kommt aber auch Bewegung in ihre Umgebung hinein. In der Nähe von Menschen, die sich bedingungslos bejahen, fühlen sich auch andere bejaht und akzeptiert. Daher ist Hochzeit ein Fest der Bejahung, ein Fest der Freude darüber, dass wir Menschen von Gott bedingungslos angenommen sind und daher einander annehmen können.

Der Bund der Ehe

In anderen Hochzeitsanzeigen heißt es: N. und N. schließen den Bund der Ehe. Sie binden sich aneinander. Aber ihr gegenseitiges Band soll nicht zu einer Fessel werden. Es soll vielmehr zusammenbinden, was in uns immer wieder zu zerreißen droht. Jeder Mensch spürt in sich auch Zerrissenheit. Die Gefühle möchten ihn zerreißen, die verschiedenen Pflichten und Aufgaben reißen ihn auseinander. Da braucht es ein Band, das das Vielerlei zusammenhält. Die Bibel spricht davon, dass die Liebe ein vollkommenes Band ist, das den Menschen zu einer Einheit bindet. Sich an einen anderen Menschen binden, ist Ausdruck der bedingungslosen Liebe zu ihm und des Vertrauens, dass diese Bindung beiden gut tut, sie lebendig hält und die innere Spaltung in ihnen überwindet.

Hochzeitsbräuche

Nicht nur die Sprache hat das Geheimnis von Ehe, Trauung, Heirat und Hochzeit zum Ausdruck gebracht, sondern auch zahlreiche Hochzeitsbräuche, die in allen Völkern verbreitet sind und oft ein hohes Alter aufweisen. Viele Hochzeitsbräuche kreisen um das Thema Loslösung der Braut aus dem elterlichen Bereich und Einführung in die neue Lebensweise. So gibt es den Brauch, der Braut um Mitternacht die Haube aufzusetzen. Da wird die Braut am Hochzeitstag oft geraubt. Dem frisch vermählten Hochzeitspaar reicht man Brot und Salz, damit sie für ihren gemeinsamen Weg gerüstet sind. In manchen Gegenden müssen Braut und Bräutigam gemeinsam einen Baumstamm durchsägen, als Bild dafür, dass alte Bindungen gelöst werden und ein neuer Lebensabschnitt beginnt. In Israel führt der Bräutigam um Mitternacht seine Braut in einem feierlichen Zug aus ihrem Haus in das väterliche Haus, in dem die Trauung stattfindet. Und tagelang wird dann gefeiert. So wird zum Ausdruck gebracht, dass die Ehe nur gelingen kann, wenn sich die Braut vom Einfluss der Eltern löst und in das neue Haus geführt wird, das sie gemeinsam mit ihrem Bräutigam gestalten soll.

2. Das Sakrament

Ort der Christusbegegnung

Von der Sprache her lässt sich schon einiges über das Wesen von Ehe, Heirat, Trauung und Hochzeit sagen. Die Kirche aber feiert ein Sakrament der Ehe. Sakrament bedeutet vom Wort her: »religiöses Geheimnis, Weihe, Verpflichtung«. »Sacrare« heißt: »weihen, der Gottheit widmen, heilig machen, unverbrüchlich und unverletzlich machen, bekräftigen und besiegeln«. Wenn die Kirche die Ehe als Sakrament versteht, will sie damit ausdrücken, dass das Ja-Wort zweier Menschen zueinander etwas mit Gott zu tun hat. Die Kirche weiht die Ehe, macht sie durch die Weihe heilig und ganz, stellt sie unter den Segen Gottes. Dadurch schenkt sie den Eheleuten die Hoffnung, dass ihr Ehebund unverbrüchlich und unverletzlich bleibt. Das deutsche Wort »weihen« hängt aber auch mit »weich« zusammen. Die Ehe wird durch das Sakrament nicht etwas Starres, sondern sie wird »weich« gemacht, geschmeidig, lebendig. Sie soll unter dem Segen Gottes zu einem Weg werden, der beide Ehepartner weicher macht, offener füreinander, barmherziger, liebevoller.

🔹 Von der Theologie her bedeutet Sakrament, dass das, was Jesus vor 2000 Jahren gewirkt hat, in unserer Welt gegenwärtig wird und in die konkreten Lebensvollzüge des Menschen hineinfließt. Auf die Ehe bezogen heißt es also, dass die Liebe Jesu, mit der er uns bis in den Tod hinein geliebt hat, hineinströmt in die Liebe der Eheleute und sie verwandelt. Sakrament der Ehe bedeutet, dass Christus die Liebe zweier Menschen, die immer auch brüchig und gefährdet ist durch Besitzansprüche, Projektionen und Missverständnisse, heil macht und ganz. Und es heißt, dass die Ehe für die Kirche ein wichtiger Ort der Christusbegegnung ist. In der Liebe zueinander können die Eheleute erahnen, was die Liebe Christi zu ihnen konkret bedeutet. In der ehelichen Liebe wachsen sie immer mehr in das Geheimnis der Liebe Christi hinein, die sich in seiner Hingabe am Kreuz vollendet. Im täglichen Versuch, einander zu lieben, erahnen sie, was Jesu Wort im tiefsten bedeutet:

Es gibt keine größere Liebe, als wenn einer sein Leben für seine Freunde hingibt.
JOHANNES 15,13

Berührung

Die Theologie des Mittelalters hat vor allem unter dem Einfluss germanischen Denkens das Sakrament anders verstanden. Sakrament heißt da, dass das sichtbare Zeichen etwas Unsichtbares vermittelt. In vielen Sakramenten ist das sichtbare Zeichen die Handauflegung oder die Salbung, die mit einem wirkmächtigen Wort verbunden wird. Sakramente arbeiten immer mit der Berührung. Die Kirchenväter sagen, dass uns im Sakrament die Hand des geschichtlichen Jesus berührt und uns seine heilende Liebe vermittelt. In der Ehe ist die zärtliche Berührung der Eheleute, die in der sexuellen Vereinigung gipfelt, die Vermittlung der Liebe Gottes. Das sagt etwas über die Würde der ehelichen Liebe aus. Und in der Sakramententheologie wird auch die Sexualität viel positiver gesehen, als es in der katholischen Moraltheologie geschieht, die immer noch von leibfeindlichen Tendenzen beeinflusst wird. Die körperliche Liebe der Eheleute ist der Ort, an dem sie am intensivsten Gott erfahren dürfen. Dieses sakramentale Verständnis der sexuellen Liebe entspricht der Einsicht heutiger Psychologie. Hans Jellouschek, ein Eheberater, der auf dem Hintergrund Jungscher Psychologie arbeitet, spricht davon, dass in der Sexualität ein Transzendenzpotenzial steckt. Der sexuelle Akt weist immer über sich hinaus auf das Geheimnis der Transzendenz, auf das Geheimnis der unendlichen und unerschöpflichen Liebe Gottes. Und der jüdische Philosoph Walter Schubart sieht einen engen Zusammenhang zwischen dem Geist Gottes, der das Widersprüchliche eint, und der Liebe der Eheleute, in denen etwas von der göttlichen Einheit einbricht in unsere Welt:

> Die göttliche Einheit bedient sich der menschlichen Zweiheit, um durch sie sichtbar zu werden ... Jeder Liebesakt ... ist ein Anlauf zur Vollkommenheit, ein Vorspiel der Wiederverschmelzung von Gott und Welt .... Wenn sich zwei Liebende finden, so schließt sich an einer Stelle des Kosmos die Wunde der Vereinzelung.
> SCHUBART 83f

Liebe

Wenn das Sichtbare das Unsichtbare vermittelt, bedeutet das aber auch, dass das Sichtbare nicht alles ist. Es ist nur Hinweis auf das Unsichtbare, auf das Göttliche. Dieses Verständnis von Sakrament ist durchaus eine Entlastung für die Eheleute, die sich oft selbst mit ihren Idealbildern überfordern. Denn viele Ehen scheitern daran, dass sie vom Partner etwas Absolutes, etwas Göttliches erwarten. Sie erwarten von ihm absolute Liebe, absolutes Verständnis und absolute Treue, und überfordern ihn damit. Denn etwas Absolutes kann nur Gott schenken. Wenn ich etwas Absolutes von einem Menschen erwarte, bin ich ständig enttäuscht. Denn ich werde spüren, dass die Liebe des anderen immer auch begrenzt ist, begrenzt durch seine Launen, durch seine Projektionen, durch seine eigene verletzte Lebensgeschichte. Es ist mir nie genug, was der andere mir gibt. Wenn ich aber seine Liebe als Verweis auf die Liebe Gottes verstehe, dann kann ich sie genießen. Ich kann mich jetzt daran freuen. Ich weiß, dass diese Liebe auch brüchig ist, dass der andere im nächsten Augenblick vielleicht eher von seiner Verletzung bestimmt wird als vom Gefühl der Liebe für mich. Ich weiß, dass ich diese Liebe nicht festhalten, dass ich sie nicht immer mehr aus ihm herauspressen kann. Aber ich darf sie genießen. In ihr erahne ich etwas von der absoluten Liebe Gottes, die nie versiegt, die unerschöpflich ist. Wenn die eheliche Liebe offen ist für Gottes Liebe, dann wird sie nicht gefährdet durch gegenseitige Vorwürfe, dass der andere zu wenig liebt. Die Eheleute können sich an der Liebe des anderen freuen. Sie klammern sich aber nicht an dieser Liebe fest, sondern wissen, dass die gegenseitige Liebe sie einander auf Gott verweist. Gott ist der eigentliche Grund, auf den sie bauen können, nicht das Gefühl der eigenen Liebe.

Wenn die Liebe der Eheleute auf Gottes Liebe verweist, dann wird sie nie langweilig. Viele Eheleute leiden daran, dass ihre Liebe so alltäglich wird, dass das starke Gefühl von Liebe sich immer mehr verflüchtigt. Man kennt den anderen. Die Liebe ist nichts Reizvolles mehr. Sie verzaubert nicht mehr. Wenn aber die Liebe immer auf das Geheimnis der göttlichen Liebe verweist, kommt sie nie an ein Ende. Den Körper des anderen kenne ich irgendwann. Aber wenn er mich verweist auf das Geheimnis der Liebe Gottes, wenn ich im Blick des anderen den göttlichen Liebesblick erahne, dann bleibt die Liebe lebendig. Dann hat sie teil an der göttlichen Unendlichkeit und Ewigkeit. Dann erfahre ich die Liebe des anderen immer als ein unverdientes Geschenk. Und ich erlebe auch die eigene Liebe als Geheimnis. In ihr berühre ich das unendliche Geheimnis Gottes.

3. Biblische Aussagen

Als Mann und Frau geschaffen

Die Kirche hat ihre Ehetheologie von biblischen Aussagen abgeleitet. Da ist die wichtige Stelle Matthäus 19,3–12, in der es zwar in erster Linie um die Ehescheidung geht. Doch gibt Jesus im Gespräch mit den Pharisäern zu erkennen, worin er das Wesen der Ehe sieht. Er verweist seine Gesprächspartner auf die Schrift:

> *Habt ihr nicht gelesen, dass der Schöpfer die Menschen am Anfang als Mann und Frau geschaffen hat und dass er gesagt hat: Darum wird der Mann Vater und Mutter verlassen und sich an seine Frau binden, und die zwei werden ein Fleisch sein? Sie sind also nicht mehr zwei, sondern eins. Was aber Gott verbunden hat, das darf der Mensch nicht trennen.*
> MATTHÄUS 19,4-6

Drei wichtige Aussagen zum Wesen der Ehe werden hier gemacht. Zunächst geht es um die Voraussetzung und den Grund der Ehe: Gott hat die Menschen als Mann und Frau geschaffen. Die Ehe entspricht also dem Willen des Schöpfers. Mann und Frau sind aufeinander hin geschaffen und sie sind in ihrer Verwiesenheit aufeinander gemeinsam Bild Gottes. Gott, der in seinem Wesen Liebe ist, der in sich Beziehung ist, wird am klarsten in dieser Welt widergespiegelt durch die Beziehung von Mann und Frau. Die zweite Aussage bezieht sich auf das Gelingen der Ehe.

Die Eltern verlassen

Damit die Ehe gelingt, muss der Mann Vater und Mutter verlassen. Viele Ehen scheitern, weil der Mann immer noch Sohn seiner Mutter ist, weil er sie innerlich wie äußerlich noch nicht verlassen hat. Auf diese Weise kann er sich gar nicht ungeteilt seiner Frau zuwenden. Er fragt immer noch die Mutter, was sie dazu denkt. Oder aber er vergleicht seine Frau ständig mit seiner Mutter. Dadurch bekommt seine Frau gar keine Chance sie selbst zu sein. Sie wird als Konkurrentin der Mutter betrachtet. Sie wird dann zur Ersatzmutter, aber nicht zur Partnerin. Umgekehrt gilt es natürlich auch für die Frau. Wenn die Frau den Vater nicht verlassen hat, ist sie nicht offen für ihren Mann als Partner. Oder wenn sie zu sehr mit der Mutter in Symbiose lebt, heiratet der Mann nicht nur seine Frau, sondern auch deren Mutter mit. Heirat setzt ein Verlassen voraus, eine Loslösung aus der Abhängigkeit von den Eltern und aus den elterlichen Lebensmustern. Dies gilt unbedingt für beide Seiten, selbst wenn die Neuverheirateten in einem der elterlichen Häuser beziehen.

Die Trauung

Ein Fleisch sein

Die dritte Aussage gibt das Ziel der Ehe an: Mann und Frau werden ein Fleisch sein. In ihnen wird die Dualität aufgehoben. Die Sehnsucht nach Einheit wird in der Ehe erfüllt. Der Mensch leidet an seiner Zerrissenheit. Zahlreiche Mythen kreisen um das Thema der Aufspaltung des einen Menschen in Mann und Frau. Sie hat in der Geschichte zum ständigen Geschlechterkampf geführt. Männer haben aus Angst vor der Frau die Frau bekämpft und sie erniedrigt. Und die Frauen haben ihre Strategien entwickelt, um sich Männer gefügig zu machen. Aber dieser Kampf führt nur zu Verletzungen und gegenseitigen Ängsten. Das Ziel der Polarität zwischen Mann und Frau ist die gegenseitige Befruchtung und die Erfahrung des Einsseins. Die höchste Form des Einsseins ist die sexuelle Vereinigung. Dort wird die Sehnsucht des Menschen nach Einssein erfüllt. Die Liebe zwischen Mann und Frau »ist Aufbruch aus der Einsamkeit, Heimkehr in die göttliche Ganzheit« (Schubart 84). Walter Schubart hat als jüdischer Philosoph diese Aussage der Bibel enthusiastisch entfaltet:

> *Wie in der Muschel die ferne Riesenmacht des Meeres, so rauscht aus dem Atem der Geliebten die ganze Natur. Du sollst aus deiner Einsamkeit erlöst werden, sagt dieses Rauschen. Du sollst hinausgehen und deinem Du begegnen, der Gehilfin zu Gott. Zuletzt treibt die Geschlechterliebe den Menschen der Gottheit in die Arme und löscht den Trennungsstrich aus zwischen Ich und Du, Ich und Welt, Welt und Gottheit.*
>
> SCHUBART 86

Von der Aussage Jesu her, dass Mann und Frau ein Fleisch werden und dass sie so Zeugen der Einheit zwischen Gott und Mensch sind, leitet die katholische Theologie ihr Verständnis der Ehe als Sakrament ab. Die Ehe verweist die Menschen auf Gott, den Einen, in dem die Menschen erst ihre wahre Einheit erfahren können:

> *Der Liebende umschlingt in der Geliebten mehr als den Leib; er umschlingt in ihr das Eine, von dem alles umschlungen ist. So wird sie ihm zur Bürgschaft eines liebenden Weltgrundes; so wird sie ihm zur Gehilfin und Zeugin Gottes.*
> SCHUBART 85

Die Unauflöslichkeit der Ehe

Weil Mann und Frau in der sexuellen Vereinigung zu einem Fleisch werden, ist die Ehe unauflöslich:

> *Was aber Gott verbunden hat, das darf der Mensch nicht trennen.*
> MATTHÄUS 19,6

Diese Feststellung Jesu macht heute vielen Ehewilligen Angst. Die Unauflöslichkeit der Ehe erscheint ihnen etwas Absolutes zu sein. Wer sich auf die Ehe einlässt, verspricht zwar dem Partner, für immer bei ihm zu bleiben. Aber zugleich weiß er, dass er für diese ewige Treue nicht garantieren kann. Er befürchtet, dass sich die Partner voneinander weg entwickeln könnten oder dass bisher unbekannte psychische Probleme zutage treten, die ein Zusammenbleiben unmöglich machen. Für Jesus entspricht die Unauflöslichkeit der Ehe dem ursprünglichen Willen Gottes und damit auch dem Wesen der ehelichen Beziehung zwischen Mann und Frau. Aber zugleich weiß Jesus, dass der Mensch dieses Ideal nicht immer zu erfüllen vermag. Deshalb rechnet er auch mit Ausnahmen, wie er sie in der sogenannten Unzuchtsklausel in Matthäus 19,9 benennt. Sich an den anderen zu binden, darf nicht unter dem Vorbehalt stehen, wieder auseinander zu gehen, sobald es Schwierigkeiten gibt. Aber zugleich soll der Ehewillige wissen, dass er für seine eigene Treue nicht garantieren muss. Er kann sich an den anderen nur binden im Vertrauen, dass Gott diese Ehe segnen werde und dass Gott die beiden Partner dazu befähigen werde, einander treu zu bleiben. Die Ehe entspringt eben nicht nur dem menschlichen Willen, sondern verweist als Sakrament auf die Gnade Gottes, aus der allein ein Miteinander auf Dauer möglich wird.

Die Hochzeit zu Kana

Johannes entfaltet die Ehetheologie Jesu in seiner Erzählung von der Hochzeit in Kana (Johannes 2,1–12). Es ist eine symbolische Geschichte. In ihr will Johannes zum Ausdruck bringen, dass eine enge Verbindung zwischen der Menschwerdung Gottes in Jesus und der Hochzeit zwischen Mann und Frau besteht. Wenn Gott Mensch wird, dann feiert er Hochzeit mit den Menschen, dann wird er genauso eins mit ihnen wie Mann und Frau in der Ehe. Durch die Menschwerdung verbindet sich Gott in ehelicher Liebe mit uns. Das verwandelt unser Leben. Unser Leben ist dann nicht mehr geprägt durch die sechs steinernen Wasserkrüge, die auf die Reinigungsriten der Juden hinweisen. Es geht nicht mehr um die peinlich genaue

Erfüllung des Gesetzes. Wer nur auf die Gebote achtet, der kann leicht erstarren. Sein Leben versteinert sich. Und es wird schal. Es hat keinen Geschmack mehr. Durch die Menschwerdung Gottes wird unser Wasser in Wein verwandelt. Unser Leben bekommt einen neuen Geschmack. Wir dürfen das Fest der Hochzeit mit Gott feiern. Eucharistie wurde in der frühen Kirche daher als Hochzeitsmahl verstanden, als Mahl der Einswerdung mit Gott.

Vermutlich antwortet Johannes mit seiner Erzählung von der Hochzeit zu Kana auch auf die Sehnsucht der Griechen nach Ekstase und Verwandlung. Die Griechen haben diese Sehnsucht nach Rausch im Dionysoskult ausgedrückt. Dionysos steht für die Erfahrung rauschhafter Liebe, die den Menschen verzaubert. Er ist auch der Gott des Weines. Am Vorabend seines Festes haben die Priester drei Krüge Wasser in den Tempel gestellt. Am nächsten Morgen war das Wasser dann in Wein verwandelt. Viele Eheleute haben Angst, dass ihre Liebe verrinnt, dass sie durch den Alltag immer mehr entleert wird, dass sie schal wird wie Wasser. Die verzaubernde Kraft des Anfangs verliert sich. Der Wein geht aus. Alles wird nur noch Routine. Auf diese Angst antwortet Johannes: Weil Gott Mensch geworden ist, geht der Wein deiner Liebe niemals aus. Du musst nicht aus eigener Kraft immer Gefühle der Liebe hervorrufen. In dir ist die Quelle der göttlichen Liebe. Und die wird nie versiegen. Du musst nicht rauschhafte Feste feiern, wie die Griechen das im Dionysoskult taten. Wenn du mit der göttlichen Liebe in dir in Berührung kommst, dann bekommt dein Leben einen neuen Geschmack. Dann wirst du verzaubert. Dann erfährst du wieder Hochzeit, hohe Zeit. Dann feierst du ohne Unterlass das Fest deiner Liebe.

Die Ehe – Sakrament des Alltags

Ein anderer Text war für die Entfaltung der kirchlichen Ehetheologie wichtig: Epheser 5,21–33. Hier wird die Ehe verglichen mit der Beziehung zwischen Christus und der Kirche. Mann und Frau sollen einander so lieben, wie Christus die Kirche liebt:

> *Darum sind die Männer verpflichtet, ihre Frauen so zu lieben wie ihren eigenen Leib. Wer seine Frau liebt, liebt sich selbst. Keiner hat je seinen eignen Leib gehasst, sondern er nährt und pflegt ihn, wie auch Christus die Kirche.*
> EPHESER 5,28f

Der Epheserbrief deutet das Wort, das Jesus in seiner Aussage über die Ehe zitiert, auf die Beziehung zwischen Christus und die Kirche:

> *Darum wird der Mann Vater und Mutter verlassen und sich an seine Frau binden, und die zwei werden ein Fleisch sein. Dies ist ein tiefes Geheimnis; ich beziehe es auf Christus und die Kirche.*
> EPHESER 5,31f

Die Ehe ist also nicht nur Zeichen für die Einheit zwischen Gott und Mensch, sondern zwischen Christus und der Kirche. Im Lateinischen steht hier für »Geheimnis« das Wort »sacramentum«. Daher hat die katholische Kirche diese Stelle immer herangezogen, um ihre Sicht der Ehe als Sakrament zu erklären. Aber es geht nicht um das Wort allein. Entscheidend ist hier, dass die eheliche Liebe zwischen

Mann und Frau die Liebe Christi zu seiner Kirche abbildet. Indem Mann und Frau sich lieben, erfahren sie, wie Christus sie liebt.

Das Geheimnis im Du

Von Christus sagt Paulus, dass er sich für seine Kirche hingegeben hat, um sie zu heiligen. Von daher folgert er, dass auch der Mann seine Frau wie ihren eigenen Leib lieben soll. Das sakramentale Verständnis der Ehe führt auch zu einem ganz bestimmten Verhalten zwischen Mann und Frau. So wie jeder seinen Leib nährt und pflegt, so soll der Mann die Frau nähren und pflegen. Es ist hier nicht von Besitzanspruch des Mannes auf die Frau die Rede, nicht von Ehepflichten, die die Partner erfüllen müssten, sondern von einem achtsamen und ehrfürchtigen Umgang mit dem anderen. Der Mann soll seine Frau nicht unterdrücken und beherrschen, sondern sie aufrichten, dass sie ihre göttliche Würde erkennt, dass sie aufrechter durch das Leben geht, dass sie ganz sie selbst wird. Und er soll sie hegen und pflegen, dass es ihr gut geht, dass sie sich in ihrer Haut wohlfühlt. Das braucht aber viel Achtsamkeit und Gespür für den anderen. Von der Frau wird gesagt, dass sie den Mann ehren soll. Im Griechischen steht hier sogar das Wort »fürchten«. Es geht um Ehrfurcht, um die Ahnung, dass der andere ein Geheimnis ist. Gerade weil sich Mann und Frau in der Ehe immer besser kennenlernen, braucht es die Ehrfurcht und Achtung voreinander. Nur so wird die Liebe nicht langweilig. Sie nährt sich immer wieder neu vom Gespür für das Geheimnis des anderen, dass im anderen etwas vom unendlichen Geheimnis Gottes durchscheint. Paulus meint nun, die Frau solle den Mann ehren. So könne sie in ihm etwas erahnen vom Geheimnis Jesu Christi, der sich für seine Kirche hingegeben hat.

Wenn wir den Vergleich der Liebe zwischen Christus und der Kirche mit der Ehe im Epheserbrief von zeitbedingten Elementen reinigen, dann wird in diesem Text doch etwas Wesentliches vom Geheimnis ehelicher Liebe sichtbar:

In ihrer Liebe begegnen sich die Partner nicht nur gegenseitig, sondern sie berühren darin das Geheimnis der Liebe Christi. Die Ehe ist eine Einweisung und Einübung in das Geheimnis der Liebe Jesu Christi, wie sie in seiner Hingabe am Kreuz sichtbar geworden ist. Durch die alltägliche Liebe können die Eheleute also genauso wie in einem Gottesdienst Christus erfahren und seine Liebe spüren. Ehe ist daher ein Sakrament des Alltags, ein Sakrament, das nicht nur in der feierlichen Trauung am Altar, sondern in der alltäglichen Treue und Liebe zueinander vollzogen wird.

II. Die Feier der Trauung

Selbst für viele Christen, die der Kirche fernstehen, ist es ein Bedürfnis, sich kirchlich trauen zu lassen. Manche mutmaßen, dass sie die Kirche nur wie ein Serviceunternehmen benutzen, das dazu da ist, der Trauung eine gewisse Feierlichkeit zu verleihen. Doch ich bin da nicht allzu pessimistisch. Bei den meisten ist es wohl ein gesundes Gespür dafür, dass der Weg zu zweit nicht so selbstverständlich ist, dass es gut ist, den gemeinsamen Weg unter den Segen Gottes zu stellen. Und viele wissen zumindest, dass es keiner weltlichen Institution so gut gelingt, eine Feier so eindrucksvoll zu gestalten, wie der Kirche. Auch wenn man sich sonst über die veralteten Rituale der Kirche lustig macht, bei der eigenen Hochzeit nimmt man sie gerne für sich in Anspruch. Ein Fest zu feiern, sagt etwas aus über das Miteinander. Wenn man nicht mehr den Mut hat, seinen gemeinsamen Weg zu feiern, dann traut man sich auch nichts zu, dann wird der Weg leicht langweilig und alltäglich. In allen Kulturen gibt es die Übergangsrituale. Und gerade der Übergang zur Ehe ist in allen Religionen mit besonderen Riten ausgestattet. Übergangsriten sollen uns die Angst vor dem Neuen nehmen und in uns zugleich die Energie wachrufen, die wir brauchen, um den neuen Lebensabschnitt zu bewältigen.

1. Der Trauungsritus

Befragung der Brautleute

Der kirchliche Ritus der Trauung ist einfach. Er hat nur wenige Elemente, die entweder durch einen Wortgottesdienst oder durch eine Eucharistie erweitert gefeiert werden. Der eigentliche Ritus beginnt mit der Befragung der Brautleute. Man kann ihnen die vorgegebenen Fragen stellen, ob sie aus freiem Wissen und Willen hergekommen sind, um mit ihrer Braut oder ihrem Bräutigam die Ehe zu schließen. Doch dann klingt es eher nach einer rechtlichen Befragung, die schon beim sogenannten Eheprotokoll stattgefunden hat, beim Trauungsgespräch mit dem Pfarrer. Bei den Vorbereitungsgesprächen schlage ich daher dem Brautpaar vor, dass sie sich vorher überlegen sollten, was sie vor allen Anwesenden über ihren gemeinsamen Weg sagen möchten, was ihnen an ihrer Ehe wichtig ist und warum sie sich kirchlich trauen lassen. Allein schon über diese Formulierungen müssen sich die Partner austauschen. Das ist oft ein heilsamer Prozess. Dabei werden sie entdecken, was sie im Tiefsten trägt und was sie mit ihrer Hochzeit zum Ausdruck bringen möchten. Und sie geben dann vor allen Mitfeiernden Zeugnis dafür, was ihnen ihr gemeinsamer Weg aus dem Glauben heraus bedeutet.

Da sagt zum Beispiel der Bräutigam, dass er sich freut, seine Braut kennengelernt zu haben. Er hat durch sie ganz neue Seiten bei sich entdeckt. Er hat an seiner Braut gespürt, was das Geheimnis der Liebe ist. So möchte er mit ihr gerne sein Leben teilen und er hofft, dass ihr gemeinsamer Weg sie in immer größere Liebe und Lebendigkeit hineinführen möge. Und die Braut spricht davon, dass sie bewusst die kirchliche Trauung gewählt habe, weil sie weiß, dass der gemeinsame Weg den Segen Gottes braucht. Unter dem Segen Gottes kann sie sich ohne Angst auf diesen Weg einlassen. Und sie hat bewusst diese Kirche gewählt. In ihr hat sie wichtige Erfahrungen gemacht. Sie ist für sie zu einer Quelle geworden, aus der sie Kraft schöpft. Und sie möchte ihren Bräutigam an dieser Kraftquelle teilnehmen lassen. Ihr sei der runde Chorbogen wichtig und sie möchte bewusst unter diesem Bogen ihren gemeinsamen Weg bekräftigen, damit Gottes Friedensbogen immer über ihnen sei und ihnen immer wieder Wege zeige, die Konflikte zu überwinden und den Weg des Friedens und der Liebe miteinander zu gehen. Es muss keine theologische Ansprache sein. Es können persönliche Worte zum anderen sein, Worte der Erinnerung an diese Kirche oder an die Erfahrungen mit dem Glauben, oder Worte der Hoffnung und des Vertrauens auf Gottes Segen. Wenn sie möchten, stellt das Brautpaar auch die beiden Trauzeugen vor und sagt, warum es gerade die beiden gewählt hat und was es von ihnen erhofft. Die Trauzeugen sollen nicht nur Zeugnis ablegen, dass die Ehe rechtmäßig geschlossen wurde. Sie haben auch die Aufgabe, das Brautpaar zu begleiten und ihm in Krisensituationen treu zur Seite zu stehen.

Segnung der Ringe

Nach der Befragung segnet der Priester oder der Diakon die Eheringe. Der kreisförmige Ring ist ein altes Symbol. Da der Ring rund ist, bedeutet er die Ganzheit des Menschen. Er will abrunden, was im Menschen unvollkommen ist. Der Kreis ist Symbol der Einheit und der Vollkommenheit. Da er ohne Ende ist, ist er auch ein Bild für die Ewigkeit. So liegt in den Eheringen die Hoffnung, dass die beiden Partner zu einer Einheit finden, die vollkommen macht, und dass ihre Liebe bis in die Ewigkeit hineinreiche.

Der Ring ist auch ein Schutzzeichen gegen böse Mächte. Er soll die Eheleute vor den Gefährdungen der Liebe schützen. Die Ringe sind ein Symbol der Verbindung, der Treue, der Zugehörigkeit zu einer Gemeinschaft. Die Ringe werden gesegnet. Da heute viele nicht mehr wissen, welch tiefe Symbolik in den Ringen steckt, ist es angemessen, dass der Priester vor oder beim Segen etwas über ihre Bedeutung sagt. Gottes Liebe und Treue sollen in die Ringe einfließen. So sollen sie dem Brautpaar zum Zeichen werden, dass sie für immer zusammengehören, dass die Liebe alles Unvollkommene in ihnen abrundet und ganz macht, dass sie einander treu sein wollen, dass sie sich aneinander binden und dass ihre Liebe geschützt sei gegenüber allen sie bedrohenden Tendenzen. Mit dem Ring dokumentieren sie auch nach außen, dass sie zusammengehören. Es ist eine Auszeichnung, die sie gemeinsam tragen, die Auszeichnung der Liebe, die sie damit bezeugen.

Anstecken der Ringe

Nach dem Segen über die Ringe stecken sich die Brautleute diese Ringe an. Zuerst nimmt der Bräutigam den Ring der Braut in die Hand und spricht das Vermählungswort: »N., vor Gottes Angesicht nehme ich dich an als meine Frau. Ich verspreche dir die Treue in guten und bösen Tagen, in Gesundheit und Krankheit, bis der Tod uns scheidet. Ich will dich lieben, achten und ehren alle Tage meines Lebens.« Dann steckt er der Braut den Ring an mit den Worten:

»Trag diesen Ring als Zeichen unsrer Liebe und Treue: Im Namen des Vaters und des Sohnes und des Heiligen Geistes.« Dann nimmt die Braut den Ring des Bräutigams und steckt ihm nach dem Vermählungswort in der gleichen Weise den Ring an. Es ist passend, dass der Ring mit der trinitarischen Formel angesteckt wird. Denn der dreifaltige Gott ist ja in sich Liebe. Und so wie der dreifaltige Gott einen Kreislauf der Liebe versinnbildet, so soll der Ring ein Zeichen sein, dass zwischen Braut und Bräutigam und Gott die Liebe hin- und herfließen möge, ohne Ende und ohne dass man göttliche und menschliche Liebe voneinander unterscheiden kann.

»Ich lege mich in deine Hand«

Der Priester lädt nun Braut und Bräutigam ein, sich die rechte Hand zu geben: »Reicht nun einander die rechte Hand. Gott, der Herr, hat euch als Mann und Frau verbunden. Er ist treu. Er wird zu euch stehen und das Gute, das er begonnen hat, vollenden.« Dann legt er seine Stola um die ineinandergelegten Hände und spricht: »Im Namen Gottes und seiner Kirche bestätige ich den Ehebund, den ihr geschlossen habt. Euch aber, die zugegen sind, nehme ich zu Zeugen dieses heiligen Bundes. Was Gott verbunden hat, das darf der Mensch nicht trennen.« Die Stola ist seit dem 4. Jahrhundert ein Amtszeichen, das Diakon, Priester und Bischof in je anderer Weise tragen. Wenn der Priester die Stola um die Hände der Brautleute legt, dann bestätigt er im Namen der Kirche das, was Braut und Bräutigam tun. Sie geben sich die Hand. Das ist einmal ein Rechtsakt, den sie miteinander schließen. Zum anderen bedeutet das Händereichen auch Offenheit, Hingabe und Verzeihen. Es drückt aus, dass sich einer in die Hand des anderen begibt, um sich bei ihm zu bergen, dass einer die Hand schützend über den anderen hält, dass sie gemeinsam ihren Weg gehen, dass sie eins werden miteinander, dass die Liebe leibhaft zum anderen hinströmt. Die Stola, die der Priester über diese Geste der Brautleute legt, wurde in der Tradition nicht nur als Zeichen der Amtsvollmacht verstanden, sondern auch als Gewand der Unsterblichkeit. Indem der Priester die Stola um die Hände der Brautleute legt, drückt er seine Hoffnung aus, dass die Liebe, die jetzt von einem zum anderen strömt, unsterblich ist und über den Tod hinaus bis ins ewige Leben fließt. Der Priester hüllt die Liebe der Brautleute ein in die unendliche und unzerstörbare Liebe Gottes. Und er legt seine eigene Hand auf sie. Sie ist Zeichen dafür, dass Gott seine gute Hand schützend und segnend über das Brautpaar hält, dass sie gemeinsam in Gottes Hand geborgen sind und dass das, was sie gemeinsam in die Hand nehmen, von Gottes Hand berührt und gesegnet ist.

Der Trauungssegen

Dann spricht der Priester den Trauungssegen. Sinnvoll ist es, den Brautleuten dabei die Hände aufzulegen. Durch diesen Gestus wird erfahrbar, dass Gottes Liebe einströmt in die Liebe der Brautleute. Die Worte berühren nicht nur Kopf und Herz. In ihnen fließt vielmehr Gottes heilende und verwandelnde Kraft in den ganzen Leib. Gottes liebende Zuwendung durchdringt im Segen alle Bereiche des Leibes und der Seele. Der Zelebrant kann den vorgegebenen Segen sprechen, beziehungsweise singen oder mit persönlichen Worten das Brautpaar segnen und im Gebet all das ausdrücken, was er ihm für den künftigen Weg wünscht. Er kann im Gebet aufgreifen, was er in der Predigt zum Ausdruck gebracht hat oder was ihm im Gespräch mit den Brautleuten als tragender Baustein für das gemeinsame Haus der Ehe aufgegangen ist.

Die Brautkerze

Nach dem Brautsegen ist es ein schöner Brauch, auch die Brautkerze zu segnen. Beim Trauungsgespräch habe ich dem Paar vorgeschlagen, sich eine Brautkerze zu besorgen. Manche verzieren selbst gemeinsam eine Brautkerze, andere bitten künstlerisch begabte Freunde, ihnen eine Brautkerze mit passenden Symbolen zu gestalten. Andere kaufen sich eine Brautkerze oder bestellen sie in einer Kerzenwerkstatt. Sie geben an, welche Symbole ihnen wichtig sind. Nach dem Brautsegen bringt dann ein Trauzeuge oder die Freundin, die die Kerze geformt hat, die Kerze zum Altar. Ich lade dann die Gestalterin ein, etwas zur Brautkerze zu sagen, was sie mit den Symbolen ausdrücken wollte. Wenn sie es nicht möchte, dann versuche ich die Bilder auf der Kerze zu erklären. Und ich erinnere an das Ritual, das mir ein Ehepaar erzählt hat. Immer, wenn es einen Konflikt zwischen den beiden gibt und ein Gespräch noch nicht möglich ist, dann zündet einer von ihnen die Hochzeitskerze an. Das ist dann für den anderen ein Zeichen der Versöhnung. Auch wenn man den Konflikt noch nicht ansprechen kann, weil man noch zu verletzt oder aufgewühlt ist, so möchte man doch zeigen, dass man auf die gemeinsame Liebe vertraut und dass sie wieder Licht in die Dunkelheit bringen möge. Dann zünde ich die Brautkerze an der Osterkerze an. Sie hat teil an der Kraft des Osterlichtes, das alle Dunkelheit und alle Kälte des

Todes überwunden hat. Über die brennende Kerze spreche ich den Segen. Der Segen könnte etwa so lauten: »Barmherziger und guter Gott, segne diese Brautkerze. Mache sie zum Zeichen, dass das Feuer Deiner Liebe immer in den Brautleuten brennt. Ihre Liebe möge ein Licht sein, das diese Welt heller werden lässt. Die Liebe möge in die Kälte dieser Welt Wärme bringen. Das Licht dieser Kerze erleuchte ihr Haus, damit es den Gästen zur Heimat werde, in dem sie sich daheim fühlen können, ganz und gar angenommen, umleuchtet vom milden Licht der Liebe. Sei dem Brautpaar in dieser Kerze immer nahe und zeige ihnen, dass Deine Liebe in ihnen alles verbrennt, was ihre Liebe gefährdet, dass sie ihnen Wärme bringt, wenn ihre Liebe zu erkalten droht, und sie erhellt, wenn die Dunkelheit der Angst sie umschleicht. Sei bei ihnen und lass ihre Liebe hell erstrahlen und den Menschen Hoffnung schenken, die in ihr Haus kommen, um sich an ihrer Liebe zu wärmen. Mache ihr Haus durch diese Kerze zu einer Heimat für Menschen, die sich einsam fühlen. Lass ihre Liebe Licht sein für .die Menschen, das sie erleuchtet und ihre kalten Herzen wärme.«

Die Fürbitten

Nach dem Brautsegen ist es angemessen, etwas Stille zu lassen, damit alle dem Geheimnis der hochzeitlichen Liebe nachspüren können. Oder aber befreundete Musiker drücken an dieser Stelle ihre Wünsche in einem Lied oder einem Instrumentalstück aus. Da können dann alle Zuhörer schweigend mit einstimmen und all ihr Wohlwollen und ihre Bitten in die Melodie einfließen lassen. Dann sieht der Ritus die Fürbitten vor. Die Fürbitten sind der Ort, an dem die Freunde und

Verwandten sich aktiv an der Feier beteiligen können. Das kann auf verschiedene Weise geschehen. Manchmal bittet das Brautpaar schon vor der Hochzeit einige Freunde, für sie eine Fürbitte zu formulieren und sie dann bei der Feier vorzutragen. Wenn sie möchten, können sie auch ein Symbol mitbringen, das die Fürbitte für alle bildhaft darstellt. Ich habe da schon viel Kreativität bei den Freunden erlebt. Die Freunde kommen mit ihren Symbolen an den Altar, erklären, was sie sich dabei gedacht haben, und verbinden dann ihr Symbol mit einem Wunsch. Die Gemeinde kann dann in einem Refrain, etwa einem Kyrieruf, in den Wunsch der Freunde einstimmen.

Eine andere Möglichkeit ist, dass ich die Teilnehmer einlade, ein Teelicht an der Brautkerze zu entzünden und dabei ihre Fürbitte zu sprechen: »Ich zünde diese Kerze an und wünsche damit dem Brautpaar ...« Oder: »Ich zünde diese Kerze an für alle, die an ihrem gemeinsamen Weg leiden ...«

Eine Kerze anzuzünden, ist ein schönes Symbol des Betens. Solange die Kerze brennt, so lange geht das Gebet zum Himmel. Wenn die Bittenden dann ihre Kerzen auf den Altar stellen, so brennen sie den ganzen Gottesdienst hindurch und bringen so anschaulich zum Ausdruck, dass die Gemeinde das Brautpaar mit ihrem Gebet umgibt, damit es in ihnen immer heller und wärmer werde.

Die Trauung

2. Wortgottesdienst und Eucharistiefeier

Damit ist der eigentliche Trauungsritus zu Ende. Er kann eingebettet sein in eine Eucharistiefeier oder in einen Wortgottesdienst. Es hängt von der Kirchlichkeit des Brautpaares und der geladenen Gäste ab, was angemessener ist. Die Eucharistiefeier bietet natürlich in ihrem Mahlcharakter viele Zeichen an, die den Trauritus ergänzen und vertiefen können. So möchte ich zunächst die Trauung in der Eucharistiefeier beschreiben und dann im Wortgottesdienst. Der Gottesdienst beginnt mit dem feierlichen Einzug des Priesters, der Ministranten und des Brautpaares. Nach der Begrüßung kommt der Bußakt. Ein gemeinsamer Weg ist nur möglich, wenn er von der Vergebung lebt. Dann werden Lesung und Evangelium vorgetragen.

Die Lesung

Im Traugespräch ist es sinnvoll, das Brautpaar zu fragen, welche Lesungen sie gerne haben möchten. Manche haben schon feste Vorstellungen. Sie haben Texte ausgesucht, die ihnen auf ihrem Weg bisher wichtig geworden sind oder die auf ganz bestimmte gemeinsame Erfahrungen eine Antwort geben. Beliebte Lesungen sind: Genesis 1,26–28.31 (Gott schuf den Menschen als Mann und Frau), Genesis 2,18–24 (innere Verbindung zwischen Mann und Frau), Tobit 8,4–8 (Wesen gemeinsamer Liebe), Ruth 1,15–17 (gemeinsam den Weg gehen) oder Stellen aus dem Hohenlied: Hohelied 2,10–12; Hohelied 4,9–15; Hohelied 8,6f. Aus dem Alten Testament wären noch Texte möglich wie Jesus Sirach 26,14.13–16 (Bedingungen für eine glückliche Ehe), Jeremia 31,31–34 (der neue Bund). Aus dem Neuen

Testament kann man lesen: Römer 8,31–35.37–39 (Gottes grenzenlose Liebe zu uns), Römer 12,1–2.9–18 (die ungeheuchelte Liebe), 1 Korinther 6,13–15.17–20 (die Würde des Leibes). Der wohl bekannteste Text ist das paulinische Hohe Lied der Liebe in 1 Korinther 13. Andere bevorzugen die Beschreibung der Liebe in Kolosser 3,12–17 oder 1 Johannes 3,18–24.

Für ein Brautpaar, das auf dem Weg zur Ehe einige Konflikte durchgemacht hatte, wurde die Geschichte von der Arche Noahs zum Hoffnungszeichen, dass Gott immer wieder die Friedenstaube mit einem frischen Olivenzweig im Mund zu ihnen sendet. Der Olivenzweig wurde dann für sie zum Symbol, das sie an alle Gäste austeilten.

Das Evangelium

Als Evangelien werden von der Liturgie vorgeschlagen: Matthäus 5,1–12 (die Seligpreisungen), Matthäus 19,3–6 oder Johannes 2,1–12, Johannes 15,9–17 oder Johannes 17,6.20–26.

Brautpaare, die nüchterner sind, bevorzugen das Bild vom Haus auf dem Felsen (Matthäus 7,24–27). Sie möchten ihr gemeinsames Haus auf den Felsen bauen. Sie möchten nicht irgendwelchen Illusionen nachlaufen, die wie eine Sandbank zerfallen, sondern einen festen Grund für ihr Haus suchen. Andere wählen als Evangelium eine Heilungsgeschichte, etwa Lukas 13,10–17 als Bild dafür, dass einer den anderen aufrichten möchte, damit er aufrechter und stimmiger durchs Leben gehen könne.

Ein anderes Bild für das Miteinander könnte die Heilung des Aussätzigen sein Markus 1,40–45. Einer möchte den anderen bedingungslos annehmen, auch mit all dem, was er bei sich selbst nicht akzeptieren kann. Die gemeinsame Liebe heilt den Aussatz des anderen. Im Licht der Liebe darf sich jeder rein fühlen, ganz und gar angenommen und bejaht.

Auch die Heilung des Taubstummen (Markus 7, 31–37) beschreibt in schönen Bildern, was durch die Ehe geschehen könnte, dass einer den anderen befähigt, richtig zu hören, auch die Zwischentöne zu hören, die Sehnsucht des anderen aus all seinen Äußerungen herauszuspüren, den Wunsch nach Beziehung, der selbst noch in Streitworten herausklingt. Und einer soll dem anderen ermöglichen, richtig zu reden, so zu reden, dass Beziehung entsteht, dass die eigene Wahrheit vermittelt wird und dass die Liebe zum Ausdruck kommt.

Die Auswahl der Lesung und des Evangeliums ist eine gute Gelegenheit, sich genauer darüber klar zu werden, wie man seinen gemeinsamen Weg versteht und welche Worte der Hl. Schrift für einen Weisung sein können. Daher soll der Priester nie allein die Texte aussuchen, sondern dem Brautpaar die Aufgabe geben, selbst in der Schrift zu suchen. Natürlich soll er ihnen dabei behilflich sein, vor allem, wenn sie mit der Schrift nicht vertraut sind.

Die Ansprache

Nach dem Evangelium legt der Priester die Texte aus. Eine persönliche Ansprache ist nur möglich, wenn er zuvor mit dem Brautpaar gesprochen hat, wenn er ihre Lebensgrundsätze und ihre Erwartungen an die Ehe kennt. Es geht in der Predigt nicht darum, allgemeine Grundsätze für die Ehe zu verkünden, sondern das Brautpaar persönlich anzusprechen, aber zugleich so, dass auch die Gäste sich einbezogen fühlen. Das Ritual der Trauung braucht beides: die festen vorgegebenen Rituale und das persönliche Element des Wortes, das in die konkrete Situation des Brautpaares hineinspricht.

Bei der Predigt spüren die Leute, ob nur eine vorgefertigte Ansprache vorgelesen wird oder ob sich der Prediger den Menschen zuwendet mit ihrer einmaligen Lebensgeschichte und ihren eigenen Sehnsüchten.

Die Gabenbereitung

Nach der Predigt folgt der Trauungsritus, wie er oben schon beschrieben wurde. Danach geht die Eucharistiefeier weiter mit der Gabenbereitung. Wenn das Brautpaar sich aktiver an der Eucharistie beteiligen möchte, lade ich sie ein, die Gaben von Brot und Wein an den Altar zu bringen. Wo es gewünscht wird, hat die Braut selbst ein Brot gebacken, das sie zum Altar bringt. Und der Bräutigam bringt den Wein und gießt ihn in die Kelche ein. Es ist ein schönes Zeichen, dass das Brautpaar die eigene Liebe mitbringt, die im Brot und Wein zum Ausdruck kommen. Was sie anbieten, das wird dann von Gottes Geist verwandelt in den Leib und das Blut Jesu Christi und allen Teilnehmern gereicht. Darum ging es ja auch im Trauungsritus, dass die Liebe der Brautleute von der göttlichen Liebe durchdrungen und verwandelt wird. Aus dem Quell der göttlichen Liebe dürfen dann alle zum Fest Geladenen trinken, damit auch ihre menschliche Liebe wieder zu strömen beginnt.

Das gemeinsame Mahl

Dann nimmt die Eucharistiefeier ihren Gang mit dem eucharistischen Hochgebet, mit Präfation und Wandlung der Gaben in Leib und Blut Christi. Nach dem Hochgebet beten alle gemeinsam das Vaterunser. Wo es angebracht ist, lade ich alle ein, sich an der Hand zu nehmen und einen großen Kreis oder eine große Kette zu bilden, damit im Gebet Gottes Geist der Liebe durch uns alle hindurchströme und uns miteinander verbinde.

Nach dem Friedensgebet gebe ich dem Brautpaar den Friedensgruß und lade sie ein, ihn weiter zu geben an alle ihre Verwandten und Freunde. Dann folgt der Höhepunkt der Eucharistie: das gemeinsame Mahl. Zuerst reiche ich dem Brautpaar die Kommunion unter beiden Gestalten und kommuniziere gemeinsam mit ihnen. Dann werden alle eingeladen, zur Kommunion zu kommen, die Liebe Gottes in den Gestalten von Brot und Wein zu essen und zu trinken. Wo das Brautpaar dazu bereit ist, reicht es den Gästen den Kelch mit dem Blut Christi. Sie haben Brot und Wein mitgebracht als Zeichen ihrer eigenen Liebe. Jetzt ist diese Liebe verwandelt. Sie reicht für alle. Alle können daraus trinken. Alle werden von Gottes Liebe erfüllt. So entsteht eine Gemeinschaft, die tiefer ist als alle äußerliche Feierlichkeit sie herstellen kann. Die Eucharistie schließt mit dem Schlussgebet und dem Segen. Dann ziehen Priester und Brautpaar mit den Gästen feierlich aus der Kirche aus. Vor der Kirche haben alle die Gelegenheit, das Brautpaar zu beglückwünschen.

Wenn der Trauungsritus in einem Wortgottesdienst stattfindet, dann ist der erste Teil ähnlich wie in der Eucharistiefeier. Aber anstelle der Gabenbereitung schließt die Feier mit dem gemeinsamen

Vaterunser, dem Friedensgruß, dem Schlussgebet und Segen. Damit auch dieser Teil des Gottesdienstes nicht ohne sinnenfällige Zeichen bleibt, ist es angebracht, den Friedensgruß etwas feierlicher zu gestalten. Das Brautpaar kann zu jedem Einzelnen gehen und ihm den Frieden wünschen. Oder es kann jedem ein Symbol mitgeben, etwa einen Olivenzweig oder ein anderes kleines Zeichen. Es wäre gut, wenn das Brautpaar oder der Priester dieses Symbol erklärt. Dann hat jeder Teilnehmer ein Erinnerungszeichen an die Feier der Trauung.

Entscheidend ist, dass das Brautpaar bereit ist, sich für die kirchliche Trauung Zeit zu lassen. Wenn der Gottesdienst möglichst kurz sein soll, damit die Gastwirtschaft keine Probleme macht, dann kann keine wirkliche Feier entstehen. Manchmal hat das Brautpaar auch sehr eigenwillige Wünsche, die mit kirchlicher Feier nichts mehr zu tun haben. Es ist sicher nicht immer einfach für den Priester oder Diakon, das Brautpaar ernstzunehmen und seine Wünsche nicht lächerlich zu machen, aber zugleich auch seine eigenen Gefühle zu berücksichtigen, damit die Feier nicht beliebig wird. Wenn der Zelebrant sich nur benutzt fühlt, tut es weder ihm gut noch letztlich der Gemeinde. Beweglichkeit und Klarheit in geeigneter Weise zusammen zu bringen, ist oft eine Gratwanderung. Wenn das Brautpaar als Musik irgendwelche Schlager haben möchte, die auch gar nichts mehr mit dem Gottesdienst zu tun haben, dann wird es schwierig, es ihm in angemessener Weise auszureden. Aber damit das Trauungsgespräch nicht in unguter Konfrontation endet, ist es immer gut, erst einmal danach zu fragen, was dieses Lied oder dieses Ritual für das Brautpaar bedeutet. Dann kann man gemeinsam sehen, ob dieses Lied nicht an anderer Stelle im Laufe des Hochzeitsfestes einen angemesseneren Ort haben könnte. Der Zelebrant darf auf keinen Fall auftreten als der, der allein die Feier bestimmt. Es ist eine gemeinsame Feier, die allen gerecht werden muss, ohne den Charakter des Gottesdienstes zu verraten. Das kann nur im gemeinsamen Gespräch gefunden werden. Dabei soll der Priester oder Diakon sich selbst auch ernstnehmen, aber zugleich genau hinhören, was die eigentlichen Sehnsüchte des Brautpaares sind.

III. Die Kunst, als Paar zu leben

Manche Ehepaare haben an ihre Trauung nur sehr oberflächliche Erinnerungen. So wäre es unrealistisch, zu meinen, sie würden aus dem Sakrament der Ehe ihren Alltag leben. Andere haben die Trauung auf Video aufgenommen und sehen sich die Feier, die Texte und Gesänge manchmal wieder an. Dann wirkt der Ritus auch in ihren Alltag hinein. Es geht mir in diesem dritten Teil nicht darum, systematisch zu beschreiben, was für eine gelingende Ehe alles zu beachten ist, wie die angemessenen Kommunikationsformen gelernt werden können und wie die Paare mit Konflikten umgehen sollen. Da haben Eheberater wesentlich mehr Erfahrung als ich. Und psychologische und spirituelle Anleitungen für die Ehe gibt es bereits genügend. Ich möchte nur einige Bibeltexte, die bei Trauungen vorgetragen werden, auf den gemeinsamen Weg in der Ehe hin auslegen. So hoffe ich, dass Eheleute daraus für sich ein paar Anregungen bekommen.

1. Das Haus der Ehe auf soliden Grund bauen (Matthäus 7,24–27)

Jesus schließt die Bergpredigt mit den Worten:

> *Wer diese meine Worte hört und danach handelt, ist wie ein kluger Mann, der sein Haus auf Fels baute.*
>
> MATTHÄUS 7,24

Die Trauung

Die Worte Jesu sind also ein solides Fundament, auf dem das Haus der Ehe gebaut werden kann. Doch der Verweis auf die Worte Jesu bleibt für viele allzu abstrakt. Ich möchte nur ein Wort Jesu aus der Bergpredigt herausgreifen, das eine wichtige Grundlage für den gemeinsamen Weg sein könnte:

 Richtet nicht, damit ihr nicht gerichtet werdet! Denn wie ihr richtet, so werdet ihr gerichtet werden, und nach dem Maß, mit dem ihr messt und zuteilt, wird euch zugeteilt werden.
MATTHÄUS 7,1

Eine beständige Gefahr für die gegenseitige Liebe ist das ständige Werten. Wenn der andere nicht gut gelaunt ist, werte ich es gleich als mangelnde Liebe. Ich werfe es ihm vor, dass er mir die Laune verdirbt: »Ich habe mich doch so auf den Abend gefreut. Und jetzt machst du so ein Gesicht!« Mit solchen Wertungen richte ich den anderen. Ich stelle für ihn eine Norm auf, nach der er sich richten muss. Ich lasse ihn nicht so sein, wie er ist. Ich erlaube ihm nicht, dass es ihm auch mal schlecht geht. Solche Wertungen führen dazu, dass der andere sich abgewertet fühlt, dass er den Eindruck hat, er könne es dem anderen nie recht machen. Solche Wertungen und Vorwürfe rufen entweder Rechtfertigungen oder aber Gegenvorwürfe hervor. Entweder stehe ich ständig unter dem Rechtfertigungsdruck, mich erklären zu müssen, warum es mir gerade so geht. Oder aber ich versuche mich zu wehren, indem ich den anderen angreife und sein Verhalten bewerte. Als richtiger Ehemann müsste er doch spüren, welche Bedürfnisse ich habe. Als richtige Ehefrau müsste sie doch dafür sorgen, dass ich mich wohlfühle. Solche Wertungen und

Vorwürfe engen uns ein und ziehen uns nach unten. Denn sie geben uns das Gefühl, nicht richtig zu sein, als Ehepartner unfähig zu sein, es nicht zu verdienen, Ehefrau oder Ehemann dieses so grandiosen Partners zu sein.

Unsere Schwächen als Fundament

Der Fels, auf den wir das Ehehaus bauen können, ist die nüchterne Einschätzung der Realität. Wir sollen den anderen nicht durch die Brille unserer Bewertungen sehen, ebensowenig wie durch die Brille unserer Projektionen. Oft sehen wir den anderen nicht, wie er ist, sondern wie wir ihn sehen möchten. Und wir sehen uns selbst unrealistisch. Wir merken gar nicht, wie wir den eigenen Idealen nicht gerecht werden. Das Fundament sind nicht nur unsere Stärken, sondern genauso auch unsere Schwächen. Aber sie müssen bewusst angeschaut werden. Dann geben die Schwächen dem Fels erst die nötige Festigkeit, damit er das gemeinsame Haus tragen kann. Zur nüchternen Einschätzung unserer Realität gehört ein gesundes Gespür für unser Maß. Wir sollen uns nicht überfordern durch maßlose Ansprüche an unseren gemeinsamen Weg. Fromme Menschen sind in Gefahr, ihre Ansprüche durch religiöse Ideale zu hoch zu schrauben. Sie merken gar nicht, wie sie dem Ideal nicht entsprechen können. Zu hohe Ideale sind ein brüchiges Fundament. Das Haus bekommt keine Bodenhaftung. Es hängt in der Luft und wird bei jedem kleinen Sturm umgeworfen.

Heute sind wir weniger in Gefahr, an zu hohen religiösen Idealen zu scheitern. Der Stuttgarter Eheberater Hans Jellouschek spricht davon, dass es heute neoromantische Vorstellungen sind, die Ehepaaren den Blick für ihre Realität versperren. Wer sich von diesen neoromantischen Vorstellungen leiten lässt, baut sein Haus auf Illusionen auf. Er darf sich nicht wundern, wenn es Belastungen nicht standhält. Eine solche Illusion ist, dass die Ehe einen immer glücklich mache. Jellouschek spricht ironisch davon, dass manche die Ehe als »gegenseitige Beglückungsveranstaltung« missverstehen. Sie sei aber keine Glücksveranstaltung, sondern ein Übungsweg, auf den man sich ein Leben lang begibt. Wenn man bereit ist, das Miteinander immer wieder neu einzuüben, dann könne man auf diesem Weg durchaus Glück erfahren. Aber das Glück lässt sich nicht festhalten. Es sind immer wieder glückliche Augenblicke, die einen weitergehen lassen (Jellouschek 176).

Eine andere Illusion ist, dass wir in der Ehe immer die Nähe des anderen spüren sollten. Der gemeinsame Weg gelingt nur, wenn das Verhältnis von Nähe und Distanz stimmt. Das Problem ist, dass die Bedürfnisse nach Nähe und Distanz bei den Partnern oft sehr verschieden und phasenverschoben sind. Wenn der eine Nähe wünscht, braucht der andere gerade Distanz. Diese Spannung gemeinsam anzuschauen und einen gangbaren Weg aus ihr zu finden, ist eine Kunst, die erst gelernt werden muss. Eine andere neoromantische Vorstellung besteht darin, dass man Liebe immer fühlen, dass sie immer ein intensives sinnliches Erlebnis sein müsse. Doch die Gefühle wechseln. Es gibt Phasen, in denen sich die Liebe einzig in der Treue zum anderen oder in der Verlässlichkeit ausdrücken kann.

Liebe macht verletzlich

Johannes Chrysostomus hat das Bild vom Haus auf dem Felsen noch anders interpretiert. Für ihn ist es ein Beweis seiner These, die er der stoischen Philosophie entnommen hat:

> *Keiner kann dich verletzen außer du selbst.*

Wenn du dein Haus auf den Felsen gebaut hast, dann können die Stürme und Wasserfluten kommen. Sie vermögen dem Haus nicht zu schaden. Chrysostomus sagt:

> *Nicht die Menschen verletzen dich, sondern nur die »dogmata«, die Vorstellungen, die du dir vom Menschen gemacht hast.*

Viele Ehen scheitern, weil sie in permanente gegenseitige Verletzungen münden. Zerstrittene Ehepaare, die in die Eheberatung kommen, haben sich oft wundgerieben. Sie fühlen sich nur noch verletzt. Liebe macht verletzlich. Wer einander liebt, der kann der Verletzung gar nicht aus dem Weg gehen. Aber es kommt darauf an, wie die Verletzung aussieht. Wer dem anderen in echter Liebe nahe kommt, der erkennt immer dann, wenn er sich verletzt fühlt, seine eigenen Schattenseiten, seine empfindlichen Stellen. Das bringt ihn weiter auf seinem Weg der Selbsterkenntnis. Es kann aber auch die gegenseitige Liebe vertiefen. Wer seine Verletzung zugibt und sie mit dem anderen bespricht, ohne ihm Vorwürfe zu machen, der lernt sich und den anderen immer besser kennen. Und so kommen sie einander wieder näher. Die Wunde öffnet einen für den anderen.

Aber es gibt Verletzungen, die den anderen bewusst treffen wollen. Sie geschehen immer dann, wenn ich die eigenen unbewussten Verletzungen an den anderen weitergebe. Dann sehe ich mich selbst nicht richtig. Ich lebe in der Illusion, dass ich im Recht bin. Und wenn sich der Partner immer wieder von mir verletzen lässt, muss er sich auch fragen, ob er nicht ein falsches Bild von mir hat. Vielleicht hat er mir ein archetypisches Bild übergestülpt, etwa das Bild des Heilers, des Befreiers, des Erlösers. Wenn er unbewusst von mir Heilung erwartet, werde ich ihn immer wieder verletzen, auch wenn ich es gar nicht möchte. Er wird sich ständig verletzt fühlen, weil ich seine unbewussten Erwartungen nach Heilung und Erlösung nicht erfüllen kann. Nicht ich verletze ihn dann, sondern er verletzt sich durch seine falschen Vorstellungen (dogmata) selbst. Die Frau sieht ihren Mann nicht so, wie er ist, sondern sie sieht in ihm den Vater, der sie nicht ernst genommen hat. So interpretiert sie jede seiner Äußerungen als Nichternstnehmen. Wenn er einen Spaß macht, fühlt sie sich nicht ernst genommen. Oder der Mann sieht nicht seine Frau, sondern in ihr seine Mutter. In seinen Muttererwartungen muss ihn die Frau enttäuschen. Nicht die Frau verletzt ihn, sondern das Bild, das er sich von ihr gemacht hat. Es ist eine wichtige Aufgabe in der Ehe, den anderen so zu sehen, wie er wirklich ist, und ihn immer mehr von den Bildern zu befreien, die wir unbewusst auf ihn geworfen haben, und die uns den Blick für sein eigentliches Sein verstellen.

Eheleute bauen ihr Haus nur dann auf festen Grund, wenn sie bereit sind, die eigene und fremde Realität immer wieder von neuem anzuschauen und sie so anzunehmen, wie sie ist. Zu dieser Realität gehört, dass der Weg durch Stürme und Wasserfluten hindurchgeht. Wir werden auf dem gemeinsamen Weg unseren stürmischen Leidenschaften begegnen, unseren Launen, unseren Emotionen, die uns aufwühlen, heftigen Auseinandersetzungen und Konflikten. Und wir werden erleben, wie unbewusstes Material hochsteigt und uns zu überschwemmen droht. Dann ist es wichtig, die unbewussten Bedürfnisse und Erwartungen hochkommen zu lassen und sie gemeinsam anzuschauen. Dann werden sie das Haus nicht hinwegschwemmen. Die Ehe wird zu einem Haus auf dem Felsen, zu einem Haus in der Brandung, in dem dann auch Menschen Zuflucht suchen, die in den Wassermassen unterzugehen drohn. Sie wird zu einem Haus, in dem auch andere sich zu Hause fühlen und Heimat erfahren.

2. Friedenszeichen nach der Sintflut (Genesis 8,1–12)

Für mich beschreibt die Erzählung von der Sintflut und der Arche Noah einen guten Weg, wie Eheleute mit ihren Konflikten umgehen können. In jeder Ehe taucht viel Unbewusstes auf. Wenn die Partner nicht ins Wort bringen, was sie bewegt und wo sie sich vom anderen verletzt fühlen, wenn sie sich den Auseinandersetzungen und Konflikten nicht stellen, sondern immer nur schlucken, in der Hoffnung, dass alles nicht so schlimm ist, dann wird das Unbewusste in ihnen immer mehr ansteigen. Es braucht dann nur einen kleinen Auslöser und schon überflutet das Unbewusste die ganze Landschaft ihres gemeinsamen Lebens. Die Dämme, die sie gegen die Wasserflut errichtet haben, brechen. Und sie finden in der Überschwemmung keinen Halt mehr. Sie stecken in einem emotionalen Sumpf. Je mehr sie um sich schlagen, desto tiefer geraten sie in den Sumpf. Gegenseitige Vorwürfe helfen nicht weiter. Im Gegenteil, sie rufen nur neue Wasserfluten hervor. Und die Überschwemmung wird immer bedrohlicher.

Der innere Schutzraum

Die Geschichte von der Arche Noah zeigt uns einen Weg aus dieser Sintflut. Zunächst braucht es eine Arche, in die man sich vor den Wasserfluten zurückziehen kann. Die Arche kann der innere Schutzraum sein, den jeder braucht, um nicht vom Unbewussten des anderen mitgerissen zu werden. Jeder braucht einen Raum der Stille, in dem er ganz bei sich sein kann. Es ist der Raum, in dem Gott selbst in ihm wohnt. Dort kann er vom anderen nicht verletzt werden. Dort kann das unbewusste Material, das der andere mit sich herumschleppt, ihn nicht treffen. Wenn alles um einen herum überschwemmt ist vom Unbewussten, das aus den Tiefen der Seele emporgestiegen ist, dann braucht es den Rückzug in den inneren Raum der Stille. Dort kann ich in Berührung kommen mit mir selbst. Und dort werde ich Gott finden, der in mir wohnt. Und in Gott werde ich dann langsam fähig, auf das zu sehen, was um mich herum vor sich geht, und es zu beurteilen, ohne davon überschwemmt zu werden. Die Arche kann aber auch der Schutzraum sein, in den beide sich vor den Auseinandersetzungen der Umwelt zurückziehen. Beide brauchen immer wieder Zeit füreinander, damit sie nicht in der Flut des Alltags untergehen.

Klare Strukturen

Die Arche ist aber auch Bild für die Struktur, die eine Ehe in Krisensituationen braucht. Noah hat seine Frau, seine drei Söhne und deren Frauen und alle Arten der Tiere, jeweils Männchen und Weibchen, mit in die Arche genommen. Die Arche weist also mitten im Chaos der Sintflut eine klare Ordnung auf. Wenn die Beziehung in eine Krise gerät, wenn man keinen sicheren Stand mehr hat, dann ist es wichtig, dass die äußere Struktur Halt gibt. Das Ehepaar muss dann in der Arche warten, bis das Wasser abfließt. Sie leben in der selbst gewählten klaren Struktur weiter, bis sie fähig werden, die Arche zu öffnen und auf das Wasser zu schauen. Zunächst setzt die Arche auf dem Berg Ararat auf. Sie bekommt wieder festen Halt. Dann werden die ersten Berggipfel sichtbar. Das, was die Ehe getragen hat, kommt wieder in den Blick. Es ist nicht alles überschwemmt von den Fluten des Unbewussten. Aber dann muss Noah noch vierzig Tage warten, bis das Wasser weiter abnimmt. Daraufhin lässt er einen Raben ausfliegen. Der Rabe ist ein Symbol der Intelligenz. Zuerst muss der Verstand wiederkommen und erkunden, wo festes Land ist. Der Verstand muss klären, was eigentlich abgelaufen ist. Er darf nicht bewerten, was geschehen ist, sondern muss es erst einmal verstehen. Wenn ich verstehe, was da in mir aufgestiegen ist und was der Auslöser für die innere Sintflut war, dann ist schon viel gewonnen. Wenn sich die beiden Partner nur weiterhin Vorwürfe machen, werden immer mehr Emotionen aus den gegenseitigen Wunden aufsteigen und ihnen eine Lösung unmöglich machen. Es braucht den Verstand, der durchblickt, der analysiert, was geschehen ist, ohne es zu bewerten.

Die Taube der Liebe

Nach dem Raben lässt Noah eine Taube ausfliegen. Die Taube ist ein Symbol der Liebe. In Griechenland ist die Taube der Liebesgöttin Aphrodite heilig. In Vorderasien steht sie in Zusammenhang mit der Fruchtbarkeitsgöttin Ischtar. Nach dem Verstand müssen beide Ehepartner wieder mit ihrer Liebe in Berührung kommen. In der Sintflut hochgestiegener Emotionen war nichts mehr von der Liebe zu spüren. Doch wenn das Wasser abgeflossen ist, kann man wieder testen, wieviel Liebe trotzdem noch in einem steckt und was diese Liebe vermag. Die erste Taube kehrt in die Arche zurück, weil sie keinen Halt auf der Erde findet. Ein Ehepartner sendet seine Liebe aus. Aber wenn sie beim anderen noch nicht landen kann, dann muss er sie wieder zu sich in die Arche nehmen, damit sie sich ausruhen und erstarken kann. Noah wartet noch einmal sieben Tage, bis er die zweite Taube fliegen lässt. Sieben ist die Zahl der Verwandlung. Verwandlung geschieht, wenn sich Göttliches mit Menschlichem verbindet. Im Konflikt sind wir darauf angewiesen, dass Gott verwandelt, was in uns an Ungelöstem und Unfertigem herumliegt, dass Gott das Wasser des Unbewussten zu einer fruchtbringenden Quelle wandelt.

Der Olivenzweig der Versöhnung

Gegend Abend kommt die Taube zurück:

> *In ihrem Schnabel hatte sie einen frischen Olivenzweig.*
> GENESIS 8,11

Der Olivenzweig ist Symbol der geistigen Stärke und des Lichtes. Denn Öl brennt in den Öllampen, um die Menschen zu erleuchten. Öl reinigt und ist daher auch ein Bild für die Läuterung. Weil der Olivenbaum widerstandsfähig ist, ist der Olivenzweig auch Symbol der Fruchtbarkeit und Lebenskraft. Und da Öl eine lindernde Wirkung hat, steht der Olivenzweig für Frieden und Versöhnung. Die Symbolik des Ölzweiges zeigt, wie die Krise letztlich verwandelt wird. Wenn ich meine Liebe wieder zum anderen fließen lasse, dann bringt sie Licht in das Dunkel der aufgewühlten Emotionen. Wenn ich dem Zorn oder der Eifersucht in mir zu lange Raum gewähre, wird alles in mir dunkel und ich blicke nicht mehr durch. Die Liebe des anderen macht meine innere Finsternis hell. Und die Liebe läutert und reinigt. In einem Konflikt treten in mir negative Emotionen auf. Da spüre ich Hassgefühle dem anderen gegenüber. Ich möchte ihn immer mehr verletzen. Aber indem ich den anderen treffe, verletze ich mich selbst.

Indem die Liebe des anderen wie eine Taube zu mir fliegt, wäscht sie meine verschmutzte Seele wieder rein. Aber die Liebe stellt nicht einfach nur den früheren Zustand wieder her. Da in der Krise der innere Schmutz hochgekommen ist, läutert die Liebe mich auch in meiner Tiefe. Bei jedem Konflikt tritt etwas in mir zu Tage, was noch unrein ist. Indem ich die Liebe da hinein halte, werde ich mehr und mehr geläutert. Die vielen Konflikte, die in einer Ehe immer wieder auftreten, sind nicht Zeichen für mangelnde Liebe. Die Ehepartner brauchen sich deshalb keine Vorwürfe zu machen. Es ist gut, wenn Konflikte auftreten. Denn in jedem Konflikt wird anderes ungereinigtes Material hochkommen, das dann durch die Liebe geläutert wird. So wird die Seele durch die Konflikte nicht beladen, sondern immer reiner, immer klarer im Laufe von Jahren und Jahrzehnten. Jeder lernt sich selbst besser kennen und wird demütiger. Es ist keine Euphorie der Liebe mehr, sondern durch die Krisen entsteht eine innere Klarheit und Gelassenheit, eine Demut, aus der die Liebe immer reiner strömen kann, wie aus einer klaren Quelle.

Die Widerstandskraft der Liebe

Der Olivenzweig ist Bild für die Widerstandskraft der Liebe. Die Liebe lässt sich auch durch heftige Konflikte nicht überwinden. Echte Liebe ist stark wie der Tod. So sagt es schon das Hohelied:

> *Stark wie der Tod ist die Liebe … Auch mächtige Wasser können die Liebe nicht löschen; auch Ströme schwemmen sie nicht weg.*
> HOHELIED 8,6

So wie der Baum durch die Stürme dazu gezwungen wird, seine Wurzeln zu festigen, so wird auch die Liebe durch die Konflikte nicht geschwächt, sondern gestärkt. Ein Ehepaar, das durch viele Konflikte gegangen ist, vertraut darauf, dass die Liebe immer tragfähiger wird. Es hat keine Angst mehr, dass ihre Liebe zerrinnen könnte. Es weiß genau, dass es keine Garantie hat, vor weiteren Krisen verschont zu werden. Aber die Widerstandskraft ihrer Liebe hat sich als so stark erwiesen, dass es voll Vertrauen in die Zukunft schauen kann. Ich erlebe heute viele Ehepaare, die Konflikte lieber unter den Teppich kehren, weil sie befürchten, ihre Liebe könne dadurch Schaden leiden. Sie verwechseln Liebe mit dem Gefühl des Verliebtseins. Sie haben den Eindruck, es sei eine Katastrophe, wenn sie sich miteinander streiten, wenn da auf einmal Hass- und Rachegefühle auftauchen oder wenn andere den Streit mitbekommen. All das darf sein. Es kommt nur darauf an, dass ich durch die Sintflut dieser Emotionen sicher hindurch komme. Dann wandelt sich die Beziehung immer mehr. Sie wird zu einer Arche, die die Eheleute sicher durch die Fluten und Stürme des Lebens führt.

Öl in deine Wunden

Öl hat eine lindernde Wirkung. Durch jeden Konflikt werden Wunden gerissen. Die Worte, die mir der andere an den Kopf wirft, verletzen mich. Und manchmal kommen auch nach dem Streit die verletzenden Worte in mir hoch und vertiefen meine Wunde. Es hat keinen Zweck, immer in den alten Wunden zu wühlen. Es gibt keine Beziehung ohne Verwundungen. Aber entscheidend ist, dass ich meine Liebe und die Liebe des Partners in meine Wunden strömen lasse. Dann kann die Wunde daran heilen. Wenn ich in meiner Wunde bohre, wird sie immer wieder von neuem eitern. Und der Eiter meiner verletzten Gefühle wird die Beziehung trüben. Selbst verletzt werde ich mein Gegenüber verletzen. Die Liebe lindert die Wunde. So kann sie heilen. Die Narbe wird bleiben. Aber dort, wo die Narbe ist, bin ich sehr feinfühlig. Die zarte Haut, die die Wunde bedeckt, lässt mich zärtlich mit mir und mit dem Partner umgehen. Wenn ich die Liebe in meine Wunde strömen lasse, dann wird die Wunde zu einer Perle verwandelt. Das hat schon die hl. Hildegard gewusst. Sie weiß, dass wir den Wunden nicht entgehen können. Aber sie sieht das Geheimnis gelingenden Lebens darin, dass unsere Wunden zu Perlen verwandelt werden. Die Liebe ist die Kraft, die unsere

Wunden zu etwas Kostbarem verwandelt. Die Wunde erinnert mich immer wieder neu, dass meine tiefste Sehnsucht darauf zielt, lieben zu können und geliebt zu werden.

Und die Wunde zeigt mir, dass ich auf Gottes heilende Liebe angewiesen bin. Ohne die göttliche Liebe wird mich die menschliche Liebe immer wieder verwunden. Denn die menschliche Liebe ist brüchig. Sie ist vermischt mit Besitzansprüchen, Habenwollen, Eifersucht, Erwartungen. Nur wenn unsere Liebe von Gottes Liebe durchdrungen ist, hat sie die heilende und verwandelnde Kraft.

Die zweite Taube bringt den Olivenzweig als Zeichen der Versöhnung und des Friedens. Die dritte Taube, die Noah nach weiteren sieben Tagen aussendet, kehrt nicht mehr zurück. Sie findet genügend Nahrung auf der Erde und Halt, auf dem sie sich niederlassen kann. Die Liebe, die wir in der Krise zum anderen aussenden, heilt zunächst seine Wunden. Dann aber fliegt sie wieder frei umher. Sie findet wieder genügend Nahrung auf der Erde unseres Alltags. Unser Leben geht seinen gewohnten Gang. Aber es ist durchdrungen von der Liebe, die hin-und herfliegt. Die Liebe ist wie eine Taube geworden, die sich in die Lüfte schwingt, die sich aber auch dort niederlässt, wo wir arbeiten und leben. Die Liebe beschwingt unseren Alltag und verleiht uns Flügel, damit wir uns immer wieder erheben über das Schwere, das uns niederziehen möchte.

Die Geschichte von der Sintflut beschreibt in Bildern, wie Krisen und Konflikte durchgestanden und verwandelt werden. Sie zeigt uns, dass wir nicht euphorisch in die Ehe gehen sollen, sondern realistisch. Aber sie schenkt uns zugleich Hoffnung, dass uns die Konflikte nicht auseinanderreißen werden, dass all das, was jeder aus seiner Lebensgeschichte mit sich schleppt, uns nicht überschwemmen wird.

Konflikte dürfen sein, unbewältigtes Material aus den Verletzungen der eigenen Geschichte darf sein. Wir gehen nicht in die Ehe als Menschen, die schon alles aufgearbeitet haben oder die durch reife Kommunikationsformen jeden Konflikt schon im Entstehen entschärfen. Wir gehen in die Ehe wie die Menschen damals, die geprägt waren von ihrer Umwelt, die infiziert waren vom Bösen in ihrer Umgebung. Aber wir gehen in der Hoffnung in die Ehe, dass Gott uns bei der Trauung eine Arche baut, die uns sicher durch die Fluten unseres gemeinsamen Lebens geleitet.

3. Die Quelle der Liebe und Freude entdecken (Philipper 4,4-9 und Johannes 15,9-17)

Ein Brautpaar hatte sich die beiden Texte aus dem Philipperbrief und dem Johannesevangelium als Lesungen für ihre Hochzeitsfeier gewählt. Ich möchte die beiden Texte als Wegbegleiter für die Ehe auslegen. In beiden Lesungen geht es um die Begriffe Freude und Liebe. Paulus fordert die Philipper auf, sich zu freuen. Die Freude braucht also auch eine Entscheidung. Es gibt genügend Menschen, die ihren Frust zelebrieren. Bei denen darf man gar nicht gut gelaunt sein. Das ist für sie alles nur Schein. Aber diese Menschen lassen sich von ihrer Traurigkeit und Frustration herunterziehen. Die leben nicht selbst, sondern werden gelebt. Die Eheleute müssen sich immer wieder für die Freude und für die Liebe entscheiden. Es sind nicht Gefühle, die man einfach erzeugen kann. Aber wenn man sich für diese beiden in der Tiefe der Seele bereit liegenden Emotionen entscheidet, werden sie stärker und allmählich das Bewusstsein bestimmen.

Die Nähe des Partners

Paulus gibt als Grund der Freude an, dass der Herr nahe ist. Die Nähe Christi kann Grund zur Freude sein, aber auch die Nähe des Partners. Wenn wir wissen, dass er uns innerlich nahe ist, selbst wenn wir räumlich einmal weit weg von ihm sind, so dürfen wir uns über diese Nähe freuen. Wir sind nicht allein. Die Liebe überwindet die Grenzen und schenkt uns überall die Gegenwart des Partners.

Ein anderer Grund der Freude ist die Sorglosigkeit:

> *Macht euch um nichts Sorgen.*
> PHILIPPER 4,6

Das griechische Wort meint ein ängstliches Sich-Sorgen. Die Sorge raubt uns die Freude und lässt die Liebe zerrinnen. Solange ich darüber grüble, ob der andere wohl an mich denkt, ob er mir treu ist, ob er mich noch liebt, wachsen in mir Gefühle wie Angst und Traurigkeit, Unruhe und Misstrauen. Die Liebe traut dem anderen und erfüllt mich mit Dankbarkeit und Freude.

Unsere Wahrheit

In Vers acht gibt Paulus noch einen anderen Grund für die Freude an. Er gebraucht hier Worte, die sonst in seinen Briefen nie vorkommen. Es sind Worte der stoischen Philosophie, die damals in Griechenland vorherrschend war:

Was immer wahrhaft, edel, recht, was lauter, liebenswert, ansprechend ist, was Tugend heißt und lobenswert ist, darauf seid bedacht!

PHILIPPER 4, 8

Paulus hat diese Worte offensichtlich an Leute in Philippi gerichtet, die meinten, sie könnten alle Probleme durch Beten und Frömmigkeit lösen. Auch eine Ehe kann man nicht nur auf Frömmigkeit aufbauen. Da braucht es die menschlichen Werte, die Paulus hier aufzählt. Und es bedarf klarer Kommunikationsregeln, damit das Miteinander gelingt. Voraussetzung für unsere Freude aneinander ist, dass wir wahrhaftig sind, dass wir unsere eigene Wahrheit dem anderen hinhalten und zumuten. Wir brauchen dem anderen nichts vorzumachen. Alles in uns darf sein. Alles in uns soll der andere sehen. Alles, was wir dem anderen vorenthalten, fehlt uns und unserer Beziehung an Lebendigkeit. Das gilt gerade auch von unsern Schwächen. Nur wenn wir auch unsere Fehler und Schwächen dem anderen hinhalten, kann eine Beziehung wachsen, die ohne Angst ist und der Freude Raum gibt.

Unsere Würde

Edel meint die menschliche Würde. In unserem Miteinander, in allen Auseinandersetzungen und Konflikten geht es darum, dass wir um unsere eigene Würde wissen und die göttliche Würde des anderen achten. Wenn einer seine eigene Würde, seinen Selbstwert nicht sieht, muss er ständig den anderen entwerten, um sich aufwerten zu können. Aber das ist keine Grundlage für ein gutes Miteinander. Nur wer um seine Würde weiß, kann sich am Wert des anderen freuen.

Er ist frei, sich ständig mit ihm vergleichen zu müssen. Das Rechte sollen wir achten, das was richtig ist, was für uns stimmt. Wenn ich nicht auf mich und die eigene Stimmigkeit höre, wird auch die Beziehung unstimmig. Oft überhören wir das eigene Gefühl, nur um einem Konflikt aus dem Weg zu gehen. Doch dann wächst in uns die Unstimmigkeit und wird auch die Beziehung trüben. Wir müssen einander zumuten, was für uns stimmt, was für uns richtig ist. Was für uns stimmt, führt letztlich auch zur Stimmigkeit beim anderen.

Liebens-wert

Was »lauter« ist, darauf sollen wir bedacht sein (vgl. Phillipper 4,8). Lauter sein meint, durchsichtig sein, klar für den anderen sein, nichts vorenthalten, nichts vormachen. Sich so geben, wie man ist. Lauter heißt aber auch, den anderen ohne Nebenabsichten lieben, ihn nicht für sich benutzen, damit man etwas davon hat. Was liebenswert und lobenswert ist, das sollen wir achten. In jedem von uns sind genügend liebenswerte Züge. Wir können einander nur dann lieben, wenn wir das Liebenswerte in uns selbst wahrnehmen. Ich kenne Menschen, die sich ständig entschuldigen müssen, dass sie da sind, dass sie so sind, wie sie sind. Sie trauen sich gar nicht, sich einem anderen zuzumuten. Ich kann den anderen nur dann lieben, wenn ich darauf vertraue, dass in ihm und dass in mir selbst genügend Liebenswertes ist. Wir brauchen also eine positive Brille, um das Liebenswerte in uns und im anderen zu entdecken.

Lust am Leben

Und Paulus spricht von der Tugend. Tugend kommt von taugen. Heute haben wir Probleme mit diesem Begriff. Aber für die Griechen war Tugend eine entscheidende Lebenshilfe. Tugend bezeichnete für sie die Erfahrung, dass wir unser Leben selbst formen und gestalten können. Die Römer sprechen von virtus und meinen die Kraft in uns. Wir haben Lust daran, unser Leben selbst zu leben, ihm eine gute Gestalt zu geben. Wir sind nicht unseren Emotionen ausgeliefert. Heute ist eher eine Wehleidigkeit zu beobachten. Man kann nichts machen. Wir sind halt so geworden. Tugend ist das Vertrauen darauf, dass ich mein Leben selbst in die Hand nehmen kann, dass ich Lust daran finde, es zu gestalten. Die Tugend als Lust an meinem Leben ist die letzte Voraussetzung für die Freude, wie Paulus sie versteht.

Alltägliche Liebe

Im Johannesevangelium (15,9–17) spricht Jesus immer wieder von der Liebe. Die Voraussetzung, dass wir lieben können, ist, dass Jesus uns zuerst geliebt hat. Ehepartner beginnen nicht mit der Liebe. Sie lieben, weil sie schon von ihren Eltern und Geschwistern geliebt worden sind. Sie können Liebe geben, weil sie sie zuvor schon von ihren Eltern genommen haben. Und sie können lieben, weil sie von Gott geliebt sind. Wir bleiben in der Liebe, wenn wir die Gebote halten. Die Liebe, die Jesus meint, ist ganz konkret. Sie muss sich bewähren in der Zuverlässigkeit, in der Pünktlichkeit, in der Selbstverständlichkeit, wie die Eheleute ihren Alltag miteinander gestalten. Ich kenne ein Ehepaar, bei dem jeder ständig dem anderen seine Liebe beteuert, aber der Mann kommt einfach nicht zum vereinbarten Termin heim und lässt seine Frau zwei Stunden mit dem liebevoll gekochten Essen allein. Liebe muss konkret sein, sonst ist sie nur Einbildung. Es braucht eine alltägliche Liebe, in der einer sich auf den anderen verlassen kann, in der einer dem anderen seine Liebe zeigt, indem er tut, was gerade dran ist.

Hingabe

Jesus zeigt noch eine andere Seite der Liebe.

> *Es gibt keine größere Liebe,*
> *als wenn einer sein Leben für seine Freunde hingibt.*
> JOHANNES 15,13

Das scheint uns eine Überforderung. Hingeben, sich aufopfern, das widerspricht unserem Streben, selbst zu leben, uns selbst zu verwirklichen. Es geht auch nicht darum, sich für den anderen aufzuopfern. Es gibt Eheleute, die sich als Opferlamm fühlen, die alles für den anderen auf sich nehmen und für ihn leiden. Aber um sie herum entsteht nicht eine Atmosphäre der Erlösung, sondern eher des schlechten Gewissens. Neben einem Opferlamm lässt sich nicht gut leben. Da hat man ständig Schuldgefühle, dass man daran schuld ist, wenn der andere soviel leiden muss. Wirkliche Liebe braucht das vorbehaltlose Sichhingeben. Ich darf mich nicht zurückhalten, absichern. Der Höhepunkt dieser Hingabe ist die Verschmelzung mit dem anderen im sexuellen Akt. Aber was in der Sexualität geschieht, das muss sich im Alltag auswirken als vorbehaltloses Annehmen des anderen, als Bereitschaft, mit dem anderen alle Wege mitzugehen.

Offenheit

Und noch eine letzte Voraussetzung nennt Jesus für die Liebe, die er uns vorgelebt hat. Er nennt uns Freunde, weil er uns alles offenbart hat, was er vom Vater gehört hat. Zur echten Liebe gehört diese Offenheit, dem anderen alles zu offenbaren, was in mir ist, meine Stärken, meine Kraft, aber auch meine Schwächen, gerade auch die Seiten, die ich selbst bei mir nicht so gerne sehe, für die ich mich selbst geniere, weil sie meinem Idealbild von mir nicht entsprechen. Diese vorbehaltlose Offenheit schafft einen Raum des Vertrauens und der Freiheit, der für eine dauerhafte Liebe unabdingbar ist. Alles darf in mir sein, meine Angst, meine Zweifel, meine Aggressionen. Wenn ich sie dem anderen offenbare, dann können sie sich verwandeln, dann kann daraus etwas Neues wachsen. Vor allem wächst daraus die Gewissheit, dass ich so sein darf, wie ich bin, und dass der andere so, wie er ist, gut ist. Diese Offenheit zerstört zunächst einige Illusionen, die wir uns von uns selbst und vom anderen gemacht haben. Aber dann schafft sie einen Raum der Freiheit und der Freude, wie ihn eine dauerhafte Liebe braucht. Die Offenheit braucht Hilfen, damit sie immer mehr eingeübt werden kann. Ein Weg dazu wäre, sich einmal in der Woche Zeit zu nehmen, miteinander zu sprechen. Eine gute Struktur könnte dem Gespräch ein sogenannter »Sprechstein« geben. Solange ein Partner den Sprechstein in der Hand hat, darf er sprechen, ohne dass der andere ihn unterbricht. So kann er in aller Ruhe ausdrücken, was ihn gerade bewegt. Dann reicht er der Partnerin den Stein und lässt sie solange reden, wie sie will.

Ausblick

Das Wesen der Ehe zu bedenken, den Trauritus zu meditieren und sich biblische Texte vor Augen zu halten, ist nicht nur für Brautpaare eine gute Hilfe, sich auf ihre Hochzeitsfeier und auf den gemeinsamen Weg vorzubereiten. Es kann auch für Ehepaare gut sein, die schon lange zusammen leben. Das, was wir leben, muss immer wieder neu reflektiert werden. Sonst wird es schal: Ein schönes Ritual wäre, sich am gemeinsamen Hochzeitstag bewusst Zeit zu nehmen, das gemeinsame Leben zu bedenken. Die Ehepartner können sich an die Kraft des Anfangs erinnern, an die Phase des Verliebtseins, an die Anziehungskraft des anderen. Sie schauen die Hochzeitsbilder an. Da werden Erinnerungen an die kirchliche Trauung hochkommen. Und vielleicht sind ihnen auch noch die biblischen Texte bewusst, die sie damals ausgewählt haben, und einige Worte aus der Predigt. Und dann können sie ihr gegenwärtiges Miteinander anschauen und sich fragen, ob es so noch stimmt, was sich da an Ungutem eingeschlichen hat und wo es einer Erneuerung, einer Läuterung und Stärkung bedarf.

Die silberne oder goldene Hochzeit wären gute Gelegenheiten, den bisherigen Eheweg zu bedenken und mit der Quelle der Liebe in Berührung zu kommen, die nie versiegt, weil sie göttlich ist. Die Vorbereitung auf die gemeinsame Feier könnte eine gute Gelegenheit sein, sich gemeinsam zu erzählen, was sie miteinander verbindet, wo sie sich schwer tun, wo sie sich verletzt fühlen, aber auch wofür sie dankbar sind und was sie mit Freude erfüllt. Und sie sollten sich überlegen, wie sie den Gottesdienst an ihrem Jubiläumstag gestalten möchten, welches Ritual der Erneuerung sie vollziehen möchten. Manche Ehepaare haben auch außerhalb der großen Jubiläen ein Ritual entwickelt, um ihren Ehebund zu erneuern. Immer wenn sie das Gefühl haben, dass ihre Liebe zerrinnt, schlagen sie einander vor, die Brautkerze anzuzünden und sich im Schein des warmen Lichtes von neuem die Ringe anzustecken. Dabei überlegt sich jeder, mit welchen Worten er dem anderen den Ring anstecken möchte, was für ihn gerade wichtig ist. Für manche ist der jährliche Hochzeitstag Anlass, ihr Ritual zur Erneuerung des Bundes zu feiern. Es wäre gut, wenn jedes Ehepaar ihr eigenes Ritual entwickeln würde, ihren Bund zu erneuern.

Meine Gedanken möchten eine Hilfe sein, neue Lust am gemeinsamen Weg zu gewinnen und sich an den Beginn der Liebe zu erinnern. Die Erinnerung kann helfen, wieder mit der Liebe in Berührung zu kommen, die am Anfang da war. Aber es geht nicht nur um den Anfang. Es geht darum, jetzt von Neuem die Quelle der Liebe zu entdecken, die nie versiegt, weil sie göttlich ist. Die Quelle der unerschöpflichen Liebe Gottes kann unsere Liebe, die sich im Alltag eintrübt und oft schal wird, wieder erfrischen und von Neuem in uns strömen lassen. Dann werden wir immer wieder voller Dankbarkeit vor dem Geheimnis unserer Liebe stehen, die alle Stürme und Krisen unseres Lebens überstanden hat.

Literatur

Hans Jellouschek, Männer und Frauen auf dem Weg zu neuen Beziehungsformen, in: Der Umbruch im Mann, hrsg. v. P. M. Pflüger, Olten, 1989

Wolfgang Schubart, Religion und Eros, München, 1941

Die Beichte – Feier der Versöhnung

Einleitung

Wohl kaum ein Sakrament ist in den letzten Jahrzehnten von den Leuten mehr gemieden worden als die Beichte. War es in den 1950er-Jahren noch üblich, dass die frommen Christen alle vier Wochen, zumindest aber vor Weihnachten, Ostern und zu Allerseelen zum Beichten gingen, so haben sich heute viele vom Empfang des Beichtsakramentes verabschiedet. Man sieht kaum noch lange Schlangen vor den Beichtstühlen, höchstens in Klöstern, an Wallfahrtsorten und vor bestimmten Festtagen. Der Rückgang der Beichte hat sicher zum einen mit der Übertreibung der Beichthäufigkeit in früheren Zeiten zu tun, zum anderen aber auch mit einer mangelnden Theologie und Praxis des Bußsakramentes. Es hat wenig Sinn, der Beichthäufigkeit der 1950er-Jahre nachzutrauern. Denn das war nicht unbedingt im Sinne Jesu, vielleicht eher im Sinne der Kirche. Es war ein Zeichen, dass die Kirche Macht hatte über die Seelen. Aber diese Beichthäufigkeit war zugleich mit Angst und vielen Verletzungen erkauft.

In fünfundzwanzig Jahren Jugendarbeit habe ich an den Kartagen oft zwanzig Stunden Beichtgespräche mit jungen Menschen geführt. Ich habe gespürt, wie heilend und befreiend diese Gespräche für die Jugendlichen waren. So ist es mein Anliegen, in diesem Abschnitt das Sakrament der Beichte als heilsames und heilendes Angebot Gottes an uns zu beschreiben. In vielen Gesprächen mit Hilfesuchenden habe ich erfahren, wie zentral das Thema Schuld und Schuldgefühle für viele ist. Die Beichte ist ein Ort, an dem Menschen angemessen über ihre Schuld und Schuldgefühle sprechen können. Aber Beichte ist mehr: in ihr können die Menschen die Vergebung ihrer Schuld erfahren. Kein anderes Sakrament hat eine solche Nähe zum therapeutischen Gespräch wie die Beichte. Zugleich beneiden uns viele Therapeuten um dieses Sakrament, in dem nicht nur über die Schuld gesprochen wird, sondern in dem durch einen Ritus, der in die Tiefen des Unbewussten dringt, die Vergebung der Schuld wirksam vermittelt wird.

Ich sehe meine Aufgabe darin, den Reichtum, den wir in unserer christlichen Tradition haben, für die Menschen unserer Zeit zu heben. Die heilende und befreiende Wirkung der Beichte kann nur deutlich werden, wenn wir sowohl die Theologie als auch die Praxis dieses Sakramentes anschauen und sie nach ihrer Bedeutung für uns heute befragen.

I. Wege zum Verständnis des Bußsakramentes

1. Wortbedeutungen

Der Volksmund spricht normalerweise von der »Beichte«. Die Theologie spricht vom »Bußsakrament«. Das deutsche Wort »Beichte« meint eigentlich Bekenntnis. Es bezieht sich also auf einen Teil, der wesentlich zum Bußsakrament gehört. Beichte als Bekenntnis von Sünden ist keine Erfindung des Christentums. In fast allen Religionen ist es üblich, dass Menschen, die ihre Beziehung zu Gott durch die Sünde belastet haben, diese Beziehung durch ein Bekenntnis wieder »normalisieren«. Viele Religionen kennen die öffentliche Beichte. Wo die Ordnung des Lebens gestört wurde, müssen die Menschen sie durch ein öffentliches Bekenntnis ihrer Sünden wiederherstellen. Im Buddhismus wurde schon seit dem zweiten Jahrhundert die Mönchsbeichte praktiziert, um den Weg zur Erlösung reinzuhalten (Vgl. Asmussen 412f). Das Neue Testament kennt das Bekennen der Sünden vor Gott (Johannes 1,9) und das Bekennen voreinander:

> *Bekennt einander eure Sünden, und betet füreinander,*
> *damit ihr geheilt werdet.*
> JAKOBUS 5,16

Hier ist noch nicht die Beichte vor einem Priester gemeint, sondern das Aussprechen der Sünden voreinander, das aber zugleich mit einem Gebet verbunden ist.

Die Beichte

Das aus dem germanischen Sprachbereich kommende Wort »Buße« kommt von »besser«. Etwas, das nicht gut gewesen ist, will man besser machen. In der Buße versucht der Mensch, seine Beziehung zu Gott und zu anderen Menschen wieder herzustellen. Das Bedürfnis nach Buße ist in jedem Menschen angelegt. Denn jeder spürt, dass er immer wieder abweicht vom richtigen Weg. Da braucht es den Entschluss, wieder neu anzufangen. Dieser neue Anfang wird in vielen Religionen durch ein Ritual ausgedrückt. Es gibt dabei persönliche Bußrituale und öffentliche. Wenn etwa in früheren Zeiten das Wetter die Ernte vernichtet hat oder wenn viele Unglücksfälle in einem Volksstamm geschehen sind, dann hat man gemeinsame Bußrituale veranstaltet, um Gott oder Götter gnädig zu stimmen. Die Buße kann in einem neuen Verhalten bestehen, in einer intensiveren Gottverbundenheit. Aber sie kann auch in der Vernichtung der Sünder bestehen. Oft werden stellvertretend für die Menschen Tiere geopfert. Die Juden kennen den Sündenbock, dem sie die Sünden des Volkes aufladen, um ihn dann in die Wüste zu schicken.

Die Bibel, vor allem das Neue Testament, spricht nicht vom Wort »Buße«, sondern von »Umkehr«. Griechisch heißt es: »metanoia«. Das Alte Testament kennt Bußtage, an denen das Volk mit Fasten und Weinen seine Sünden bereut und Jahwe verspricht, sich ihm wieder mit ganzem Herzen zuzuwenden. Die Propheten kritisieren diese öffentliche Buße, die oft nur in äußerem Tun besteht. Sie verweisen auf die Umkehr des Herzens. In der Tiefe der Seele geschieht die eigentliche Umkehr und innere Wende des Menschen. Ganz in der Tradition des Alten Testamentes stehend ruft Johannes der Täufer die Menschen auf, umzukehren, wenn sie dem drohenden Gericht Gottes noch entrinnen wollen.

Jesus von Nazareth verkündet ähnlich wie Johannes die Umkehr. Doch er predigt nicht das Gericht, sondern die Nahe Herrschaft Gottes. Weil Gott in ihm selbst zu den Menschen kommt, sollen sie umkehren. Jesu erstes Wort im Markusevangelium lautet:

> *Die Zeit ist erfüllt, das Reich Gottes ist nahe.*
> *Kehrt um, und glaubt an das Evangelium!*
> MARKUS 1,15

Metanoia (Umkehr) heißt eigentlich »umdenken, anders denken, hinter die Dinge schauen«. Die Verbesserung und Veränderung des Verhaltens fängt bei einem neuen Denken an. Erst wenn sich die Gesinnung ändert, kann sich auch das Verhalten wandeln. Im Neuen Testament hat vor allem Lukas den Begriff der Metanoia gerne gebraucht. Als die Juden, die aus allen Teilen des Erdkreises in Jerusalem zusammengekommen waren, durch die Pfingstpredigt des Petrus in ihrem Herzen tief angerührt wurden, fragten sie:

> *Was sollen wir tun, Brüder? Petrus antwortete ihnen: Kehrt um, und jeder von euch lasse sich auf den Namen Jesu Christi taufen zur Vergebung der Sünden; dann werdet ihr die Gabe des Heiligen Geistes empfangen.*
> APOSTELGESCHICHTE 2,37f

Dieser Aufruf des Petrus ist kein asketischer Bußruf, sondern eine herzliche Einladung an alle Israeliten, umzukehren. Diese Umkehr wird durch den Ritus der Taufe ausgedrückt. Die Taufe ist ein Bekenntnis zu Jesus Christus als dem Herrn und Messias. In ihr wird der Umkehrende beschenkt durch die Vergebung der Sünden und durch die Gabe des Heiligen Geistes. Zugleich wird die Vergangenheit abgewaschen, damit der Mensch neu beginnen kann. Dazu wird er befähigt durch die Gabe des Heiligen Geistes. Der Getaufte wird auch mit dem Geist Jesu Christi erfüllt. So kann er wie Jesus, der ja auch in der Kraft des Geistes predigte und heilte, einen neuen Weg gehen, den Weg zum wahren Leben. Die Metanoia ist Gabe Gottes für Juden und Heiden. Die Heiden müssen sich nicht beschneiden lassen, sie müssen die Welt nur mit anderen Augen sehen, sich von ihrer bisherigen »Unwissenheit« (Apostelgeschichte 3,17) abwenden und sich zu Gott und dem Herrn Jesus Christus hinwenden. Sie sollen den falschen Weg verlassen, umkehren und den neuen Weg gehen, den Weg, den Jesus Christus nicht nur gepredigt hat, sondern den er selbst vorausgegangen ist. Durch die Beichte oder Buße soll die Versöhnung des Menschen mit Gott erreicht werden. Versöhnung ist ein zentraler Begriff im Neuen Testament. Das deutsche Wort »versöhnen« kommt eigentlich von »versühnen« und bedeutet ursprünglich: »gutmachen«, »still machen«, »beschwichtigen«, »beruhigen«, »küssen«. Die Erfahrung der Germanen, die sich in ihrer Sprache ausdrückt, bezog sich offensichtlich auf die emotionale Verwirrung, auf Zorn, Hass und Wut, die durch das Fehlverhalten anderer in der menschlichen Seele entstehen. Versöhnen heißt dann, dieses emotionale Feuer zu beruhigen und zu beschwichtigen, durch einen zärtlichen Kuss die Bitterkeit versüßen und auflösen.

Das lateinische Wort für Versöhnung ist »reconciliatio«. Es bedeutet: Wiedereingliederung. Hier bezieht sich die Erfahrung auf die Entzweiung und auf den Streit zwischen Menschen und Menschengruppen. Die Versöhnung stiftet Frieden und stellt die Gemeinschaft wieder her. Der Begriff der »reconciliatio« kann sich aber auch auf die Beziehung zu Gott beziehen. Durch die Sünde entfremdet sich der Mensch gegenüber Gott. Er verliert die Beziehung zu ihm. Die Versöhnung, die Wiederherstellung der Gemeinschaft, ist für die Bibel immer ein freies Angebot Gottes an den Menschen. Der Mensch muss die Versöhnung nicht durch irgendwelche Bußwerke bewirken. Er darf sie dankbar annehmen. Für Paulus ist das die Frohe Botschaft, die er im Namen Jesu verkünden darf:

Gott war es, der in Christus die Welt mit sich versöhnt hat ... Wir bitten an Christi Statt: Lasst euch mit Gott versöhnen!
2 KORINTHER 5,19f

Das lateinische Wort für Buße »poenitentia« kommt von »poena« (»Strafe«). Hier hat Buße etwas zu tun mit Abbüßen. Wer gesündigt hat, bekommt eine Strafe und muss diese Strafe abzahlen und abbüßen. Der Akzent verschiebt sich vor allem auf die Bußleistung. In vielen Köpfen ist weiterhin das römische Leistungsprinzip ausschlaggebender als die biblische Botschaft von der Versöhnung. Sie meinen immer noch, sie müssten ihre Strafen abzahlen. Und Buße sei daher etwas Ähnliches wie im Gefängnis sitzen und eine Leistung erbringen, damit die Strafe erlassen wird.

2. Ein Blick in die Geschichte

Die Kirche kannte von Beginn an Bußriten. In jedem Vaterunser beteten die Christen:

> *Vergib uns unsere Schuld,*
> *wie auch wir vergeben unseren Schuldigern.*

So hatte Jesus sie zu beten gelehrt. Das Vaterunser beschloss in der frühen Kirche das Morgen- und Abendlob. Man begann den Tag also mit der Bitte um Vergebung und beschloss ihn damit. Das Vaterunser wurde in jeder Eucharistiefeier vor der Kommunion gebetet. Wenn der Christ im Mahl mit Jesus Christus und durch ihn mit seinen Brüdern und Schwestern einswerden wollte, dann verlangte das die Bereitschaft, umzukehren und seinen Schuldnern zu vergeben. Von Anfang an war die Eucharistiefeier also mit einem Bußritus verbunden. Wenn der Mensch sich Gott nahen will, dann soll er sich nicht wie der Pharisäer seiner Großtaten rühmen, sondern sich wie der Zöllner demütig nahen. Für Lukas ist die demütige Bitte des Zöllners »Gott, sei mir Sünder gnädig!« (Lukas 18,13) die Voraussetzung für die Haltung des Christen beim Gebet. So gehört die Bereitschaft zur Buße zu jedem Gebet und jedem Gottesdienst.

Doch erst seit der Wende vom zweiten zum dritten Jahrhundert entwickelte sich ein Bußverfahren für Sünder, die aus der kirchlichen Gemeinschaft herausgefallen waren, weil sie zum Beispiel vom Glauben abgefallen waren oder eine öffentliche Sünde wie Mord oder Ehebruch begangen hatten. Die Entwicklung der Bußrituale zu dieser Wiedereingliederung von Christen war der Beginn des Bußsakramentes. Seine Geschichte ist geprägt durch zwei Quellen: durch die Versöhnungsbeichte, die dem Bußverfahren der christlichen Stadtgemeinden entstammte, und durch die Seelenführungsbeichte, die im frühen Mönchtum praktiziert wurde.

Die Versöhnungsbeichte

Durch die Versöhnungsbeichte wurden in der frühen Kirche die Christen, die nach der Taufe in eine schwere Sünde gefallen waren, die also ihren Glauben aufgegeben, Ehebruch oder Mord begangen hatten, wieder in die Gemeinschaft der Kirche aufgenommen. Lange wurde in der Kirche diskutiert, ob es überhaupt möglich sei, einen, der sich in der Taufe ganz für Christus entschieden hatte, aber durch ein Verbrechen von dieser Entscheidung abgefallen war, wieder in die Gemeinschaft der Kirche aufzunehmen. Doch die mildere Praxis setzte sich durch. Wenn der Sünder vor dem Bischof seine Sünde bekannte, wurde er in den Büßerstand aufgenommen. Die Büßer waren dann von der Eucharistiefeier ausgeschlossen.

Im Osten unterschied man verschiedene Stufen des Büßerstandes. Da gab es die Weinenden, die ganz von der Eucharistie ausgeschlossen waren, die Hörenden, die ihr nur im Vorraum beiwohnten, und die Knienden, die sich während der Eucharistiefeier im Kirchenraum aufhalten durften, aber genauso wie die Stehenden von Gabenbereitung und Kommunion ausgeschlossen waren. Die Büßer bekamen bestimmte Auflagen, die sie erfüllen mussten. Sie mussten sich durch ein christliches Leben bewähren und durch Fasten, Beten und Almosen die Wunden, die sie durch ihre Sünden geschlagen haben, wieder heilen. Im Osten wurde die heilende Wirkung der Bußauflagen betont, im Westen sah man mehr den Aspekt der Wiedergutmachung für das begangene Unrecht. Am Ende der Bußzeit stand die Wiederaufnahme in die kirchliche Gemeinde.

Diese sogenannte »Rekonziliation« wurde in einem eigenen Ritus vollzogen, der das Gebet der Gemeinde, die Handauflegung durch den Bischof und den Empfang der heiligen Kommunion einschloss. An manchen Orten wurde die Handauflegung auch durch eine Salbung ergänzt (Vgl. Messner, Beichte, 841f). Im Gebet stand die Bitte um die Wiederversöhnung mit der Kirche im Vordergrund. Im Westen war die Bußliturgie vor allem mit der Fastenzeit verbunden. Am Aschermittwoch wurde die Bußzeit eröffnet und am Gründonnerstag die Versöhnung mit der Kirche gefeiert. Am Anfang waren diese Riten nur für die öffentlichen Sünder gedacht, allmählich wurden dann alle Christen einbezogen. Mit dem Aschenkreuz, das den Gläubigen am Aschermittwoch auf die Stirn gezeichnet wurde, drückte man aus, dass alle Christen Sünder sind und der Buße bedürfen, um am Gründonnerstag von neuem das Geheimnis der eucharistischen Gemeinschaft erfahren zu dürfen.

Die Andachtsbeichte

Seit dem Frühmittelalter wurde die öffentliche Kirchenbuße allmählich durch die Privatbeichte verdrängt. Sie kam aus Irland auf das Festland. In der frühen Kirche musste der Sünder erst die Buße leisten, bevor er die Absolution erhielt. In der Privatbeichte wurde die Absolution vor der Buße gegeben, so dass letztere mehr zum symbolischen Akt wurde. Dies hatte nichts mehr mit der anfänglichen öffentlichen Buße zu tun. Die Privatbeichte konnte häufig wiederholt werden.

Ja, im 19. Jahrhundert entwickelte sich durch die damals üblichen Volksmissionen der Brauch, möglichst oft zu beichten. Es entstand die sogenannte »Devotions-« oder »Andachtsbeichte«: »Wer oft beichtet, der verdient sich mehr Gnade«, war die damalige Vorstellung. Man verstand die Gnade dabei fast quantitativ, als ob man sich durch ein ganz bestimmtes Tun, wie Beichten oder Ablassgebete, möglichst viele Gnaden sichern könnte.

Die Beichte wurde in der Frömmigkeit des letzten Jahrhunderts eng an die Eucharistie angelehnt. In der rigorosen Frömmigkeit des Jansenismus, einer katholischen Richtung, die aus dem Frankreich des 17. und 18. Jahrhunderts stammte, glaubte man, der Christ sei nur dann würdig, zur Kommunion zu gehen, wenn er vorher gebeichtet habe. So wurde der Kommunionempfang zum seltenen Ereignis, auf das man sich durch die Beichte vorbereitete. Das wiederum führte dazu, dass wohl noch nie so häufig gebeichtet wurde wie in der ersten Hälfte des 20. Jahrhunderts. Aber dieses Beichtverständnis entsprach nicht mehr der Beichttheologie der frühen Kirche. Daher ist es kein Wunder, dass die bis in die 1950er-Jahre übliche Beichtpraxis heute zusammengebrochen ist.

Die Seelenführungsbeichte

Die zweite Quelle unserer heutigen Beichte ist die sogenannte Seelenführungsbeichte, wie sie im frühen Mönchtum praktiziert wurde. Ihre Wurzeln hat diese Art der Beichte schon bei Klemens von Alexandrien († um 215) und Origenes († 253/54). Klemens rät den Christen, sich einen erfahrenen Seelenführer zu suchen. Ihm sollen sie ihre Sünden bekennen. Dann wird er für sie Fürbitte halten und ihnen durch Mitleiden beistehen. Origenes spricht von geistbegabten Menschen, die die Vergebungsgewalt über die Sünden haben. Wenn sie den Geist haben, sind sie auch Priester, selbst wenn sie keine kirchlichen Amtsträger sind. Den Seelenführer versteht Origenes als Arzt. Wenn der Christ ihm seine Sünden bekennt, reicht er ihm die Medizin des göttlichen Wortes. »Die Beichte ist ein quasimedizinischer Vorgang.« (Messner, Beichte, 140) Der Arzt braucht nicht nur eine gute Herzenskenntnis, sondern auch die Gabe des Mitleidens und Mittragens und die Gabe des Gebetes. Er bittet für den Sünder, dass ihm Gott seine Sünden vergebe. Und er steht dem Sünder bei, damit er sich selbst nicht aufgebe. Es ist aber keine sakramentale Lossprechung, die er gibt. In der frühen Geschichte der Beichte kannte man diese sakramentale Lossprechung nicht. Vergebung war immer Sache Gottes. Der Seelenführer legte nur bei Gott Fürbitte ein, dass dieser dem Sünder vergeben möge. Und der Beichtende vertraute dieser Fürbitte.

Die Seelenführungsbeichte war vor allem bei den Mönchen üblich. Jeder Mönch hatte einen geistlichen Vater (Abbas) oder eine geistliche Mutter (Amma), dem/der er seine Gedanken offenbarte. Dabei ging es nicht nur um Schuld, sondern um alle Bewegungen des Herzens, um die Gedanken und Gefühle, um Leidenschaften und Bedürfnisse. Man sprach mit dem geistlichen Vater auch über seine Träume und über seinen Leib, über Krankheiten und Beschwerden. Denn das alles hielt man für wichtige Informationen über den inneren Zustand der Seele. Der geistliche Begleiter brauchte die Gabe der Unterscheidung der Geister und der Herzenskenntnis, um dem jungen Mönch auf seinem inneren Weg helfen zu können.

Die Seelenführung wurde nicht als Sakrament verstanden, sondern als geistliche Begleitung, die jeder Mönch brauchte, um auf seinem spirituellen Weg weiter zu kommen. Man könnte diese Seelenführung mit dem therapeutischen Gespräch vergleichen. Es ging um ehrliche Selbsterkenntnis, um Fortschritt auf dem Weg zu Gott, aber es ging auch um die dunklen Seiten, um die »bösen Gedanken«, die man dem geistlichen Vater offenbaren sollte, um ihnen ihre Macht zu nehmen. So rät Benedikt von Nursia seinen Mönchen, sie sollten »die bösen Gedanken, die zum Herzen kommen, alsbald an Christus zerschmettern, indem man sie dem geistlichen Vater offenbart« (Regel Benedikts 4,50).

Als die Mönchsgemeinschaften immer mehr Priester in ihre Reihen aufnahmen, wurde auch die Seelenführungsbeichte sakramentalisiert. So ging diese ein in die Devotions- oder Andachtsbeichte. Damit aber wurden die Unterschiede nivelliert und die eigentliche Absicht der monastischen Seelenführung verkannt:

 Weil es in der sakramentalen Beichte um Nachlass von Sünden geht, musste nun das, was das eigentliche Thema der Seelenführungsbeichte ist, unter dem Aspekt der Sünde dargestellt werden. So entwickelte sich die Devotionsbeichte, in der mangels präsenter Sünden alle möglichen Unvollkommenheiten zu Sünden hochstilisiert oder längst vergebene Sünden nochmals absolviert wurden.
BACHT 179f

Die Beichte – ein Muss?

Die Geschichte des Bußsakramentes zeigt, dass unsere heutige Form der Beichte als Bekenntnis der Sünden im Beichtstuhl und als kurzer Zuspruch nicht die eigentliche Intention widerspiegelt, die die Kirche mit dem Sakrament der Versöhnung verbunden hat. Wir müssen uns wieder den Quellen zuwenden, um die Beichte dem heutigen Menschen als hilfreiches Angebot näher zu bringen. Leider gibt es auch heute noch Gläubige, die in der Beichte tief verletzt worden sind. Manchmal wurde in der Beichte geistlicher Missbrauch getrieben. Die Beichtenden wurden ausgefragt und oft genug verurteilt. Es wurden ihnen – Kraft des Gehorsams – Weisungen gegeben, die sie überforderten und verletzten. Anstatt Verständnis und Barmherzigkeit erfuhren sie Härte und Unbarmherzigkeit. Solche Verletzungen haben in vielen Angst vor der Beichte hervorgerufen oder völlige Abkehr von ihr bewirkt.

Viele meinen, als Christen »müssten« sie beichten. Doch es gibt kein »Muss« für die Beichte. Wir dürfen beichten. Wir dürfen in der Beichte Gottes Zuwendung und Vergebung erfahren. Theologisch gesehen müssen wir nur die Todsünden beichten. Todsünden sind aber nur Sünden, bei denen wir uns in einem schwerwiegenden Fall aus völlig freiem Gewissen bewusst gegen Gott entscheiden. Die meisten Sünden sind aber nicht Sünden der bewussten Entscheidung gegen Gott, sondern Sünden der Schwäche, Sünden, in denen wir von unseren Emotionen und Leidenschaften beherrscht werden. Und die Psychologie sagt uns, dass eine absolut freie Entscheidung eher selten ist. Für die meisten Sünden und Fehler, die wir beichten, bedarf es nicht der Absolution, sondern eher einer »zielstrebigen Läuterungsarbeit.« (Bacht 181)

Daher wird vieles, was früher in der Seelenführungsbeichte behandelt wurde, heute in der geistlichen Begleitung angesprochen. Dort geht es darum, die Abgründe des eigenen Herzens kennenzulernen und Strategien zu entwickeln, wie das Verhalten verändert werden und Bewegung in die psychologischen Mechanismen der immer gleichen Fehler kommen kann.

Wenn die meisten Beichten, die wir als Priester im Beichtstuhl oder beim Beichtgespräch erleben, auch Seelenführungsbeichten sind, so gibt es heute durchaus noch die Rekonziliations- oder Versöhnungsbeichte. Wenn Menschen in eine Schuld geraten sind, die sie sich selbst nicht vergeben können, brauchen sie die Erfahrung, dass sie von Gott angenommen und in die menschliche Gemeinschaft wieder aufgenommen werden. In der Schuld fühlen sie sich von der menschlichen Gemeinschaft ausgeschlossen. Sie brauchen den Ritus der Beichte, um sich wieder als Mitglied der menschlichen Gemeinschaft fühlen und mit sich selbst aussöhnen zu können. Versöhnung ist natürlich in jeder Beichte mit dabei. Denn wir kommen immer wieder zu Gott als Menschen, die sich selbst nicht annehmen können, die unzufrieden sind mit sich und die daher in der Beichte die Annahme von Gott sichtbar und sinnenhaft erfahren möchten. Aber wir müssen die beiden Aspekte Rekonziliation und Seelenführung auseinanderhalten, um der Gefahr zu entgehen, alles gleich als Sünde zu benennen und überall Sünden zu wittern. Um die Beichte richtig verstehen und praktizieren zu können, müssen wir daher erst einmal klären, was Sünde und Schuld eigentlich sind und wie wir damit umgehen sollen.

Die Beichte

Laienbeichte – Priesterbeichte

In der frühen Kirche trat der Priester bei der Beichte vor allem als Fürbittender auf, der solidarisch mit dem Sünder dessen Schuld trägt. Daher war es nicht unbedingt notwendig, dass man seine Sünden einem Priester beichtete. Die Zusage der Vergebung konnte auch durch einen Laien erfolgen. Diese Auffassung bestand auch im Mittelalter noch weiter, während dem die Laienbeichte weit verbreitet war. Der englische Mönch und Kirchenlehrer Beda Venerabilis († 735) entnahm »der Aufforderung in Jakobus 5,16 (»Bekennt einander eure Sünden, und betet füreinander, damit ihr geheilt werdet«), dass ein Christ, sofern er nicht von schwerer Schuld belastet ist, die er vor den Priester bringen muss, eine Beichte vor dem Nächsten ablegen kann, um durch dessen Fürbitte Verzeihung zu erlangen.« (Messner, Feiern der Umkehr und Versöhnung, 180) Die Laienbeichte war noch bis ins 16. Jahrhundert üblich. Ignatius von Loyola hat vor der Schlacht von Pamplona (1521) einem einfachen Soldaten gebeichtet. Albertus Magnus († 1280) bezeichnet auch die Laienbeichte als Sakrament. Thomas von Aquin († 1274) nennt sie zumindest »irgendwie sakramental«.

Dass die Beichtvollmacht allein dem Priester zusteht, kam erst in der scholastischen Theologie auf. Thomas von Aquin begründet das in seiner Sakramententheologie damit, dass allein der Priester im Sakrament Christus und sein Heilshandeln repräsentiert. Der Priester ist nach Thomas Instrument Christi. Er sagt dem Beichtenden in der Vollmacht Christi Gottes Vergebung zu. Während bis ins Mittelalter hinein der Priester dem Beichtenden die Vergebung durch eine Fürbitte zugesprochen hat, wird von Thomas an die indikative Absolutionsformel üblich:

> *Ich spreche dich los von deinen Sünden.*
> KATHOLISCHER BEICHTRITUS

Thomas begründet das damit, dass der Priester in der Vollmacht Christi handelt und dass die Zusage im Indikativ dem Beichtenden eine größere Vergebungsgewissheit vermittelt. Die Ansicht des heiligen Thomas wurde 1439 durch das sogenannte Armenierdekret des Konzils von Florenz kirchenamtlich verbindlich.

Der Blick in die Geschichte des Beichtsakramentes zeigt, dass die einseitige Fixierung auf die Vollmacht des Priesters der ursprünglichen Intention nicht entspricht. Das ursprüngliche Ziel der Beichte war es, dass der Sünder wieder voll in die Gemeinschaft der Kirche integriert würde. Die Sünde trennte ihn von der Gemeinschaft. Daher durfte er im Gespräch mit einem Bruder oder einer Schwester erfahren, dass diese für ihn beten, Gott möge ihm gnädig sein und alle seine Sünden vergeben. Dieses fürbittende Gebet um Vergebung half dem Sünder, an die Vergebung Gottes zu glauben und sich wieder als Glied der Kirche zu fühlen. Für mich zeigt die Geschichte, dass es auch heute sinnvoll wäre, neue Formen der Laienbeichte zu entwickeln. Viele Seelsorger oder Seelsorgerinnen meinen, sobald von Schuld die Rede sei, müsse der Hilfesuchende unbedingt zu einem Priester zum Beichten gehen. Nur dort könne ihm die Schuld vergeben werden. Doch das entspricht nicht dem Sinn des Sakramentes. Der Therapeut, die Seelsorgerin, der geistliche Begleiter, sie alle können dem Ratsuchenden anbieten, für ihn um Vergebung seiner Schuld zu beten. Und sie dürfen darauf vertrauen, dass Gott dem Sünder wirklich vergibt.

Nach kirchenamtlicher Lehre ist allein dem Priester die Absolution vorbehalten. Bei einer schweren Sünde muss der Beichtende zu einem Priester gehen, um die Vergebung zu erfahren. Das hat durchaus einen Sinn. Eine schwere Sünde ist ja eine bewusste Abkehr von Gott in einer schweren Sache, mit vollem Wissen und in voller Freiheit. Wer schwer sündigt, stellt sich bewusst außerhalb der Kirche. Er braucht den Priester als den amtlichen Vertreter der Kirche, damit er ihn im Ritus der Beichte wieder in die Gemeinschaft der Kirche aufnimmt. Das ist die kirchliche Begründung für die Beichte bei einem Priester. Eine psychologische Begründung wäre, dass der, der schwer gesündigt hat, den Ritus der Kirche braucht, der allein dem Priester vorbehalten ist, um an die Vergebung seiner Schuld glauben zu können. Der Ritus löst seine unbewussten Blockaden gegen die Vergebung auf und lässt die Vergebung bis in die Tiefen seines Unbewussten vordringen, so dass er sich wirklich befreit fühlt und sich wieder ganz und gar als Glied der Kirche fühlen kann.

3. Umgang mit Schuld

Häufig hört man die Klage, dass der moderne Mensch kein Gespür mehr für Schuld und Sünde habe und dass die nachlassende Beichtpraxis mit dem mangelnden Schuldbewusstsein zusammenhänge. Sicher hat der Mensch heute kein Verständnis mehr für den traditionellen Begriff der Sünde als Übertretung von Geboten. Wir können die Gebote heute nicht mehr so eindeutig verstehen wie die Menschen in früheren Zeiten. Und aus der Psychologie wissen wir, dass sich hinter der korrekten Fassade eines gesetzestreuen Christen viel Aggressivität und Falschheit verbergen können. In den Bereichen, die manche der von der Kirche vorgeschlagenen Kataloge zur Gewissenserforschung, die sogenannten »Beichtspiegel«, abdecken, fühlt sich der Mensch heute nicht mehr schuldig. Aber wenn wir die moderne Dichtung aufschlagen, so sehen wir, dass sich viele Dichter immer wieder mit der Frage der Schuld beschäftigen, in die sich Menschen verstricken.

> Die moderne Literatur deckt dem Menschen heute unerbittlich auf, wo er schuldig wird. Schuldig wird der Mensch, wenn er die Wirklichkeit nicht erkennt, wie sie ist, wenn er gleichgültig mit allen nur mitläuft. Der Mensch macht sich schuldig, wenn er aus Trägheit, Denkfaulheit und mangelndem Mut die gesellschaftlichen Verhältnisse nicht ändert. Die totale Welt des Geschäfts, die Verurteilung zu Leistung und Erfolg drängen ihn in die Schuld, ohne dass er es merkt.
> GRÜN 226

Schuld und Schuldgefühle

Die Psychologen stellen heute beides fest: auf der einen Seite ein mangelndes Bewusstsein für das Schuldigwerden und auf der anderen Seite ein Überhandnehmen der Schuldgefühle. Dabei müssen wir unterscheiden zwischen realer Schuld und Schuldgefühlen. Viele Schuldgefühle zeigen keine wirkliche Schuld an, sie sind vielmehr Ausdruck mangelnder Klarheit und mangelnden Selbstvertrauens.

Viele fühlen sich schuldig, weil das eigene Über-Ich sie anklagt. Sie haben die Gebote und Werte der Eltern so verinnerlicht, dass sie sich nur mit Schuldgefühlen davon befreien können. Eine junge Frau, die als Kind von ihrer Mutter ständig zur Arbeit angetrieben wurde, fühlt sich schuldig, wenn sie sich einmal ausruht und sich etwas gönnt. Andere fühlen sich schuldig, wenn sie die Erwartungen der anderen, des Ehepartners, des Freundes, des Arbeitskollegen nicht erfüllen können. Wieder andere verurteilen sich für die Gefühle von Hass und Neid, die in ihnen hochkommen. Sie bestrafen sich durch Schuldgefühle, wenn sie Aggressionen in sich wahrnehmen. Statt den Aggressionen auf den Grund zu gehen und in ihr Lebenskonzept zu integrieren, richten sie sie gegen sich selbst. Die Aufgabe der Psychologie und auch einer guten Seelsorge besteht darin, zwischen Schuldgefühlen und echter Schuld zu unterscheiden.

Da Schuldgefühle immer unangenehm sind, hat der Mensch viele Mechanismen entwickelt, ihnen aus dem Weg zu gehen. Ein Weg, Schuldgefühle zu verdrängen, ist die Projektion auf andere, auf einzelne Menschen, auf Gruppen oder Strukturen. Der Mensch wehrt sich gegen die Schuldgefühle, weil sie das eigene Idealbild zerstören und ihn von der Gemeinschaft der Menschen trennen. Das Eingeständnis der eigenen Schuld würde ihm den Lebensboden entziehen, auf dem er steht, und wäre »eine radikale Bedrohung seines Menschseins.« (Affemann 132) So ist es nur verständlich, dass wir unsere Schuld verdrängen. Doch das führt zur Erstarrung des Lebens in Wiederholungszwängen, zu Unempfindlichkeit und Apathie. Verdrängte Schuldgefühle äußern sich in Zorn, Angst, Gereiztheit und Verstocktheit. Der Verlust des Gespürs für wirkliche Schuld bedeutet letztlich einen Verlust des Menschseins:

> *Wenn der Mensch die Möglichkeit, Schuldiger zu sein, nicht mehr wahrnimmt, dann nimmt er seine wesentliche Existenztiefe, das Eigentliche und ihn Auszeichnende, seine Freiheit und Verantwortung, nicht mehr wahr.*
> GÖRRES 77

Wenn das Bewusstsein für die Schuld verloren geht, dann äußert sich das Böse im Menschen nicht mehr »als schlechtes Gewissen, sondern nur noch als diffuse Angst oder Depression, als vegetative Dystonie.« (Görres 78) Anstelle der Schuldgefühle plagen den Menschen dann Versagensängste und Depressionen.

Die Psychologie beschäftigt sich aber nicht nur mit den Schuldgefühlen, sondern auch mit der realen Schuld. Für C. G. Jung besteht die Schuld in einer Spaltung: Ich weigere mich, mich so zu sehen und anzunehmen, wie ich bin. Was unangenehm ist, das verdränge ich, das spalte ich ab. Schuld ist für Jung nicht etwas Notwendiges, in das der Mensch unausweichlich gerät, sondern hat durchaus mit freier Entscheidung zu tun. Ich verschließe bewusst meine Augen vor dem, was dem eigenen Idealbild widerspricht. Der Mensch möchte immer wieder seiner Wahrheit ausweichen. Die einen gehen der eigenen Wirklichkeit aus dem Weg, indem sie ihre Schuld verharmlosen, die anderen, indem sie ihre Reue übertreiben. Statt seiner Schuld ins Auge zu sehen und umzukehren (Umkehr = Buße), genießt man dann die Reue »wie ein warmes Daunenbett an einem kalten Wintermorgen, wenn man aufstehen sollte. Diese Unehrlichkeit, dieses Nicht-sehen-Wollen macht, dass es zu keiner Konfrontation mit dem eigenen Schatten kommt« (Jung, GW Bd 8, 680).

Schuld als Chance

Der Mensch wird nach C. G. Jung schuldig, wenn er sich weigert, der eigenen Wahrheit ins Auge zu sehen. Aber es gibt für Jung auch eine fast notwendige Schuld, der der Mensch nicht entrinnen kann.

> *Nur ein höchst naiver und unbewusster Mensch kann sich einbilden, er sei imstande, der Sünde zu entrinnen. Die Psychologie kann sich dergleichen kindliche Illusionen nicht mehr leisten, sondern muss der Wahrheit gehorchen und sogar feststellen, dass die Unbewusstheit nicht nur keine Entschuldigung, sondern sogar eine der ärgsten Sünden ist. Menschliches Gericht mag sie von Strafe befreien, um so unbarmherziger aber rächt sich die Natur, die sich nicht darum kümmert, ob man sich einer Schuld bewusst ist oder nicht.*
> JACOBI 242

Die Schuld ist eine Chance, die eigene Wahrheit zu entdecken, in die Tiefe seines Herzens zu schauen und dort auf seinem Grund Gott selbst zu finden.

Unsere Aufgabe besteht darin, den eigenen Schatten anzunehmen und in aller Demut die eigene Schuld zu akzeptieren. Denn auf dem Weg der Selbstwerdung gerät der Mensch immer auch in Schuld. Jung will das nicht entschuldigen oder uns gar zur Schuld einladen, sondern er stellt einfach fest, was immer wieder geschieht. Wenn sich der Mensch seiner Schuld stellt, schadet sie ihm nicht auf dem Weg der Bewusstwerdung. Der Umgang mit der Schuld erfordert aber eine moralische Leistung. Sich der Schuld bewusst zu werden, verlangt zugleich, etwas bei sich zu ändern und zu verbessern.

Was im Unbewussten bleibt, verändert sich bekanntlich nie, nur im Bewusstsein lassen sich psychologische Korrekturen anbringen. Das Bewusstsein der Schuld kann daher zum gewaltigsten moralischen Antrieb werden ... Ohne Schuld gibt es leider keine seelische Reifung und keine Erweiterung des geistigen Horizontes.
HARTUNG 50f

Die Erfahrung der eigenen Schuld kann so den Beginn einer inneren Wandlung anzeigen.

Das Böse

Die Psychologie verbietet uns, die Sünde zu einseitig als Übertretung der Gebote zu verstehen. Schuld und Triebschicksal, Fehlentwicklung und misslungene Erlebnisverarbeitung liegen eng nebeneinander. Und es lässt sich nicht immer genau analysieren, wo in einem objektiv bösen Verhalten der Anteil an Schuld liegt. Aber die Psychologie rechnet auch damit, dass wir schuldig werden können, wenn wir dem Bösen in uns Raum geben, wenn wir die Aufarbeitung unserer Vergangenheit verweigern und uns ohne Kampf einfach vom Bösen bestimmen lassen. Albert Görres hat einige Deutungen des Bösen durch die Psychologie – vor allem durch Sigmund Freud – beschrieben: Für Sigmund Freud ist das Böse das Unzweckmäßige im Hinblick auf Glück und Wohlbefinden. Das Böse ist das, was die Gesellschaft verbietet und bestraft, weil es das menschliche Zusammenleben stört. Das Böse entsteht, wenn die Triebbedürfnisse aufgrund übermäßiger Versagungen oder Forderungen »Formen annehmen, die das Zusammenleben bedrohen« (Görres 78).

Die Beichte

 Eine nie versiegende Quelle des Bösen ist die Übertragung. Ein lieblos und ungerecht behandeltes Kind überträgt als Erwachsener den Groll, die Rachsucht gegenüber den Eltern auf andere Personen. Sie werden behandelt, als seien sie die der Rache würdigen Eltern. Viel Böses bei Erwachsenen ist nachträgliches Begleichen alter Rechnungen bei den falschen Schuldnern,
GÖRRES 80

 unaufhörliches Nachtarocken am falschen Platz.
GÖRRES 136

Das Böse ist für Freud also auch eine Fehlleistung, eine Fehlentwicklung aufgrund misslungener Verarbeitung von seelischen Verwundungen. Das Böse nimmt immer dann überhand, wenn einem Menschen zu lange eine angemessene Befriedigung seiner Triebe und Wünsche versagt wird. Die negativen Erfahrungen in der Kindheit führen dann meist zum Teufelskreis böser Taten und quälender Schuldgefühle. Die Vorstellung der »Tugendhaften«, die Menschen würden aus reiner Lust das Böse tun, weist Görres zurück:

 Das Böse ist meist keine fröhliche Bosheit aus vollem Herzen, kein Genuss ohne Reue, sondern eine gequälte, zwanghafte und suchthafte oder angst-und triebgejagte, eine leidvolle Reaktion auf unerträgliche Verwundungen und Entbehrungen.
GÖRRES 134

Die Psychologie bewahrt uns vor einseitiger Verurteilung von Menschen, die Böses tun. Aber zugleich zeigt sie uns, dass auch für die psychische Entwicklung des Menschen die Vergebung eine entscheidende Voraussetzung ist. Nur wenn ich den Menschen vergeben kann, die mich gekränkt und gequält haben, kann der Eisblock eingefrorener Hassgefühle schmelzen, kann ein Stück Böses verwandelt und bewältigt werden. Und das sind wir nicht nur uns selbst, sondern auch der Gesellschaft schuldig. Ohne Vergebung wuchert das Böse weiter wie ein Krebsgeschwür.

Weder be- noch entschuldigen

Die Frage ist, wie wir mit unserer Schuld umgehen sollen. Wir müssen uns vor zwei Tendenzen hüten: vor dem Beschuldigen und vor dem Entschuldigen. Wenn wir uns selbst beschuldigen, zerfleischen wir uns mit Schuldgefühlen und bestrafen uns damit selbst. Wir dramatisieren unsere Schuld. Dadurch fehlt uns die Distanz zur eigenen Schuld. Wir gehen nicht wirklich mit der Schuld um, sondern lassen uns von ihr beherrschen und nach unten ziehen. Diese Selbstentwertung ist häufig unrealistisch, sie entspricht nicht der Wirklichkeit (vgl. Rauchfleisch 360). Sie verhindert daher eine ehrliche Selbstkritik und Selbstverantwortung. Man verurteilt sich in Bausch und Bogen und meidet ein echtes Hinschauen auf die tatsächlichen Sachverhalte. Oft ist diese Selbstbeschuldigung nur die Kehrseite des Stolzes. Im Grunde möchte man besser sein als die anderen und sich über sie erheben. Aber dann kommt die Stimme des eigenen Über-Ichs, die das verbietet. Und so bestraft man seine Versuchung zur Selbsterhöhung. Oft bezeichnen sich solche Menschen dann als die schlimmsten Sünder, die es gibt. Weil sie nicht die Besten sein können, müssen sie die Schlimmsten sein. Sie weigern sich, ihre Durchschnittlichkeit anzuerkennen und wollen die anderen auf jeden Fall übertreffen, wenn schon nicht im Guten, dann wenigstens im Bösen. Ihnen täte Demut gut, der Mut, zu sich und seiner Menschlichkeit und Erdhaftigkeit (humilitas) zu stehen.

Die andere Gefahr besteht darin, sich zu entschuldigen. Auch das ist eine Weise, vor der Schuld davonzulaufen. Ich suche nach tausend Gründen, warum ich nicht schuldig geworden bin, und versuche, mich mit allen möglichen Beweisgründen zu rechtfertigen. Doch je mehr ich mich rechtfertigen möchte, desto größer werden die Zweifel, die in mir auftauchen. Und es bleibt mir nichts anderes übrig, als nach immer neuen Gründen der Rechtfertigung zu suchen. Die Weigerung, mich meiner Schuld zu stellen, stürzt mich in Betriebsamkeit. Ich kann die Stille nicht aushalten. Denn da würden sofort meine Schuldgefühle auftauchen, und ich würde spüren, dass meine Rechtfertigungsversuche ins Leere zielen.

Das befreiende Gespräch

Sich der eigenen Schuld zu stellen, gehört zur Würde des Menschen und ist Ausdruck seiner Freiheit. Wenn ich meine Schuld verharmlose, indem ich sie auf andere schiebe oder nach Ausflüchten suche, beraube ich mich dieser Würde, nehme mir meine Freiheit. Indem ich aber die Verantwortung für mein Versagen übernehme, verzichte ich auf alle Rechtfertigungsversuche und Schuldzuweisungen an andere. Das ist die Bedingung dafür, dass ich als Mensch innerlich weiterkomme, dass ich aus dem Gefängnis der permanenten Selbstbestrafung und Selbsterniedrigung ausbreche und zu mir selbst finde.

Das Eingeständnis der Schuld gegenüber einem Menschen führt oft zur Erfahrung einer größeren Nähe und eines tieferen Verständnisses füreinander (vgl. Rauchfleisch 354).

Daher ist das Gespräch mit einem anderen der angemessene Weg für unseren Umgang mit der Schuld. Im Gespräch gestehe ich meine Schuld ein, aber zugleich distanziere ich mich von ihr. Ich erkläre meine Bereitschaft, die Grundregeln der menschlichen Gemeinschaft zu akzeptieren.

> *In einem solchen Gespräch kann ich erfahren, dass mich nichts mehr von den anderen trennt, weil ich nichts mehr zu verbergen habe. Ich erlebe, dass der oder die andere meine Schuld anschaut und nicht erschrickt oder von Abscheu überrollt wird oder zu einem Vergeltungsschlag ausholt, sondern sich als Mensch zu mir stellt, dem das Menschliche nicht fremd ist.*
>
> WACHINGER 244

Der Gesprächspartner muss meine Schuldgefühle ernst nehmen, selbst wenn sie nicht auf reale Schuld hinweisen, sondern eher auf ein allzu strenges Über-Ich schließen lassen. Jedes Schuldgefühl hat seinen Grund. Oft liegt der Grund in Konflikten der Kindheit. Auch wenn das Schuldgefühl noch so abstrus zu sein scheint, muss es der Berater ernst nehmen und für berechtigt halten (vgl. Rauchfleisch 361). Die Kunst des Beichtvaters oder der Beichtmutter besteht darin, die Schuldgefühle weder zu verstärken noch zu beschwichtigen. Wenn ich die Selbstvorwürfe des anderen nur bagatellisiere, nehme ich ihn in seiner Not nicht ernst. Ich gebe mir nicht die Mühe, mich wirklich in den anderen hineinzuversetzen. Besser ist es da, den anderen zu ermutigen, seine Schuldgefühle genauer anzusehen. Welche Gefühle verbindet er damit? Wo drückt sich das Schuldgefühl in seinem Leib aus? Welche Gedanken tauchen da in ihm auf? Welche Vorwürfe macht er sich selbst? Woran erinnert ihn sein Schuldgefühl? Verbinden sich mit seinem Schuldgefühl Erfahrungen von Schuld aus seiner Vergangenheit? Ich ermutige den Beichtenden, seine Gefühle anzuschauen, ohne sie zu bewerten. Wenn er mit ihnen kommuniziert, dann werden sie ihn zur eigentlichen Wahrheit seiner Seele führen.

Schuldgefühle haben immer einen Grund. Das Problem bei krankhaften Schuldgefühlen ist nur, dass der Beichtende nicht die eigentlichen Quellen seiner Schuldgefühle kennt, sondern sie an Erfahrungen festmacht, die sekundär sind:

> *Was er uns heute als Ursache seiner Schuldgefühle nennen kann, ist nicht der eigentliche Konfliktherd, sondern eine chiffrierte Darstellung seiner Probleme, die sich daraus nur indirekt erschließen lassen.*
> RAUCHFLEISCH 363

Die Aufgabe des Beichtvaters wäre es, nach den eigentlichen Quellen seiner Schuldgefühle zu forschen, ihn an die ursprüngliche Schuld heranzuführen, die er vielleicht noch nie mit Namen genannt hat. Oft wird man dann im Gespräch über die Schuldgefühle auf verdrängte Aggressionen, auf verbotene Triebregungen, auf unterdrückte Sexualität und auf Tendenzen der Selbstverletzung stoßen. Der Sinn der Beichte wäre dann, sich der eigenen Wahrheit zu stellen und sich damit auszusöhnen. Vielleicht erkennt der Beichtende im Gespräch, dass seine eigentliche Schuld nicht in dem liegt, was er gebeichtet hat, sondern in der Weigerung, sich der eigenen Wahrheit zu stellen.

II. Die Gestaltung des Bußsakramentes

Wenn ich in unserer Kirche im Beichtstuhl sitze, um »Beichte zu hören«, dauern die meisten Beichten nur ein paar Minuten. Oft ist es sehr formelhaft, was die Menschen anbieten. Da ist es für mich nicht leicht, das Sakrament sinnvoll zu feiern. Aber ich weiß, dass sich manche schwertun, persönlich über sich zu sprechen. So frage ich zumindest, was ihnen von dem, was sie erzählt haben, am meisten leid tue oder was ihnen am meisten Probleme bereite. Manche sind dankbar für diese Einladung und erzählen auf einmal sehr persönlich, was sie wirklich bewegt. Andere tun so, als ob sie meine Frage nicht gehört hätten. Dann verzichte ich darauf, näher auf sie einzugehen. Ich respektiere, dass sie ihre Beichte nur in der angelernten Weise vollziehen können. So bleibt mir nichts anderes übrig, als einen liebevollen Zuspruch zu geben, ihnen Mut zu machen, sich selbst zu vergeben. Und ich versuche, als Buße nicht nur ein Vaterunser aufzugeben, sondern sie einzuladen, einige Minuten nachzudenken, wofür sie in ihrem Leben dankbar sein dürfen oder wo sie sich Verwandlung wünschen. So hoffe ich, dass die Beichte auch für sie nicht nur Formel bleibt.

Im Folgenden habe ich weniger die Beichte im Beichtstuhl im Blick, sondern beschränke mich auf das Beichtgespräch, das in einem eigenen Beichtzimmer stattfinden kann. Hier ist mehr Zeit vorhanden, einen wirklichen Ritus zu feiern.

Die Beichte

Begrüßung

Die Beichte beginnt mit einer kurzen Begrüßung. Der Priester und der Beichtende stellen sich im Kreuzzeichen unter die barmherzige Liebe Gottes, die im Kreuz am sichtbarsten aufgeleuchtet ist. Dann kann der Priester ein kurzes Gebet sprechen. Im Ritus vorgesehen ist der Segenswunsch:

> *Gott, der unser Herz erleuchtet, schenke dir wahre Erkenntnis deiner Sünden und seiner Barmherzigkeit.*

Ich bete lieber in persönlichen Worten, etwa so:

> *Barmherziger und guter Gott, NN ist zu dir gekommen, um dir sein Leben mit allen Höhen und Tiefen hinzuhalten. Lass ihn erkennen, was ihn auf dem Weg zu dir und zu seiner eigenen Lebendigkeit hindert. Sende ihm deinen Heiligen Geist und befreie ihn von allem, was ihn bedrückt. Lass ihn an deine Vergebung glauben und schenke ihm deinen Hl. Geist, damit er sich selbst vergeben kann, so dass er gestärkt und befreit auf seinem Weg weitergehen kann. Darum bitte ich dich durch Christus, unsern Herrn.*

Der Ritus der Beichte sieht dann vor, dass der Priester einen Text aus der Bibel vorliest. Das Rituale »Die Feier der Buße« sieht eine Reihe von Schrifttexten vor, etwa aus dem Römerbrief (Römer 3,22–26; 5,6–11; 6,2–13; 12,1f.9–19; 13,8–14) oder dem ersten Johannesbrief (1 Johannes 1,5–10; 3,1–24; 4,16–21) oder aber aus den Evangelien, zum Beispiel Matthäus (Matthäus 3,1–12; 4,12–17; 9,9–13) oder Lukas

(Lukas 15,1–10; 15,11–32; 17,1–4; 18, 9–14). Mir persönlich sagt am meisten eine Stelle aus dem ersten Johannesbrief zu:

> *Das ist die Botschaft, die wir von ihm gehört haben und euch verkünden: Gott ist Licht, und keine Finsternis ist in ihm. Wenn wir sagen, dass wir Gemeinschaft mit ihm haben, und doch in der Finsternis leben, lügen wir und tun nicht die Wahrheit ... Wenn wir sagen, dass wir keine Sünde haben, führen wir uns selbst in die Irre, und die Wahrheit ist nicht in uns. Wenn wir unsere Sünden bekennen, ist er treu und gerecht; er vergibt uns die Sünden und reinigt uns von allem Unrecht.*
> 1 JOHANNES 1,5–10

Dieser Text lädt den Beichtenden dazu ein, genauer hinzusehen, wo es in ihm dunkel ist. Im Licht von Gottes Liebe wagt er es, seine Wahrheit Gott hinzuhalten. Das Wort der Bibel hat eine Kraft in sich und schafft eine Atmosphäre, in der es uns leichter fällt, zu unserer Schuld zu stehen und sie offen zum Ausdruck zu bringen.

Selbstprüfung

Viele wissen nicht, was sie beichten sollen. Sie sind unzufrieden mit den üblichen Beichtspiegeln, in denen ihnen geraten wird, was sie alles bei sich selbst erforschen sollen. Manche zählen die Gebote auf und klagen sich an, dass sie dieses oder jenes Gebot übertreten haben. Aber das erscheint vielen als zu oberflächlich und schematisch. Bewährt hat sich, das Bekenntnis nach drei Gesichtspunkten zu ordnen: Meine Beziehung zu Gott, mein Verhältnis zu mir selbst und meine Beziehung zum Nächsten. Der Beichtende kann diese drei Bereiche durchgehen und erzählen, wie es ihm damit geht, wo er unzufrieden ist mit sich selbst und wo er sich schuldig fühlt. Viele sagen, sie hätten nicht viel zu beichten. Vor allem hätten sie nichts, was sie bereuen müssten. Es geht auch nicht darum, nur die Schuld zu beichten. Es ist schon viel, wenn man über sein Leben reflektiert und es zur Sprache bringt. Und sicher gibt es da Bereiche, in denen man nicht so zufrieden ist mit sich selbst. Man kann natürlich oft nicht klar entscheiden, ob das nun Sünde ist oder nur Schwäche, Unachtsamkeit, die täglichen Fehler. Das ist auch nicht so wichtig. Es geht darum, sein Leben zu bedenken und das anzusprechen, was einen zumindest beunruhigt. Wenn jemand etwa einen Konflikt beschreibt, den er mit seinem Vater oder seiner Mutter oder mit einem Chef oder Mitarbeiter hat, dann soll er einfach erzählen, wie es ihm damit geht, welche Gefühle er hat, wie er sich verhält. So wird im Gespräch deutlich, wo sein Anteil an Schuld liegt und was er für sich selbst verändern kann. Es hat wenig Sinn, dem Konflikt einfach aus dem Weg zu gehen oder ihn einseitig von sich aus zu lösen. Das Gespräch könnte zeigen, was hilfreich ist. Vielleicht braucht er mehr inneren Abstand. Auf jeden Fall sollte im Gespräch deutlich werden, dass die Schuld nie nur bei einem einzigen liegt, sondern dass immer beide ineinander verstrickt sind. Und diese Verstrickung gilt es aufzulösen, damit man den anderen objektiver sehen kann.

Manche kommen zum Beichtgespräch mit einer konkreten Schuld, mit etwas, was sie gerade jetzt sehr belastet. Sie beschränken sich dann im Gespräch auf diese eine Sache. Das ist sinnvoll. Sie beichten nur das, was sie im Augenblick bedrückt. Aber sie möchten sich diesem Problem wirklich stellen. Wenn sie ihre Problematik erzählen, kann der Priester nachfragen, wie es ihnen damit geht, was sie anders machen können, was sie sich selbst zutrauen und was sie sich wünschen. Und er kann sie fragen, ob sie bereit sind, sich diese Schuld auch selbst zu vergeben. Denn es nützt wenig, wenn sich der Beichtende nur anklagt und beschuldigt, aber nicht bereit ist, an die Barmherzigkeit Gottes zu glauben und mit sich selbst barmherzig zu sein. Die Fragen des Beichtvaters sollen nicht der Neugier entspringen, sondern dem Beichtenden helfen, mehr zu erzählen und durch das Sprechen selbst klarer zu sehen, wo das eigentliche Problem liegt. Im Sprechen kommen seine Gefühle zum Vorschein und können sich klären.

Weil viele Probleme damit haben, was sie beichten und wie sie über sich selbst sprechen sollen, möchte ich ein paar Anregungen geben. Bei der Beziehung zu Gott kann man sich fragen: Welche Rolle spielt Gott in meinem Leben? Rechne ich mit ihm? Suche ich ihn? Oder lebe ich an ihm vorbei? Wie beginne ich meinen Tag, wie beschließe ich ihn? Habe ich da Rituale, die mich an Gottes Gegenwart erinnern? Stelle ich mich morgens unter den Segen Gottes? Nehme ich mir Zeit zum Beten, zur Stille, zum Lesen? Ist meine Beziehung zu Gott leer geworden? Wonach sehne ich mich? Benutze ich Gott für mich oder halte ich mich Gott so hin, wie ich bin? Ist Gott wirklich das Ziel meines Lebens und die Quelle, aus der heraus ich lebe? Alle diese Fragen beschäftigen sich nicht zuerst mit der Frage der Schuld, sondern mit der Qualität meiner Beziehung. Und das Gespräch darüber will mich dafür sensibel machen, wo ich mich Gott gegenüber verschließe. Denn dieses Verschließen hat durchaus mit Schuld zu tun, auch wenn ich dabei kein Gebot übertrete. Es ist eine Frage meines Herzens, woran es sich hängt und wovon es sich bestimmen lässt.

Beim Verhältnis zu mir selbst kann ich mich fragen, wie ich mit mir selbst umgehe. Lebe ich selbst oder werde ich gelebt? Bin ich innerlich frei, oder mache ich mich abhängig von Menschen, von Dingen und Gewohnheiten? Wie sind meine Ess- und Trinkgewohnheiten? Gehe ich gut mit meiner Gesundheit um? Tue ich etwas für meine Gesundheit? Wie sind meine Rituale? Gestalte ich meinen Tag oder lebe ich in den Tag hinein? Verurteile ich mich selbst? Werte ich mich selbst ab? Was sind meine Gedanken? Was sind meine Phantasien und Gefühle? Woher kommen sie? Wie gehe ich damit um? Wie gehe ich mit meinem Leib um? Wie gehe ich mit meiner Sexualität um? Hänge ich depressiven Gefühlen nach, bade ich im Selbstmitleid? Ziehe ich mich selbst hinunter, indem ich mich ständig bedauere?

Bei der Beziehung zum Nächsten kann man anfangen mit den Beziehungen, die einen besonders belasten. Wie sehe ich den Konflikt von meiner Seite aus? Wie mag es dem anderen dabei ergehen? Was ist die Vorgeschichte des Konflikts? Woran erinnert mich der andere? Warum fällt es mir so schwer, ihn anzunehmen? Wo verletzt er mich? Was ist die empfindliche Stelle in mir? Es geht darum, den Konflikt zu schildern, ohne sich selbst oder den anderen gleich zu be- oder zu entschuldigen. Beim Erzählen kann klar werden, wo mein Anteil an Schuld liegt und was ich an mir verbessern kann. Wenn ich meine Beziehungen zu anderen Menschen reflektiere, kann ich mich fragen, über wen ich oft spreche, wie ich über andere rede, ob ich meine Mitmenschen achte oder verachte, ob ich innerlich ständig über sie urteile und sie verurteile, ob ich mich über sie stelle. Wo habe ich einen anderen verletzt? Gehe ich achtsam mit meinen Mitmenschen um? Kümmert es mich, wie es ihnen geht, oder beschäftige ich mich nur mit mir selbst?

Zuspruch und Gespräch

Beim Beichtgespräch kann der Priester während des Bekenntnisses immer wieder einmal nachfragen, wie der Beichtende sich bei den einzelnen Bereichen fühlt und wie er mit seinen Problemen und mit seiner Schuld umgeht. Doch diese Fragen sollten eher der Information dienen und dem Bekennenden helfen, seine Situation selbst besser erkennen und beschreiben zu können.

Ich frage den Beichtenden manchmal, wo er bei all dem, was er erzählt hat, seinen Anteil an Schuld sieht und wo er an sich selbst und an seinem Herzen vorbeilebt. Mit dieser Frage möchte ich den Beichtenden zu seiner tiefsten Wahrheit führen: Wo ist der Punkt, an dem mein Leben nicht mehr stimmt, an dem ich das Leben verweigere, das Gott mir zugedacht hat?

Nach dem Bekenntnis ist es sinnvoll, wenn der Priester seinen Eindruck schildert. Er sagt, was ihn berührt hat und welche Gedanken ihm während des Bekenntnisses gekommen sind. Dabei sollte er auf seine eigenen Gefühle achten und das ansprechen, was ihn selbst bewegt hat. Es ist eine Art Feedback, das dem Beichtenden helfen kann, seine Situation im Spiegel des Zuhörenden auf neue Weise zu sehen. Aus diesem Feedback kann sich dann ein Gespräch entwickeln. Doch dieses Gespräch sollte kurz sein und sich vor allem auf die Konsequenzen aus der Beichte beziehen.

Die Beichte

Übungsprogramm

In der irischen Bußpraxis war es üblich, für jede Sünde eine eigene Buße aufzugeben, die der Schwere der Schuld entsprach. Oft stand die Idee dahinter, dass man die Sünde abbüßen müsste. Doch das ist unserem heutigen Verständnis von Beichte und Buße nicht angemessen. Es geht nicht um das Abzahlen von Schuld, sondern um die Frage, was dem Beichtenden helfen kann, innerlich weiterzukommen. Der Priester kann ihn fragen, was er sich selbst vornehmen möchte, wo er ansetzen möchte, etwas zu verbessern. Dabei geht es nicht um Vorsätze, die dann doch nicht eingehalten werden, sondern um konkrete Schritte, die weiterhelfen. Viele nehmen sich etwas vor, was von vornherein zum Scheitern verurteilt ist. Denn ich kann mir nicht vornehmen, von heute an freundlicher zu sein und nicht mehr aggressiv zu reagieren. Gefühle kann ich mir nicht aufzwingen. Statt von einem »Vorsatz« spreche ich lieber vom »Übungsprogramm«, das sich der Beichtende erstellen könnte. Ich kann mir nur etwas Konkretes vornehmen. Ich kann mir zum Beispiel vornehmen, morgens beim Verlassen des Hauses für die Menschen zu beten, denen ich heute begegnen werde. Aber ob ich ihnen dann immer gut begegne, das liegt nicht mehr in meiner Hand. Ich kann mich immer nur an das eigentliche Ziel erinnern. Ob ich das Ziel erreiche, hängt von vielen anderen Faktoren ab.

Ein Übungsprogramm ist nicht gekennzeichnet von der Strenge der Buße, wie sie im Mittelalter oft gebräuchlich war. Vielmehr ist es von dem Optimismus geprägt, dass wir unseren Schwächen nicht einfach ausgeliefert sind. Manche meinen, sie würden immer das Gleiche beichten und es hätte doch keinen Zweck, wenn sich da nichts tut. Wir werden zwar unsere Haut nicht wechseln können, aber wir können uns trainieren, so dass manches anders wird, wir können neue Wege ausprobieren. Daher wäre es Aufgabe des Priesters, den Beichtenden anzuregen, dass er selbst entdeckt, was er tun könnte, um innerlich weiterzukommen. Wenn ihm nichts einfällt, kann der Priester ihm etwas vorschlagen. Aber das sollte nicht von außen geschehen. Ich frage den Beichtenden immer, ob er sich dieses oder jenes vorstellen könne, ob es für ihn realistisch wäre.

Verantwortung für seine Fehler übernehmen

Der Ritus der Beichte sieht nach dem Bekenntnis ein kurzes Reuegebet vor. Im katholischen Gesangbuch »Gotteslob« wird vorgeschlagen:

> *Ich bereue, dass ich Böses getan und Gutes unterlassen habe. Erbarme dich meiner, o Herr.*

Viele haben heute nicht nur mit solchen Formulierungen, sondern überhaupt mit der Reue Probleme. Sie sagen:

> *Ich kann nicht bereuen, was ich getan habe. Es war nicht in Ordnung. Das sehe ich ein. Aber ich kann deshalb nicht mit zerknirschtem Herzen herumlaufen.*

In der Vergangenheit wurde Reue oft übertrieben, als ob man sich zuerst ganz schlecht machen, sich als den größten Sünder fühlen und sich selbst abwerten müsste, um dann in der Absolution wieder aufgerichtet zu werden. Solch ein Verständnis der Reue widerspricht der Würde des Menschen. Und oft genug führt eine solche Reue nur zur Stabilisierung des falschen Verhaltens. Ein Mann, der ständig sexuelle Beziehungen zu verschiedenen Frauen hatte, war auf der anderen Seite sehr fromm. Er bereute seine Fehltritte und fühlte sich dann als schlimmer Sünder. Er ging zur Beichte. Aber sein Verhalten änderte sich nicht. Wenn ich mich selbst abwerte, dann ist das kein Antrieb, mich zu ändern. Ich ziehe mich vielmehr nach unten und habe keine Kraft, mein Fehlverhalten wirklich zu lassen.

Das Konzil von Trient definiert die Reue als »Schmerz der Seele und Abscheu über die begangene Sünde mit dem Vorsatz, in Zukunft nicht mehr zu sündigen«. Wir tun uns heute schwer mit dieser Sprache. Karl Rahner fordert, dass wir den Begriff sorgfältig mit vorsichtig formulieren, so dass er dem Menschen von heute verständlich wird. Reue hat »nichts zu tun mit einem psychologisch-gemüthaften Schock (Katzenjammer)« (Rahner 301).

Reue besteht vielmehr in einem Nein zur vergangenen Tat. Sie meint nicht, dass ich meine Vergangenheit verdränge, sondern dass ich mich ihr stelle und bereit bin, die Verantwortung dafür zu übernehmen. Wichtiger als die Analyse der Vergangenheit ist »die bedingungslose Hinwendung zum vergebenden Gott in Liebe« (Rahner 302).

Das deutsche Wort »Reue« kommt von »Trauer, seelischer Schmerz, Kummer« und stellt das emotionale Element der Reue in den Vordergrund. Das hat dazu geführt, dass viele Menschen mit diesem Begriff Schwierigkeiten haben. Denn sie können nicht immer einen seelischen Schmerz in sich hervorrufen, wenn sie sich an ihr Tun in der Vergangenheit erinnern. Das ist auch nicht nötig. Entscheidend ist, dass ich einsehe: Ich habe nicht so gehandelt, wie es

Gottes Willen, wie es dem Wohl des Mitmenschen und wie es meiner eigenen Wahrheit entspricht.

In der Beichte höre ich manchmal: »Ich kann den sexuellen Fehltritt nicht bereuen. Denn die Erfahrung mit dieser Frau war wunderschön.« Es hat auch keinen Zweck, die sexuelle Erfahrung zu verdammen. Vielmehr sollte man sich über die Folgen Gedanken machen. Ich habe damit meine eigene Frau verletzt. Und ich lebe, wenn ich die sexuelle Beziehung fortsetze, in einem inneren Zwiespalt, der mich zerreißt. Auf Dauer wird er mir nicht guttun. Wenn ich so denke, dann verurteile ich mich nicht. Ich verstehe, dass ich viele Bedürfnisse habe, die meine eigene Frau nicht erfüllen kann. Aber weil ich weiß, dass mein Verhalten meine Frau verletzt, setze ich mir Grenzen. Ich kann nicht alle meine Bedürfnisse ausleben. Ich muss nicht alle Wünsche erfüllen. Ich kann auch mit unerfüllten Wünschen erfüllt leben. Ich habe keine Garantie, dass ich mich nicht wieder in eine andere Frau verlieben werde. Aber ich weiß, dass ich mein Verhalten immer auch im Blick auf die eigene Partnerschaft verantworten muss. Auf Dauer wird es meiner Seele nur guttun, wenn ich eindeutig lebe trotz aller Gefühle, die mich manchmal zu zerreißen drohen.

Eine Gefahr der Reue besteht darin, dass wir auf unsere Vergangenheit fixiert bleiben. Wir kreisen ständig um unsere Schuld und ziehen uns damit nur nach unten. Die Fixierung auf die Schuld befreit uns nicht zu einem neuen Verhalten. Es gibt einen Väterspruch, der uns davor bewahren möchte, immer um unser vergangenes Fehlverhalten zu kreisen. Altvater Antonios gibt dem Altvater Pambo den Rat:

Die Beichte

 Baue nicht auf deine eigene Gerechtigkeit und lass dich nicht ein Ding gereuen, das vorbei ist, und übe Enthaltsamkeit von der Zunge und vom Bauch.

WEISUNG, APOPHTHEGMA 6

Antonios rät nicht, alles Vergangene zu rechtfertigen. Doch es hilft nicht weiter, immer im Vergangenen zu wühlen. Was vorbei ist, ist vorbei. Es ist, wie es ist. Es lohnt sich nicht, sich deshalb ständig Vorwürfe zu machen. Der Grund, warum sich manche ständig mit ihrer vergangenen Schuld beschäftigen, liegt oft im Glauben an die eigene Gerechtigkeit. Wenn sie schuldig werden, können sie sich selbst nicht verzeihen, dass sie nicht so ideal sind, wie sie es sich vorgestellt haben. Antonios will uns in die Haltung der Demut führen: Wir sind nie ganz gerecht. Wir werden immer Fehler machen. Wir sollen uns damit nicht zufriedengeben, sondern den Fehler loslassen, ihn vergangen sein lassen. Dann wird unsere psychische Energie nicht auf die Vergangenheit verlagert, sondern wir schauen nach vorne.

Antonios fordert Pambo auf, Enthaltsamkeit »von der Zunge und vom Bauch« zu üben. Wenn er auf seine Worte achtet und schweigt, wenn er verletzt wird, dann wird sich dadurch auch seine innere Einstellung zu den Menschen und zu sich selbst ändern. Wenn er Askese übt und sich das richtige Maß setzt, dann wird er innerlich in Ordnung kommen. Dieser Väterspruch zeigt uns, wie Reue für uns heute verständlich wird: Wir können unsere Vergangenheit Gott hinhalten, ohne uns zu zerfleischen. Und wir dürfen Gott um Hilfe bitten, dass wir unseren Weg so gehen, dass er uns zu Gott führt, dass er uns in die Liebe, Freiheit und Lebendigkeit einweist. Wer das in einem Reuegebet ausdrücken möchte, der könnte sagen:

> *Mein Jesus Barmherzigkeit.*

Oder:

> *Ich halte alles, was war und was jetzt in mir weiterwirkt, in Gottes Barmherzigkeit und bitte Gott um seinen Segen für meinen Weg.*

Vergebung

Nach dem Bekenntnis und dem Gespräch des Priesters mit dem Beichtenden erteilt der Priester die Absolution. Absolution heißt: Auflösung, Loslösung, Lossprechung. Im Namen Jesu spricht der Priester den Beichtenden von seiner Schuld frei. Er sagt ihm die Vergebung Gottes zu. Der Ritus sieht dafür die Handauflegung vor. Wenn ich als Priester dem Beichtenden die Hände auflege, dann kann er leibhaft erfahren, dass er von Gott bedingungslos angenommen ist, dass Gottes Liebe auch seine Schuld mit einschließt. Der Ritus sieht als Lossprechungsformel vor:

> *Gott, der barmherzige Vater, hat durch den Tod und die Auferstehung seines Sohnes die Welt mit sich versöhnt und den Heiligen Geist gesandt zur Vergebung der Sünden. Durch den Dienst der Kirche schenke er dir Verzeihung und Frieden. So spreche ich dich los von deinen Sünden im Namen des Vaters und des Sohnes und des Heiligen Geistes. Amen.*
>
> KATHOLISCHER BEICHTRITUS

Es ist jedoch sinnvoll, dieses offizielle Gebet mit einem persönlichen Gebet einzuleiten, in dem man das Gespräch mit dem Beichtenden noch einmal zusammenfasst. So ein Gebet könnte zum Beispiel lauten:

 Barmherziger und guter Gott, ich danke dir für alles, was du N.N. geschenkt und was du an ihm/ihr bewirkt hast. Verzeihe ihm/ihr, wo er/sie schuldig geworden ist, wo er/sie sich selbst oder andere verletzt hat und wo er/sie an dir vorbeigelebt hat. Durchdringe ihn/sie mit deinem heiligen Geist, dass er alles in ihm/ihr verwandle und ihn/sie in Berührung bringe mit der inneren Quelle deiner Liebe. Lass deine vergebende Liebe in alle Bereiche seiner/ihrer Seele dringen, damit er/sie sich nun auch selbst vergeben kann und sich von dir bedingungslos angenommen weiß. So spreche ich im Namen der Kirche: Gott, der barmherzige Vater ...

Der Ritus der Absolution ist für den Beichtenden eine Hilfe, an die Vergebung Gottes wirklich zu glauben. C. G. Jung hat immer wieder betont, dass sich der Mensch in Situationen, in denen er wirklich schuldig geworden ist, von der Gemeinschaft der Menschen ausgeschlossen fühlt. Und er fühlt sich in sich selbst gespalten. Aus dieser Spaltung kann er sich nicht selbst befreien. Und nur ein Hinweis auf Gottes Vergebung genügt oft nicht, dass er an die Vergebung Gottes glauben kann. Der Ritus – so meint C. G. Jung – vermag die Hindernisse in unserer Seele zu überwinden, die uns den Glauben an die vergebende Liebe Gottes erschweren. In unserem Unbewussten gibt es Barrieren gegen den Glauben an die Vergebung. Da gibt es archaische Vorstellungen, dass jede Schuld bezahlt werden müsse. Um diese archaischen Bilder in unserem Unbewussten aufzulösen, bedarf es des Ritus, der nicht nur unserem Verstand oder unserem Gefühl, sondern auch der Tiefe unseres Unbewussten vermittelt, dass wir bedingungslos von Gott angenommen sind und dass wir uns unsere Schuld nicht mehr vorzuhalten brauchen. Der Ritus ist überpersönlich. Er ist mehr als die persönliche Bitte des Priesters. Im Ritus hat der Priester Anteil an der heilenden Kraft des Ursprungs. So ist es die Überzeugung aller Religionen. Davon ist auch C. G. Jung überzeugt:

 Durch den Ritus wird dem kollektiven und numinosen Aspekt des Augenblicks über seine rein persönliche Bedeutung hinaus Genüge getan.
JUNG, BRIEFE II, 440

Im Vertrauen auf Gottes Barmherzigkeit seine Wege gehen

Die Beichte schließt mit der Entlassung. Die Liturgie sieht folgenden Entlassungsgruß vor:

 Der Herr hat dir die Sünden vergeben. Geh hin in Frieden.

Der Priester kann, wo es angemessen ist, den Beichtenden mit einem Friedensgruß vermitteln, dass er nun von Gott ganz und gar angenommen ist und dass er sich von der Gemeinschaft der Kirche bejaht weiß.

Für wirklich wichtig halte ich es, dass er dem Scheidenden Gottes Segen für seinen Weg wünscht und ihn ermutigt, sich selbst nicht aufzugeben, sondern im Vertrauen auf Gottes Barmherzigkeit seinen Weg zu gehen. Es wird nicht alles gelingen auf diesem Weg. Aber er darf sich immer und überall von Gottes heilender und liebender Nähe umgeben wissen.

III. Aus der Versöhnung leben

Versöhnung mit sich selbst

Es gibt Christen, die immer wieder beichten, aber es nicht fertig bringen, sich mit sich selbst zu versöhnen. Die wichtigste Aufgabe unseres Christseins ist es jedoch, dass wir uns annehmen, »Ja« zu uns selbst sagen.

Das beginnt damit, dass wir uns mit unserer eigenen Lebensgeschichte aussöhnen. Viele hadern ihr Leben lang mit ihrer Kindheit, in der sie sich nicht verstanden fühlten und in der sie oft verletzt wurden. Doch sie benutzen ihre beschädigte Lebensgeschichte als Vorwand, nicht selbst leben zu müssen, oder als beständigen Vorwurf an die Eltern, sie seien schuld an ihrem Elend. Wer in solch unversöhnter Haltung gegen seine eigene Lebensgeschichte bleibt, dem helfen alle spirituellen Wege nicht weiter.

Mich mit mir auszusöhnen heißt weiterhin, mich mit meinem Leib zu versöhnen. Viele erzählen in der Beichte von einem tiefen Selbsthass. Sie können sich selbst nicht so annehmen, wie sie sind. Oft genug ist es der Leib, den sie ablehnen. Sie meinen, sie entsprächen nicht dem Idealbild eines schönen Mannes oder einer attraktiven Frau. Sie können sich nicht verzeihen, dass sie zu dick sind. Ihr Gesicht gefällt ihnen nicht. Ihre Hände sind nicht so gestaltet, wie sie es gerne hätten. Sie ärgern sich, dass ihr Leib immer wieder reagiert, wenn sie unsicher sind, dass sie rot werden oder zu schwitzen anfangen. Sie kämpfen dagegen. Aber je mehr sie dies tun, desto schlimmer wird es. Deshalb ist es eine lebenslange Aufgabe, sich mit dem eigenen Leib auszusöhnen, sich in seinem Leib zu lieben.

Viele ärgern sich, wenn sie mit ihren Schattenseiten konfrontiert werden. Sie möchten am liebsten korrekt und perfekt sein. Doch da spüren sie ihre empfindlichen Stellen. Manchmal taucht ein tiefer Hass auf andere auf. Sie werden wütend, wenn sie bestimmten Menschen begegnen. Sie können es nicht annehmen, dass sie immer wieder von depressiven Stimmungen heimgesucht werden. Wenn Eifersucht in ihnen aufsteigt, dann verurteilen sie sich selbst. Wenn sie von Angst heimgesucht werden, machen sie sich Vorwürfe, dass sie als Christen doch gar keine Angst haben dürften. Doch je mehr sie gegen sich und ihre Schattenseiten wüten, desto stärker werden diese. Es ist der Weg der Demut, der von ihnen gefordert wäre.

Demut ist der Mut, hinabzusteigen in die eigene Dunkelheit, in die Schattenseiten des nach außen hin funktionierenden Ichs. Sich mit ihnen auszusöhnen heißt noch nicht, sie auch auszuleben. Aber ich muss wissen, dass ich keine Garantie habe, immer Halt auf meinem geistlichen Weg zu finden. Manche benutzen ihren spirituellen Weg, um den eigenen Schattenseiten auszuweichen. Sie möchten mit so banalen Dingen wie ihren sexuellen Phantasien und ihren zornigen Gefühlen nichts zu tun haben. Sie meinen, sie hätten in ihrer Spiritualität einen Weg gefunden, mit sich im Einklang zu sein. Aber sie verdrängen viele Gefährdungen.

Demut heißt, immer damit zu rechnen, dass in mir Bedürfnisse und Leidenschaften auftauchen, die ich längst überwunden glaubte. Diese Demut will mich aber nicht klein machen, sondern mir immer wieder die innere Gelassenheit schenken, achtsam und vertrauend meinen Weg zu gehen und alles, was mir auf diesem Weg begegnet,

Die Beichte

als Fingerzeig Gottes zu sehen, und mich mit allem auszusöhnen, was in mir ist.

Versöhnung mit der Gemeinschaft

Wenn ich bei Kursen manchmal die Teilnehmer frage, mit wem sie noch in Konflikt sind und wem sie noch nicht vergeben können, dann fallen ihnen immer eine ganze Reihe von Menschen ein. Und sie werden oft genug innerlich aufgewühlt, weil manche Beziehungen so belastet sind. Sie haben sich um Versöhnung bemüht, aber es hat nichts geholfen. Oder aber sie wurden von diesen Menschen so sehr verletzt, dass sie ihnen trotz der Beichte im Herzen nicht vergeben können. Sie spüren, wie diese Menschen sie noch immer bestimmen, wieviel Kraft es sie kostet, unversöhnt mit ihnen zu leben.

Versöhnung erreiche ich nicht, indem ich einfach all die Verletzungen und Schmerzen, die mir zugefügt wurden, hinunterschlucke und die Wut über die Menschen, die mich verwundet haben, verdränge. Ich muss zuerst meinen Zorn zulassen und mich dadurch vom anderen distanzieren. Erst wenn ich einen gesunden Abstand zum anderen gewonnen habe, bin ich frei von der destruktiven Macht, die von ihm ausgeht. Ich lasse ihn so sein, wie er ist, aber ich gebe ihm keine Macht mehr über mich. Vergeben heißt noch nicht, dass ich ihm um den Hals falle.

Der erste Schritt der Versöhnung mit dem anderen besteht darin, dass ich ihn sein lasse, dass ich aufgebe, ihn zu beurteilen oder zu verurteilen. Ich lasse ihn, wie er ist. Was er getan hat, ist sein Problem. Es hat mich verletzt. Aber ich gebe dieser Verletzung keinen

Raum mehr. Ich setze die Wut über die Verletzung in einen Ehrgeiz um, selbst zu leben, anstatt mich von ihm bestimmen zu lassen.

Der zweite Schritt wäre, wieder eine Beziehung zum anderen aufzunehmen. Aber dieser Weg ist nicht immer möglich. Denn er hängt auch davon ab, ob der andere bereit ist, ein klärendes Gespräch zu führen. Wenn er diesen Schritt verweigert, so kann ich mich trotzdem mit ihm versöhnen, indem ich nicht mehr über ihn schimpfe und nicht ständig über ihn nachdenke. Ich lasse ihn und warte. Ich versuche, innerlich mit mir und mit der vergangenen Geschichte versöhnt zu sein. Ich bin bereit, sobald er das zulässt, auf ihn zuzugehen, oder auf einen Schritt von seiner Seite positiv zu reagieren.

Wenn in einer Gemeinschaft Menschen unversöhnt zusammenleben, kann das die ganze Gemeinschaft sprengen. Eine Gemeinschaft kann nur miteinander auskommen, wenn die Bereitschaft zur Versöhnung da ist und wenn immer wieder konkrete Versöhnungsschritte gemacht werden. Gerade im Miteinander einer Familie oder einer klösterlichen Gemeinschaft oder auch einer Firma erfahren wir, dass wir auf die gegenseitige Vergebung angewiesen sind. Das hat auch der Evangelist Matthäus in den damaligen Gemeinden gespürt. Daher hat er Worte Jesu, in deren Mittelpunkt die Vergebung steht, in der sogenannten Gemeinderegel im Kapitel 18 zusammengefasst. Petrus erhält auf seine Frage, wie oft er vergeben muss, die Antwort:

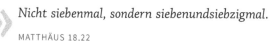

Nicht siebenmal, sondern siebenundsiebzigmal.
MATTHÄUS 18,22

Die Beichte

Siebenundsiebzigmal heißt letztlich, immer wieder, ohne Begrenzung. Aber Vergebung bedeutet für Matthäus nicht, dass die Konflikte unter den Teppich gekehrt werden. Wenn ein Bruder sündigt und auf diese Weise das Miteinander stört, soll einer auf ihn zugehen und mit ihm darüber sprechen. Er soll mit ihm und nicht über ihn sprechen. Das Ziel des Gespräches ist es, den Bruder zu gewinnen. Von ihm wird die Bereitschaft verlangt, auf das zu hören, was der andere ihm sagt. Durch das Aufeinander-Hören und das Miteinander-Sprechen kann ein Konflikt bereinigt und so Versöhnung geschaffen werden. Doch wenn der Bruder nicht hört, sollen – so heißt es bei Matthäus – zwei oder drei mit ihm sprechen. Wenn auch das nicht fruchtet, soll die ganze Gemeinde sich mit ihm beschäftigen (vgl. Matthäus 18,15–16). Dabei geht es nicht um ein Gericht, sondern um ein Aufeinander-Hören, um herauszufinden, was die Ursache des Konfliktes ist. Von der Gemeinde wird verlangt, dass sie immer bereit ist, zu vergeben. Vom einzelnen wird gefordert, dass er bereit ist, zu hören, hinzuhorchen, was sein Verhalten bei den anderen auslöst. Wenn beide aufeinander hören, dann werden sie auch einen Weg finden, den Konflikt aufzulösen oder zumindest fair miteinander umzugehen. Auf diese Weise ist der Konflikt kein Grund mehr zur Spaltung. Die Versöhnung nimmt den Konflikten, die nicht lösbar sind, ihre spaltende Kraft.

Die Beichte darf kein Ausweg sein, die Konflikte nur im persönlichen Gespräch mit dem Priester zu bereinigen. Die Beichte fordert uns vielmehr auf, nach Wegen zu suchen, wie wir Konflikte gemeinsam bereinigen können. Und sie schickt uns nach Hause mit dem Auftrag, uns mit den Menschen auszusöhnen, die wir verletzt oder die uns gekränkt haben.

Umkehr

Jesu erstes Wort im Markusevangelium lautet:

 Die Zeit ist erfüllt, das Reich Gottes ist nahe. Kehrt um, und glaubt an das Evangelium!

MARKUS 1,15

Umkehr ist also nicht allein mit der Beichte verbunden, sondern sie soll unser ganzes Leben prägen, ja sie gehört wesentlich zu unserem Leben dazu. Der Grund dafür ist die Nähe des Reiches Gottes. Weil Gott nahe ist, weil der barmherzige und gütige Gott uns in Jesus Christus nahe gekommen ist, darum sollen wir umkehren. Wir sollen uns von uns selbst weg- und zu Gott hinwenden.

Die Grundgefährdung unseres Lebens besteht darin, zu sehr um uns selbst zu kreisen, immer nur zu fragen, was uns das Leben bringt. Es geht dann immer nur um uns und unser Wohlbefinden. Das ist für Jesus ein Irrweg, ein Weg, der in eine Sackgasse führt. Mit seiner Aufforderung zur Umkehr stellt Jesus mich in Frage: Führt dein Leben zum Leben oder in den Tod, in die Lebendigkeit oder in die Erstarrung, in die Leere oder in die Fruchtbarkeit? Findest du auf diesem Weg zu dir selbst, zu deinem wahren Selbst oder läufst du vor dir davon?

Umkehren heißt Hinkehr zu Gott. Indem ich mich Gott zuwende und auf ihn zuschreite, finde ich zu meinem wahren Wesen, zu meinem wirklichen Selbst. Für Jesus besteht die Umkehr im Glauben an das Evangelium, an die Frohe Botschaft, die er von Gottes heilender und liebender Nähe verkündet. Wenn wir Jesu Worten trauen, werden wir frei vom Terror der vielen Meinungen, die auf uns einströmen und uns Leben verheißen. Der Glaube an seine Predigt befreit uns von der Angst, wir könnten unseren Weg verfehlen. Umkehr ist Einladung zum Leben. Manche Umkehrprediger verkünden uns eher eine »Droh«- als eine Frohbotschaft. Sie drohen uns mit Gericht und Hölle. Sie möchten uns zwingen, ihnen und ihren ängstlichen Vorstellungen von Gott zu folgen. Doch das ist nicht die Botschaft Jesu, der uns die Nähe des liebenden und barmherzigen Vaters verkündet. Die eigentliche Bedeutung von Metanoia – des griechischen Wortes für Umkehr – ist: »nachträglich erkennen«, »den Sinn ändern«, »anders denken«. »Meta« kann auch »hinter« bedeuten. Dann würde Umkehr heißen: »hinter die Dinge sehen«, »in allen Menschen und in der Schöpfung Gott selbst sehen«, »in unseren Alltagserlebnissen Gott erkennen, der zu uns spricht«. Umkehr heißt also: Das Eigentliche erkennen, das in allem verborgen ist. Jesus hat so von der Wirklichkeit der Welt gesprochen, dass in allem Gott aufleuchtete. In seinen Gleichnissen hat er die Welt auf Gott hin durchsichtig gemacht. Umkehr heißt, den Blick Jesu einzuüben, um in allem, was mir begegnet, Gott zu erkennen, der zu mir spricht durch die Begegnung mit einem Menschen, durch eine glückliche Erfahrung, durch ein Missgeschick, durch Erfolg und Misserfolg, durch meine Gedanken, durch Worte, die andere zu mir sagen. Umkehr heißt, in allem damit zu rechnen, dass Gott mir nahe ist, mich anspricht, an mir handelt.

Das neue Gottesbild Jesu

Oft wurde in Beichtpredigten vor allem das Bild des Richter- und des Buchhaltergottes verkündet. Es hieß dann: Gott sieht genau zu, was wir tun. Er legt alles auf seine Waage und beurteilt, ob es gut oder schlecht ist. Und er hält über uns Gericht.

Doch dieses Gottesbild entspricht nicht dem Bild, das Jesus uns von Gott zeichnet. Jesus verkündet zwar keinen anderen Gott als das Alte Testament, aber er legt ihn auf eine neue Weise aus. Er betont nur die Seiten Gottes, die das Alte Testament schon verkündigt hatte: die barmherzige Liebe Gottes, die Geduld Gottes, die Zuwendung Gottes zu den Sündern.

Der Gott, von dem Jesus spricht, ermöglicht uns immer wieder einen neuen Anfang. Er vernichtet uns nicht, wenn wir gesündigt haben, sondern richtet uns auf. Wenn wir uns verurteilen, Gott verurteilt uns nicht. Johannes hat das in seinem ersten Brief in die wunderbaren Worte gekleidet:

> *Wenn das Herz uns auch verurteilt –*
> *Gott ist größer als unser Herz, und er weiß alles.*

1 JOHANNES 3,20

Nicht Gott ist der Richter, sondern in uns ist oft ein unbarmherziger Richter. Es ist das eigene Über-Ich, das uns ständig klein macht:

> *Du kannst nichts. Du bist nichts. Du machst alles verkehrt.*
> *Du bist böse. Du bist verdorben.*

Die Beichte

Der Gott, den Jesus uns vor Augen führt, ermöglicht es, uns immer wieder selbst zu vergeben, uns von unserem inneren Richter zu distanzieren und ihm seine Macht zu verweigern.

Jesus hat sich besonders den Sündern zugewandt. Denn bei ihnen sah er die Bereitschaft, umzukehren. Bei den Pharisäern erkannte er die Gefahr, dass Menschen sich in ihrer Frömmigkeit schon gut genug vorkommen, so dass sie keiner Umkehr bedürfen. Es gibt Menschen, die in ihrer Frömmigkeit verhärtet sind. Sie öffnen sich nicht für die barmherzige Liebe Gottes. Jesus hat die Sünder nicht verurteilt und ihnen nicht mit der Hölle gedroht. Er hat ihnen vielmehr vermittelt, dass ihr Versagen zu einer Chance werden kann, umzukehren und neu anzufangen, und dass sie tiefer als selbstgerechte Menschen die barmherzige Liebe Gottes verstehen und erfahren können.

Der Gott und Vater Jesu Christi verzichtet darauf, den Menschen willkürliche Regeln und Gesetze aufzuerlegen. Er hat ihnen vielmehr Gebote geschenkt, damit sie leben können. Jesus hat Gottes Willen und die Bedeutung dieser Gebote neu ausgelegt:

> *Der Sabbat ist für den Menschen da,*
> *nicht der Mensch für den Sabbat.*
> MARKUS 2,27

Sie sollen dem Menschen helfen, ihrer Würde entsprechend zu leben und miteinander in guter Weise auszukommen. Gott lässt uns jedoch nie in Ruhe. Wir können vor ihm nie sagen:

> *Wir haben alles richtig gemacht.*
> *Also erwartet uns nur noch der Lohn Gottes.*

Jesus macht uns sensibel, immer wieder neu nach Gottes Willen in jeder konkreten Situation zu fragen. Und Gott möchte immer, dass wir leben, dass wir heil werden und ganz, dass wir entsprechend unserem Wesen leben. Der Gott, den Jesus uns verkündet, ist der Garant wahrer Menschwerdung. Aus uns selbst heraus finden wir den Weg zu unserem wahren Selbst nicht. Gott ermöglicht es uns, wahrhaft Mensch zu werden.

Die Beichte

Schluss

Die Beichte ist ein konkreter Weg, uns mit uns selbst und miteinander auszusöhnen, immer wieder die Umkehr einzuüben und Gott als den zu erfahren, der uns bedingungslos liebt. Wir dürfen die Beichte nicht isolieren und nicht von der gesamten Verkündigung Jesu abtrennen. Sie hat nur ihre Bedeutung innerhalb des Rufes Jesu zu einem Leben, das Gottes Willen und zugleich unserem eigentlichen Menschsein entspricht. In der Beichte begegnen wir Jesus Christus, der den Sündern ihre Schuld vergeben hat. Und wir begegnen dem Gott Jesu Christi, der uns befreit von unserer Schuld und unseren Schuldgefühlen, der uns seine barmherzige Liebe im Sakrament erfahren lässt.

Von mir persönlich kann ich nicht sagen, dass ich gerne beichte. Aber ich weiß, dass es mir guttut. Von Zeit zu Zeit brauche ich das Innehalten, um mein Leben zu betrachten und Bilanz zu ziehen: Stimmt das noch so, wie ich lebe? Ich muss dann eine Hemmschwelle überwinden, um den Mitbruder zu bitten, bei ihm beichten zu können. Doch nach der Beichte weiß ich, dass es gut war. Ich werde zwar nicht meine Haut wechseln. Ich werde auch weiterhin mit meinen Problemen und täglichen Fehlern leben. Aber die Beichte gibt mir doch Anstoß, wieder neu anzufangen und bewusster und achtsamer zu leben. Manchmal entdecke ich in der Beichte die Fallen, in die ich immer wieder gerate. So macht mich die Beichte sensibler. Und die Erfahrung der Vergebung gibt mir das Gefühl: ich brauche jetzt nicht mehr in der Vergangenheit zu wühlen. Sie ist begraben. Ich darf sie begraben sein lassen.

Feier der Versöhnung

Beim Osterkurs im Jahre 2001 hatten die Kursleiter und Kursleiterinnen das Thema »Schuld und Schuldgefühle« gewählt. Es war mutig, mit den Jugendlichen an dieses Thema heranzugehen. Aber beim Kurs zeigte es sich, wie zentral dieses Thema für junge Menschen ist. Sie brauchen einen Ort, an dem sie über ihre Schuldgefühle angstfrei sprechen können. Und sie sehnen sich danach, von ihren Schuldgefühlen frei zu werden und für ihre Schuld Vergebung zu erfahren. Die Beichte ist nicht der einzige Ort, an dem Schuld, Schuldgefühle und Vergebung thematisiert werden. Aber sie ist doch ein wichtiger therapeutischer Raum, in dem Heilung für die vielen geschehen kann, die von ihren Schuldgefühlen hin- und hergerissen werden, die nicht zur Ruhe finden, weil sie sich ständig ihr Versagen vorwerfen. Jesus hat uns in der Beichte ein Sakrament geschenkt, in dem wir uns bedingungslos geliebt wissen.

Bei einem Vortrag zu dem Thema »Jeder Mensch hat einen Engel« fragte mich ein zehnjähriges Mädchen: »Glauben Sie wirklich daran, dass der Engel mich nicht verlässt?« Als ich es bejahte, meinte es: »Ja, aber auch wenn ich böse bin?« Ich sagte: »Ja, der Engel hat Geduld mit dir.« Da hakte es nochmals nach: »Ja, aber auch wenn ich immer wieder böse bin?« Ich antwortete ihm: »Ich bin mir gewiss, dass der Engel dich nie verlässt. Er geht immer mit dir. Auch wenn du dich selbst nicht aushalten kannst: Er hält dich aus.« Da ging das Mädchen getröstet weg. Es war ihm ganz wichtig, dass ihm jemand zusagte, dass der Engel es nicht verlässt, dass er es aushält.

Die Beichte ist der Ort, an dem wir erfahren dürfen, dass Gott uns mit seiner vergebenden Liebe nie verlässt, dass Gottes Vergebung all unsere Schuld umgreift, dass wir bedingungslos von Gott angenommen sind. Für mich als Beichtvater ist es immer ein Wunder,

Die Beichte

wenn ich mit ansehen darf, wie Menschen, die sich erdrückt fühlten von ihrer Schuld, aufrecht und befreit nach Hause gingen. Sie haben erfahren, wie gut es Jesus gemeint hat, als er uns das Sakrament der Beichte als Ort der Versöhnung geschenkt hat.

Literatur

Rudolf Affemann, Schuld, Schulderfahrung und Gewissen. Ein Gespräch mit dem Stuttgarter Psychotherapeuten: Herder Korrespondenz 27 (1973), S. 131–137.

Jes P. Asmussen, Beichte, in: Theologische Realenzyklopädie, Band 5, Berlin 1980, S. 411–414.

Heinrich Bacht, Erneuerung durch Rückkehr zu den Ursprüngen. Überlegungen zur heutigen Beichtkrise, in: K. Baumgartner, Erfahrungen mit dem Bußsakrament, 2. Bd., München 1979, S. 166–184.

Albert Görres, Das Böse, Freiburg 1984.

Anselm Grün, Erlösung durch das Kreuz. Karl Rahners Beitrag zu einem heutigen Erlösungsverständnis, 2. Auflage Münsterschwarzach 2016.

Die Regel Benedikts (lateinisch-deutsch), hg. im Auftrag der Salzburger Äbtekonferenz, Beuron 1992.

M. Hartung, Angst und Schuld in Tiefenpsychologie und Theologie, Stuttgart 1979.

Jolande Jacobi, C. G. Jung, Mensch und Seele. Aus dem Gesamtwerk ausgewählt von Jolande Jacobi, Olten 1972.

C. G. Jung, Gesammelte Werke, Band 8, Olten 1964.

C. G. Jung, Briefe II, Olten 1972.

Reinhard Messner, Beichte, in: Lexikon für Theologie und Kirche, Freiburg 1957, S. 841f.

Reinhard Messner, Feiern der Umkehr und Versöhnung, in: Sakramentliche Feiern I/2, hg. v. H. B. Meyer, Regensburg 1992, S. 9–240.

Karl Rahner, Reue, in: Sacramentum Mundi, Freiburg 1969.

Udo Rauchfleisch, Pastoralpsychologische Überlegungen zur Bewältigung von Schuld, in: I. Baumgartner, Handbuch der Pastoralpsychologie, Regensburg 1990, S. 349–366.

Lorenz Wachinger, Seelsorgliche Beratung und Begleitung bei Schuld und Schuldgefühlen, in: K. Baumgartner u. W. Müller, Beraten und begleiten. Handbuch für das seelsorgliche Gespräch, Freiburg 1990, S. 241–248.

Weisung der Väter. Apophthegmata Patrum, übersetzt von Bonifaz Miller, 4. Auflage Trier 1998.

Die Salbung der Kranken –
Trost und Zärtlichkeit

Einleitung

Das Sakrament der Krankensalbung ist eingebettet in die Sorge der Kirche für die Kranken. Die Kirche versteht ihren Dienst an den Kranken als seelsorgliche Betreuung und Begleitung. Wer an der Krankheit leidet, gerät nicht nur in eine körperliche, sondern auch in eine psychische Krise. So braucht er den Beistand eines Menschen, der ihm zuhört und zu ihm steht. Der Dienst der Kirche findet seinen tiefsten Ausdruck im Sakrament der Krankensalbung. Seit dem Zweiten Vatikanischen Konzil ist die Krankensalbung wieder mehr in den Blick geraten. Sie wird nicht mehr nur als »letzte Ölung« verstanden, sondern als Stärkung des Kranken in seiner körperlichen und seelischen Gefährdung, in die er durch die Krankheit geraten ist.

In vielen Gemeinden werden heute Krankengottesdienste mit Krankensalbung angeboten. Die Kirche hat ihre Verpflichtung den Kranken gegenüber wieder neu erkannt. Wie eine Gemeinschaft mit den Kranken umgeht, das sagt sehr viel über die Kultur des Miteinanders aus. Die heutige Gesellschaft versucht, Krankheit und Tod zu verdrängen und in die Krankenhäuser und Hospize zu verbannen. Die Spezialisten sollen sich darum kümmern. Die Gesellschaft will damit nichts zu tun haben.

Die Kirche darf diese Verdrängung der Krankheit nicht mitmachen. Sie will gerade im Sakrament der Krankensalbung ein Zeichen dafür setzen, dass sie sich als Gemeinschaft um die Kranken kümmert und ihnen nicht nur die Liebe Gottes zuteil werden lässt, sondern sich auch menschlich den Kranken zuwendet und die Sorge für sie wahrnimmt.

Die Salbung der Kranken

In diesem Kapitel über das Sakrament der Krankensalbung geht es mir darum, einen christlichen Umgang mit Krankheit überhaupt zu beschreiben. Wir dürfen die Sakramente der Kirche nicht als etwas Isoliertes sehen, das nur die Priester und Seelsorger und Seelsorgerinnen kraft ihres Amtes spenden. Die Sakramente sind Zeichen, wie die Kirche überhaupt umgeht mit den wichtigen Themen wie Geburt und Tod, Gesundheit und Krankheit, Erwachsenwerden, Liebe, Verantwortung, Sendung und Schuld. Es sind zentrale Themen, die jedes Sakrament anspricht. Das Sakrament der Krankensalbung fordert uns heraus, uns mit Krankheit und Tod auseinanderzusetzen und sie aus dem Glauben heraus zu bewältigen. Und zugleich verheißt uns das Sakrament, dass kein Bereich unseres Lebens von der liebenden Fürsorge Gottes ausgeschlossen ist. Sakrament heißt ja, dass wir im Sichtbaren dem Unsichtbaren begegnen. Das Sakrament der Krankensalbung möchte uns dafür sensibel machen, dass wir gerade in unserer Krankheit Gott begegnen, dass uns unser Kranksein für den Gott und Vater Jesu Christi aufbricht, damit er unser Leben heilt und verwandelt.

I. Das Sakrament der Krankensalbung

»Heilt Kranke, weckt Tote auf!« – Der Auftrag Jesu

Das Sakrament der Krankensalbung geht auf den Auftrag Jesu zurück, der seine Jünger aussendet:

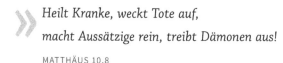

Heilt Kranke, weckt Tote auf,
macht Aussätzige rein, treibt Dämonen aus!

MATTHÄUS 10,8

Jesus fordert von den Jüngern, dass sie die gleichen Taten vollbringen, die er vollbracht hat. Für Matthäus ist der Gedanke der Angleichung der Jünger an den Herrn sehr wichtig. Jesus sendet seine Jünger aus, um aus seiner Vollmacht und Kraft heraus Kranke zu heilen. Dieser Sendungsauftrag Jesu ist in der Kirchengeschichte nicht immer ernst genommen worden. Ihn ernst zu nehmen würde bedeuten, dass auch wir uns als Jünger Jesu verstehen, die ausgesandt sind in diese Welt, um die Kranken zu heilen. Die Botschaft Jesu hat eine therapeutische Dimension. In der Kraft Jesu sollen wir uns den Kranken zuwenden, den körperlich und seelisch Kranken, um sie zu heilen. Jesus traut uns zu, dass wir denen Mut machen, die mutlos dahinsiechen, dass wir die Gebeugten aufrichten, die Stummen ermuntern, ihre Stimme zu erheben, und den Gelähmten zurufen, dass sie aufstehen und ihren eigenen Weg gehen. Die ausgestoßen sind aus der menschlichen Gemeinschaft, sollen wir in unser Miteinander

Die Salbung der Kranken

aufnehmen. Unsere Aufgabe besteht darin, denen, die sich selbst nicht annehmen können, zu vermitteln, dass sie liebenswert und willkommen sind. Die Toten, die nur noch funktionieren, die innerlich leer geworden sind, sollen wir zum Leben erwecken. Und wir dürfen es wagen, die Dämonen auszutreiben, die die Menschen daran hindern, sie selbst zu sein. Dämonen, das können innere Zwänge sein, das können unreine Geister sein, die unser Denken trüben, giftige und bittere Gefühle, Illusionen, die uns in eine Scheinwelt führen.

Im Markusevangelium wird beschrieben, wie die Jünger die Kranken heilen:

Sie trieben viele Dämonen aus und salbten viele Kranke mit Öl und heilten sie.

MARKUS 6,13

Die Kirchenväter – und mit ihnen das Konzil von Trient – beziehen sich auf diese Stelle als Begründung für das Sakrament der Krankensalbung. In der Antike war Öl ein bekanntes Heilmittel. Vor allem das Olivenöl wurde als Symbol geistiger Kraft gesehen, weil es aus der Frucht des Olivenbaumes gewonnen wurde, der auf dürrem Boden wächst und dennoch Frucht bringt. Das Olivenöl ist nicht nur Heilmittel, sondern auch Lichtsymbol und Symbol für Reinheit. Wenn die Jünger die Kranken mit Öl salben, so treten sie nicht als Ärzte auf, sondern als Zeugen Jesu Christi.

Der evangelische Exeget Walter Grundmann meint, das Öl »hat in der Hand der Jünger eine sakramentale Bedeutung, insofern es ähnlich wie das Auflegen der Hände die Realität der göttlichen Hilfe abbildet« (Grundmann 170). Indem die Jünger die Kranken mit Öl salben, rufen sie die göttliche Segenskraft auf die Kranken herab. So wie das Öl die Wunde heilt, so möge Gott im Namen Jesu Christi seine heilende Kraft dem Kranken zuwenden.

Die frühe Kirche beruft sich bei der Praxis der Krankensalbung vor allem auf eine Stelle aus dem Brief des Jakobus:

Ist einer von euch krank? Dann rufe er die Ältesten der Gemeinde zu sich; sie sollen Gebete über ihn sprechen und ihn im Namen des Herrn mit Öl salben. Das gläubige Gebet wird den Kranken retten, und der Herr wird ihn aufrichten; wenn er Sünden begangen hat, werden sie ihm vergeben.

JAKOBUS 5,14f

Bei dem Kranken ist offensichtlich jemand gemeint, der ans Bett gefesselt ist und daher die Ältesten nicht selbst holen kann, sondern sie herbeirufen muss. Der Kranke ist aber nicht bewusstlos oder dem Tode nahe. Er kann ja die Ältesten noch herbeirufen. Die Ältesten sind Vorsteher der Gemeinde, also Amtspersonen und nicht charismatische Heiler (vgl. Mussner 218ff). Sie sollen über den Kranken beten und ihn dabei mit Öl salben. Die Salbung mit Öl begleitet das Gebet und verstärkt es. Öl war im Judentum ein beliebtes Heilmittel. Öl soll dem alten und kranken Adam seine Todesschmerzen lindern. Es dient dazu, Dämonen abzuwehren. Es bewahrt vor dem Tod und erhält und stärkt das Leben.

Die Ältesten rufen bei der Salbung mit Öl den Namen des Herrn an. Sie handeln dabei nicht nur im Auftrag Jesu, sondern in seiner Vollmacht und Kraft. Indem sie den Kranken mit Öl salben und für ihn beten, ist Jesus, der Herr, selbst anwesend. Da die Ältesten

Die Salbung der Kranken

den Namen des Herrn anrufen, erfahren sie die Kraft Jesu, der den Kranken heilt. So hat es Petrus bei der Heilung des Gelähmten an der Schönen Pforte des Tempels erfahren. Petrus erklärt diese Heilung mit den Worten:

> *Weil er an seinen Namen geglaubt hat, hat dieser Name den Mann hier, den ihr seht und kennt, zu Kräften gebracht; der Glaube, der durch ihn kommt, hat ihm vor euer aller Augen die volle Gesundheit geschenkt.*
>
> APOSTELGESCHICHTE 3,16

Die Krankensalbung ist keine magische Handlung. Die heilende Wirkung wird dem Gebet zugeschrieben, »das aus der Kraft des Glaubens kommt, aus dem gläubigen Wissen, dass der Herr zu helfen vermag, und aus der festen Überzeugung, dass er auch wirklich hilft« (Kaczynski 255). Letztlich ist es immer Jesus Christus selbst, der den Kranken heilt, wenn die Ältesten ihn gläubig darum bitten.

Die Exegeten haben sich darüber Gedanken gemacht, was die drei Worte »retten, aufrichten, vergeben« in Jakobus 5,14f bedeuten, ob sie sich auf die leibliche und seelische Gesundung des Kranken beziehen oder auf sein endgültiges Heil, auf die Auferweckung von den Toten. Wahrscheinlicher ist es, dass sich alle drei Worte auf die gegenwärtige Verwandlung der Krankheit richten. Wenn die Ältesten aus einem starken Glauben heraus beten, dann wird das Gebet den Kranken heilen und aufrichten. Das Aufrichten meint eine seelische Aufrichtung:

Der Herr gibt dem Kranken Kraft und Stärke zur seelischen Bewältigung seines Leidens.
MUSSNER 223

Das Wort aus dem Jakobusbrief ermutigt uns, auch um körperliche Heilung zu beten. Aber wir dürfen nicht darauf fixiert sein, dass die körperliche Krankheit durch das Gebet wie durch ein Zauberwort aufgelöst wird. Durch das Gebet wird ein Prozess des Vertrauens und der Hingabe an Gott ausgelöst, der die Seele beruhigt und aufrichtet und dann auch den Körper berührt. Allerdings ist nicht jede seelische Gesundung zugleich auch körperliche Heilung. Entscheidend ist das Vertrauen, das durch das Gebet und durch die Salbung mit Öl im Kranken entsteht. Jesus selbst berührt ihn und richtet ihn auf. So kann er auf neue Weise mit seiner Krankheit umgehen.

Der Nachsatz von der Sündenvergebung zeigt, dass Krankheit und Sünde nicht notwendig zusammen hängen:

 Für den Fall, dass der Kranke Sünden begangen hat, werden sie ihm vergeben werden.
JAKOBUS 5,15

Krankheit muss nicht immer durch Sünde bedingt sein. Der Empfänger der Krankensalbung ist ein Kranker und nicht in jedem Fall ein Sünder. Doch wenn einer gesündigt hat, darf er darauf vertrauen, dass das Gebet und die Salbung mit Öl ihm auch die vergebende Kraft Jesu vermitteln. Jesus selbst hält seine Hand über den Kranken und nimmt ihn bedingungslos an. Wenn er gesündigt hat und ihn Schuld-

Die Salbung der Kranken

gefühle quälen, so darf er getrost darauf vertrauen, dass ihm seine Sünden vergeben werden und Gott ihn bedingungslos annimmt.

Die Geschichte der Krankensalbung

Schon etwa seit dem Jahr 200 weihten Bischöfe Öl, damit es durch die Weihe die Kraft empfängt, Stärkung und Gesundheit zu bringen (Greshake 419). Bei der Weihe wird der Heilige Geist auf das Öl herabgerufen. So wird das Öl, das in sich schon heilende Wirkung hat, zum Symbol für die heilende Kraft des Geistes Gottes. In der alten Kirche wird nicht die Krankensalbung Sakrament genannt, sondern das Öl selbst. Der Bischof weihte dieses Öl in der Eucharistiefeier, und die Gläubigen nahmen es mit nach Hause als ein Heilmittel für Leib und Seele. Sie haben es entweder getrunken und sich davon Stärkung an Leib und Seele erwartet oder ihre Wunden damit gesalbt. Aus einem Brief von Papst Innozenz I. aus dem Jahre 416 geht hervor, dass die Salbung nicht den Priestern vorbehalten war, sondern allen Gläubigen gestattet wurde. Der Papst erklärt die Worte aus dem Jakobusbrief:

> *Zweifellos muss das von den kranken Gläubigen verstanden werden, die mit dem heiligen Öl des Chrisma gesalbt werden können. Dieses Öl wird vom Bischof geweiht und darf nicht nur von den Priestern, sondern von allen Gläubigen in eigener Not oder in der Not der Ihrigen zur Salbung verwendet werden.*
>
> KACZYNSKI 268

Trost und Zärtlichkeit

Der Papst nennt das Öl ein Sakrament. Daher soll es den Büßern, die während ihrer Bußzeit von der Kirche ausgeschlossen sind, verwehrt werden.

Die frühe Kirche stellte das Sakrament des geweihten Öles den abergläubischen und heidnischen Praktiken gegenüber. Damit die Christen nicht mehr zu Wahrsagern und Zauberern gingen, hat die Kirche ihren Heilungsauftrag ernst genommen und das Öl geweiht. Die Christen sollten in der Eucharistie den Leib und das Blut Christi empfangen und davon Heilung erfahren. Und sie sollten sich das geweihte Öl mit nach Hause nehmen, »um sich damit selbst zu salben oder von ihren Verwandten salben zu lassen« (Kaczynski 270).

Diese Praxis antwortet auf das Urbedürfnis des Menschen nach Heilung seiner körperlichen und seelischen Krankheiten. Zunächst brachten die Gläubigen Öl in die Kirche mit, das dann am Ende des Hochgebetes geweiht wurde. Ab dem 5. Jahrhundert weihte der Bischof das Öl nur noch am Gründonnerstag. Die Gläubigen konnten das Öl nur noch vom Bischof erhalten, um damit die Kranken zu salben. In den liturgischen Texten wird jede Krankheit genannt, bei der die Salbung vollzogen werden kann. Die Kirche hat sich in der Krankensalbung auf die Menschen mit ihren konkreten Nöten eingelassen und ihnen in der Weihe des Öles, das jeder mit nach Hause nehmen konnte, eine konkrete Hoffnung auf Heilung ihrer Krankheiten geschenkt.

In den ersten Jahrhunderten war die Sorge für die Kranken mit jeder Eucharistiefeier verbunden. Man feierte in der Eucharistie nicht nur die Verwandlung des eigenen Lebens, sondern schöpfte aus dem Gedächtnis des Todes und der Auferstehung Jesu auch das Vertrauen, dass Jesu heilende Kraft auch den daheim gebliebenen Kranken Linderung verschafft. Später wurde die Spendung der Krankensalbung mehr an den Bischof gebunden. Von ihm stammte das heilende Öl. Doch es war Aufgabe und Recht jedes Christen, dieses Sakrament zu spenden. Die Verbindung mit dem Bischof bestand nur darin, dass man von ihm das Öl erbat. Diese Praxis sollten wir heute neu bedenken, wenn wir um zeitgemäße Formen der Krankensalbung ringen und wenn wir über die Spendung des Sakramentes durch Seelsorger und Seelsorgerinnen diskutieren.

In der karolingischen Zeit setzen sich die Bischöfe mit großem Nachdruck für das Sakrament der Krankensalbung ein. Sie ordnen das Sakrament allerdings so, dass es den Priestern vorbehalten ist. Sie ermahnen die Priester, dass sie sich um die Kranken kümmern und ihnen beim Sterben beistehen sollen. Die Bischöfe sehen das Sakrament der Krankensalbung jetzt vor allem als Vorbereitung auf den Tod. So fordert eine Verordnung Karls des Großen von 769, »dass die Sterbenden nicht ohne Salbung mit dem gesegneten Öl, Versöhnung und Wegzehrung sterben sollen« (Kaczynski 274).

Unter dem Einfluss des Ostens wurde die Krankensalbung dann auch mit dem Gedanken der Buße in Beziehung gesetzt. Weil die Buße mit hohen Auflagen verbunden war, verschob man sie auf den letzten Augenblick. So wurde aus der Krankensalbung die »Letzte Ölung«. Als man im 11. und 12. Jahrhundert eine eigene Sakramententheologie erarbeitete und die Zahl der Sakramente auf sieben festlegte, wurde die Krankensalbung von Thomas von Aquin als »das letzte und gleichsam alles einbegreifende Sakrament des ganzen geistlichen Heilsweges« (Greshake 420) verstanden. Die Krankensalbung bereitet den Menschen darauf vor, an der göttlichen Herrlichkeit teilzuhaben. So wurde sie zum Sakrament des letzten Übergangs.

Das Zweite Vatikanische Konzil hat diese einseitige Sicht der Krankensalbung als Sterbesakrament aufgegeben. Sie soll nun nicht mehr erst in äußerster Lebensgefahr gespendet werden, sondern bereits, »wenn der Gläubige beginnt, wegen Krankheit oder Altersschwäche in Lebensgefahr zu geraten« (Greshake 421).

Papst Paul VI. nennt in seiner Apostolischen Konstitution nicht mehr Lebensgefahr als Bedingung für die Krankensalbung, sondern er spricht von Menschen, »deren Gesundheitszustand bedrohlich angegriffen ist« (Greshake 421).

In der Folgezeit entstand ein theologischer Streit, ob die Krankensalbung nicht zu einseitig als Hilfe für jede Krankheit verstanden wurde, ob da nicht die Verdrängung des Todes durch die Gesellschaft auch in die kirchliche Seelsorge hineingewirkt habe.

Greshake plädiert dafür, die Spannung zwischen »Krankensalbung und Letzter Ölung«, zwischen Hilfe für den kranken Menschen und Einübung in das Sterben zu wahren. Die Krankheit erinnert uns immer an den Tod. Sie ist immer schon ein Todesbote. Daher ist das Gebet für den Kranken ein Gebet um Heilung, aber zugleich auch Bitte darum, dass der Kranke seine Krankheit annimmt und sich daran erinnern lässt, dass er sterblich ist, dass er keine Garantie hat, wieder gesund zu werden. Wenn die Krankheit als »eine Erschütterung des gesamtmenschlichen Befindens« (Die Feier der Krankensakramente 22) verstanden wird, dann heißt Krankensalbung auch, dass der Mensch in seiner Erschütterung für das Geheimnis Jesu Christi aufgebrochen wird, dass er sich durch die Begegnung mit Jesus Christus einführen lässt in das Geheimnis seines eigenen brüchigen Lebens. Krankensalbung ist immer auch Erfahrung der eigenen Endlichkeit. Aber in dieser Erfahrung meiner Sterblichkeit darf ich darauf vertrauen, dass ich in Gottes guter Hand bin. Gottes gute Hand kann meine Krankheit heilen. Sie wird mich aber auch begleiten, wenn Gott mich in der Krankheit belässt und mir zumutet, durch das Tor des Todes zu schreiten. In letzter Zeit wird immer auch die Frage nach dem Spender der Krankensalbung gestellt. Ist sie allein dem Priester vorbehalten oder kann sie jeder spenden, der sich um den Kranken kümmert? In der Krankenhausseelsorge plädieren viele dafür, dass die Krankenhausseelsorgerin die Krankensalbung vornehmen soll, da sie den intensivsten Kontakt mit dem Kranken hat. Das Sakrament der Krankensalbung wäre dann der Höhepunkt jeder Seelsorge. Greshake schließt aus der Tatsache, dass der Jakobusbrief von »Ältesten« spricht, also von Repräsentanten der Gemeinde, von Amtsträgern, dass die Krankensalbung Priestern und Diakonen vorbehalten sein sollte. Es gehe nicht nur um persönliche Zuwendung, sondern um ein Tun der Kirche, die die zärtliche Berührung Jesu Christi vermitteln möchte. Die Frage ist, ob der Brief von Papst Innozenz I. aus dem Jahre 416 nicht dafür spräche, die Krankensalbung denen zu gewähren, die sich um die Kranken sorgen, also den Angehörigen und den Krankenhausseelsorgern. Das Band zur offiziellen Kirche wäre das Öl, das vom Bischof geweiht wurde. Wer immer auch das Sakrament der Krankensalbung spendet, tut es dann im Auftrag des Bischofs und mit dem Öl, das der Bischof geweiht hat. Insofern wäre es nicht nur ein privater Akt von Frömmigkeit, sondern ein Handeln der Kirche, das im Auftrag und mit der Weihe des Bischofs geschieht.

Jesus – der wahrhaft heilende Arzt

Die Krankensalbung gehört zu den sogenannten »rites de passage«, zu den Übergangsritualen. Sie will uns den Übergang von der Gesundheit zur Krankheit und den Übergang vom Leben zum Tod bestehen helfen. Jeder Übergang macht Angst. Übergangsrituale hatten in der Religionsgeschichte immer die Bedeutung, die Angst vor dem Neuen zu bannen und im Menschen neue Kräfte zu wecken, damit er den Übergang bestehen könne. Jede Schwelle ist auch eine Gefährdung. Für die Alten war der Übertritt einer Schwelle immer mit Angst besetzt. Daher gab es viele Schwellenrituale. Der hl. Christophorus galt im Mittelalter als *der* Schwellenheilige, als Bewahrer vor einem plötzlichen Tod. Er wurde beim Portal der Kirche überlebensgroß an die Seitenwand gemalt, damit die, die ihn anschauten, die Schwellen gut überschreiten konnten, ohne dass ihnen die Kraft weggezogen wurde. Wie sollen wir nun die Krankensalbung als Übergangsritual verstehen?

Der Übergang von der Gesundheit zur Krankheit ist nicht selbstverständlich. Die deutschen Bischöfe, die im Jahre 1975 den Ritus der Krankensalbung herausgegeben haben, sprechen in ihrer Einführung von der Krankheit als einer »Erschütterung des gesamtmenschlichen Befindens« (Die Feier der Krankensakramente 22). Der Mensch wird durch die Krankheit verunsichert. Sein Lebensgebäude bekommt einen Riss. Der Kranke »wird herausgerissen aus seinem gewohnten Leben, aus seiner Sicherheit in Beruf und Gesellschaft. Die Erfahrung des Leistungsschwundes, der Isolierung, der Angst, verbunden mit Schmerzen körperlicher und seelischer Art, kann tiefe Niedergeschlagenheit, Ausweglosigkeit, Krisen, ja Verzweiflung auslösen« (Die Feier der Krankensakramente 17).

Die Salbung der Kranken

Der Mensch spürt seine Hilflosigkeit. Und in jeder Krankheit erfährt er auch die Gefährdung seines Lebens. Er hat keine Garantie, durch gesunde Ernährung und gesunde Lebensweise so alt zu werden, wie er sich das einmal erträumt hat. Der Tod kann sich auch in einer harmlos erscheinenden Krankheit anmelden. Die Krankheit zwingt den Menschen zum Nichtstun. Alle Termine, von denen er meinte, sie seien wichtig und ohne sie würde das Leben nicht funktionieren, muss er absagen. Seine Pläne für sich persönlich, in seinem Beruf, in seiner Familie, muss er zurückstecken. Er weiß nicht, ob sie jemals realisiert werden können.

In dieser Situation existenzieller Erschütterung begegnet ihm im Sakrament der Krankensalbung Jesus Christus als der, der selbst gelitten hat. Von Jesus wird nicht erzählt, dass er krank gewesen ist. Aber in seiner Passion werden uns archetypische Bilder vor Augen gehalten, die uns die Stationen der Krankheit deuten. In der Krankheit erfahren wir ein Ausgestoßenwerden aus dem »Club« der Gesunden und Starken. Wir fühlen uns unverstanden, einsam, abgelehnt, vergessen. Wir erleben wie Jesus in seiner Passion Schmerzen, die wir kaum aushalten können. Und wir erleben uns angesichts des drohenden Todes.

Aber in der Krankensalbung begegnen wir nicht nur dem leidenden Jesus, sondern ebenso dem Arzt Jesus, der Kranke geheilt hat. Jesus hat sich in besonderer Weise den Kranken zugewendet. Wenn er einen Kranken sah, so heißt es häufig, dass er sich seiner erbarmte. Das griechische Wort für Erbarmen »splanchnizomai« meint, dass sich Jesus »bis in die Eingeweide« von ihrer Krankheit betreffen ließ, dass er sie nicht als Objekte behandelte, sondern sie bei sich eintreten ließ und mit ihnen fühlte. Die Kirchenväter verstehen das Sakrament so, dass uns darin die Hand des geschichtlichen Jesus berührt. Im Sakrament der Krankensalbung schaut uns Jesus an, wie er den Gelähmten am Teich von Betesda angesehen hat. Er versteht uns. Er spürt, wie es uns geht. Er hat Mitleid, er fühlt mit uns. Er berührt uns, damit wir mit den inneren Quellen der göttlichen Kraft in Berührung kommen, die uns zu heilen vermag. Aber er behandelt uns nicht nur zärtlich und verständnisvoll wie den Taubstummen oder den Aussätzigen. Er konfrontiert uns auch mit unserem eigenen Willen:

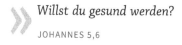

> *Willst du gesund werden?*
> JOHANNES 5,6

Will ich wirklich kämpfen, gesund zu werden? Oder habe ich mich mit meiner Krankheit eingerichtet? Bietet sie mir nicht auch einen Vorteil, mich einfach gehen zu lassen, die Verantwortung abzulegen und mich umsorgen zu lassen? Und Jesus kann mich herausfordern:

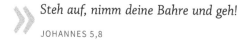

> *Steh auf, nimm deine Bahre und geh!*
> JOHANNES 5,8

Er will die Kraft wecken, die in mir steckt.

Jesus begegnet mir als der heilende Arzt. Aber ich habe nicht die Garantie, dass er mich auch körperlich heilt. Ich kann die Heilung nicht durch meinen Glauben erzwingen. Und auch der Priester kann durch die Sakramentenspendung die Heilung nicht automatisch bewirken. Es ist immer ein Wunder, wenn Heilung geschieht. Ich darf auf das Wunder hoffen. Aber zugleich soll ich mich auf Jesus, den wahren Arzt für Leib und Seele, einlassen. Ich soll mich von ihm fragen lassen:

> *Was willst du, dass ich dir tun soll?*
> MARKUS 10,51

Was ist meine tiefste Sehnsucht? Ist es die Heilung meiner Krankheit, ist es das Verschwinden der Krankheitssymptome, oder ist es die Heilung meiner Seele, die innere Stimmigkeit, das Einssein mit Gott? Was würde mich einen Schritt weiter in meine innere Wahrheit führen? Was könnte meinen inneren Frieden bewirken, dass ich mit mir selbst in Einklang komme?

Das Sakrament der Krankensalbung ist die leibhafte Begegnung mit Jesus Christus. Er sieht mich an, spricht mich an, berührt mich zärtlich, salbt mich mit dem Öl als Zeichen seiner heilenden Liebe, er zeichnet mir das Kreuz auf die Stirn und auf die Hände, er prägt mir seine todüberwindende Liebe ein, so dass ich sie körperlich wahrnehmen kann. Diese leibhafte Begegnung mit dem heilenden Jesus vermag meine Krankheit zu verwandeln. In der Tiefe meines Herzens beginnt ein Prozess der Verwandlung und des Heilwerdens. Und ich darf darauf vertrauen, dass dieser Prozess sich auch leibhaft auswirken wird.

Die mütterliche Liebe Gottes

Auch wenn früher die Krankensalbung einseitig als Letzte Ölung gesehen worden ist, so darf der Aspekt der Einübung in den Tod nicht außer Acht gelassen werden. Die Krankensalbung darf den Tod nicht verdrängen. Sie darf dem Kranken nicht einseitig Hoffnung machen, dass seine Krankheit geheilt wird und dass er sich noch lange des Lebens erfreuen darf. Die Krankheit ist in gewisser Weise immer »Krankheit zum Tode«. In der Krankensalbung werden wir eingeführt in das Geheimnis des Übergangs vom Leben zum Tod. Christus, der den Tod überwunden hat und auferstanden ist, schenkt uns die Gewissheit, dass er uns durch die Pforte des Todes begleiten wird. Er wird uns seinen Engel schicken, damit er uns sicher über die Schwelle des Todes geleite. Christus nimmt uns die Angst vor dem Tod. Die zärtliche Salbung mit Öl nimmt dem Tod das Harte und Grausame. Die Salbung mit Öl hat etwas Liebevolles, Frauliches, Mütterliches an sich. Nicht umsonst war es eine Frau, die Jesus gesalbt hat. Jesus verteidigt diese Frau gegen die Einwände eines seiner Jünger:

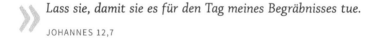

Lass sie, damit sie es für den Tag meines Begräbnisses tue.
JOHANNES 12,7

Als Maria Jesus die Füße salbt, zeigt sie ihm ihre Liebe, die über den Tod hinaus geht. Wenn er mit seinen Füßen die Schwelle des Todes überschreiten wird, soll er an ihre Liebe denken, die mit ihm geht. Seit jeher hat die Kirche den Tod mit dem mütterlichen Gott in Verbindung gebracht. Maria, die den toten Sohn in ihrem Schoß hält, war über Jahrhunderte hinweg das Hoffnungsbild der Christen.

Die Salbung der Kranken

Wir werden im Tod nicht in die Kälte und Dunkelheit hineinfallen, sondern in die Wärme der mütterlichen Arme Gottes. Sterben hat mit der Mutter zu tun. Denn Sterben ist Neugeborenwerden. Der zärtliche Ritus der Krankensalbung will uns Hoffnung auf Heilung unserer Krankheit schenken, aber uns zugleich die Angst vor dem Tod nehmen. Er verdrängt den Tod nicht. Er stellt ihn als Möglichkeit vor Augen. Aber entscheidend ist, dass wir in der Krankheit, in der Gesundheit und im Tod von Gottes zärtlicher Liebe umgeben sind. Die Krankheit als Verunsicherung unserer Existenz macht uns für diese Hoffnung sensibel. Damit wir die Krankheit und die Möglichkeit unseres Todes nicht verdrängen, brauchen wir die Erfahrung der liebevollen Berührung Jesu und der Begegnung mit Jesus, dem Arzt und dem, der durch den Tod zur Auferstehung geschritten ist. Anselm von Canterbury hat von Jesus als unserer Mutter gesprochen. In der Krankensalbung begegnen wir Jesus als dem väterlichen und mütterlichen Menschen, als dem, der uns mit seiner männlichen Kraft erfüllt und uns zugleich mütterlich in seine Arme nimmt. Die Begegnung mit Jesus Christus stärkt uns, damit wir den Übergang von der Gesundheit zum Kranksein und vom Leben zum Tod angstfrei und vertrauensvoll bewältigen. Die Begegnung mit Christus schenkt uns die Gewissheit dass wir uns im Übergang von dieser Welt in die andere von Gottes mütterlicher Liebe eingehüllt wissen.

II. Der Ritus der Krankensalbung

Die wichtigsten Elemente beim Ritus der Krankensalbung sind: das schweigende Handauflegen und die Salbung mit geweihtem Olivenöl. Doch dieser Ritus soll eingebettet sein in einen kleinen Wortgottesdienst. Die Krankensalbung kann in einem kleinen Kreis, der sich um den Kranken herum bildet, gefeiert werden oder auch als gemeinsamer Krankengottesdienst mit der Salbung derer, die dieses Sakrament wünschen. Beim gemeinsamen Gottesdienst bietet es sich an, ihn als Eucharistie zu feiern.

Segnung mit geweihtem Wasser

Das Ritual sieht vor, dass der Priester den Kranken und die Anwesenden begrüßt (vgl. Die Feier der Krankensakramente). Nach der Begrüßung kann er, wo es angemessen ist, Weihwasser nehmen und den Kranken und das Zimmer besprengen. Als begleitende Worte werden empfohlen:

> *Dieses geweihte Wasser erinnere uns an den Empfang der Taufe und an Christus, der uns durch sein Leiden und seine Auferstehung erlöst hat.*

In diesem kleinen Ritus kommt zum Ausdruck, dass Taufe und Krankensalbung zusammengehören. Nach Greshake ist die Krankensalbung »die Tauferneuerung in einer Situation, die den Menschen mit

Die Salbung der Kranken

den von ihm selbst nicht zu bewältigenden Grenzen seines Lebens konfrontiert« (Greshake 422).

Das Weihwasser erinnert den Kranken daran, dass er in der Taufe in die Gemeinschaft mit Christus aufgenommen, dass er gleichsam mit Christus zusammengewachsen ist. So wird er auch die Krankheit in Gemeinschaft mit Christus bestehen. In der Taufe haben wir schon die Schwelle des Todes überschritten. Der Tod hat keine Macht mehr über uns. Wir sind in der Taufe mit Christus begraben worden und mit ihm auferstanden (vgl. Römer 6). Das Weihwasser, mit dem der Priester nicht nur den Kranken, sondern auch das ganze Zimmer besprengt, will dem Kranken sichtbar vor Augen führen, dass er in einem heiligen Raum liegt, in einem Raum, der erfüllt ist vom Heiligen Geist. Nur das Heilige kann wahrhaft heilen. Der Kranke soll durch das Weihwasser in Berührung kommen mit der inneren Quelle, die in ihm sprudelt, mit der Quelle des Heiligen Geistes, die ihn durchströmt und ihn zu heilen vermag.

Der Priester erklärt den Sinn des Sakraments

In einer kurzen Ansprache erklärt der Priester den Sinn des Sakraments. Er erinnert daran, dass zur Zeit Jesu die Leute ihre Kranken zum Meister brachten, damit er ihnen die Hände auflege und sie heile. Jesus Christus ist jetzt unter uns. Er ist der eigentlich Handelnde. In seinem Namen und in seiner Kraft werden alle, die hier versammelt sind, für den Kranken beten. Schon Jakobus hat der christlichen Gemeinde aufgetragen, die Ältesten sollten den Kranken besuchen, für ihn beten und ihn im Namen des Herrn mit Öl salben. Es ist wichtig, dass der Sakramentenspender schon in der Einleitung

Worte findet, die etwas von der heilenden Atmosphäre widerspiegeln, die Jesus ausgestrahlt hat. Die Worte müssen Beziehung stiften. Sie dürfen nicht einfach abgelesen werden. Worte wollen ansprechen, das Herz des Kranken erreichen. Von Jesus heißt es, dass er die gekrümmte Frau angesehen und zu sich gerufen hat. Er hat so mit ihr gesprochen, dass sie sich aus ihrer Isolierung hervorlocken ließ und zu ihm kam. Erst dann konnte er sie ansprechen:

Frau, du bist von deinem Leiden erlöst.
LUKAS 13,12

Die Worte der Heilung können nur in einer heilenden Atmosphäre gesprochen werden, nicht in dem frostigen Klima formalistischer Kälte.

Das Schuldbekenntnis

Der Ritus sieht dann das Schuldbekenntnis vor, das nicht nur der Kranke, sondern alle Versammelten gemeinsam mit ihm sprechen. Statt des Schuldbekenntnisses kann der Priester den Kranken und die um ihn stehenden Verwandten einladen, in einem kurzen Schweigen die Schuld Gott hinzuhalten in dem Vertrauen, dass Gott uns alle Schuld vergibt, dass er uns bedingungslos annimmt. Da viele Kranke von Schuldgefühlen geplagt werden, dass sie vielleicht selbst an ihrer Krankheit schuld seien oder dass ihre Krankheit gar eine Strafe Gottes sein könnte, ist es sinnvoll, auf die Vergebung Gottes hinzuweisen. Es hat keinen Zweck, in sich zu bohren, wo man nun schuldig sei. Weder Beschuldigen noch Entschuldigen hilft weiter.

Die Salbung der Kranken

Wir sollen unsere Schuld Gott hinhalten, ohne sie selbst zu bewerten, einfach in dem Vertrauen, dass wir von Gott mit all unseren Umwegen und Irrwegen angenommen sind, dass Gottes Liebe stärker ist als alles, was uns von ihm trennen möchte.

Die frohe Botschaft

Daraufhin liest der Priester das Evangelium vor. Das Rituale empfiehlt verschiedene Texte, vor allem die Heilungsgeschichten, aber auch die Seligpreisung oder die Perikope vom Seesturm oder die Einladung Jesu:

> *Kommt alle zu mir, die ihr euch plagt und unter Lasten stöhnt! Ich werde euch Ruhe verschaffen.*
>
> MATTHÄUS 11,26

Statt des Evangeliums könnte auch die tröstliche Lesung aus Jesaja 35,1–10 gelesen werden, Texte aus der Apostelgeschichte (Apostelgeschichte 3,1–10; 4,8–12) aus dem Römerbrief (Römer 8,14–17; 8,18–27; 8,31–39) oder aus anderen neutestamentlichen Briefen. Es braucht eine große Sensibilität, um den richtigen Text auszusuchen und ihn dann so auszulegen, dass der Kranke sich angesprochen und ermutigt fühlt. Die Worte der kurzen Ansprache dürfen nicht belehrend sein. Sie sollen das Herz des Kranken und der Angehörigen trösten und aufrichten.

Die Fürbitten

Auf die Ansprache folgen die Fürbitten. Es ist angebracht, dass der Priester die versammelten Gläubigen dazu einlädt, ihre Anliegen, ihre Wünsche und Bitten laut zu sagen. Auf diese Weise kann eine Gebetsatmosphäre entstehen, die dem Kranken Hoffnung schenkt. Vielleicht spürt der Kranke dann, dass das Gebet seiner Angehörigen ihn wie eine schützende Hülle umgibt, dass von den betenden Menschen Wärme und Liebe zu ihm strömen. Er steht mit seiner Krankheit im Mittelpunkt. In den Fürbitten können die Gefühle ausgedrückt werden, die sonst nie zur Sprache kommen würden. Das entlastet die Umstehenden und tut dem Kranken gut. Er spürt, dass die Menschen sich um ihn sorgen und dass sie ihn lieben und für ihn hoffen. Wenn sich keiner traut, laut eine Fürbitte zu sagen, dann ist es angemessener, die Freunde zu einem stillen Gebet einzuladen. Das stille Gebet kann dann auch eine dichte Atmosphäre der Hoffnung und Liebe entstehen lassen, in der sich der Kranke aufgehoben fühlt.

Die Handauflegung

Nach den Fürbitten beginnt die im engen Sinn sakramentale Feier. Der Priester legt dem Kranken schweigend die Hände auf, und zwar auf den Kopf. In dieser schweigenden Handauflegung kann der Priester das Gebet der Gläubigen zusammenfassen. In der Handauflegung erfährt der Kranke das Gebet leibhaft. Er spürt die Wärme, die von der Hand ausgeht, und er kann sich vorstellen, wie Christus selbst ihm seine liebenden Hände auflegt und den Heiligen Geist auf ihn herabruft. Gerade dieses schweigende Gebet bei der Handauflegung ist für die Krankensalbung angemessen. Denn oft sind Worte missverständlich und können den Kranken verletzen, wenn sie nicht auf seine persönliche Situation eingehen und zu leichtfertig über seine Befindlichkeit hinweggehen. Die Handauflegung kann eine dichte Atmosphäre schaffen und zugleich etwas von der zärtlichen Liebe Gottes vermitteln. Sie ist eine Schutzgebärde. Sie eröffnet einen Raum, in dem sich der Kranke von Gottes heilender und liebender Nähe geschützt weiß. In diesem Schutzraum des Gebetes kann sich der Kranke seiner eigenen Wahrheit stellen. Er weiß, dass er auch in seiner Krankheit unter Gottes Schutz steht, dass Gott seine schützende und liebende Hand über ihn hält und ihn in seinen guten Händen geborgen hält. Ich lade dann auch die Umstehenden ein, dem Kranken gemeinsam mit mir die Hand aufzulegen, entweder auf den Kopf, so dass er von liebenden Händen umgeben ist, oder auf die Schulter oder Hände. So kann die Kraft des schweigenden Betens, die Liebe Gottes und die Liebe und das Wohlwollen der Menschen in den Leib des Kranken strömen.

Die zärtliche Salbung mit Öl

Nach der Handauflegung spricht der Priester ein Dankgebet über das Öl. Er preist Gott für sein heilendes Wirken in seinem Sohn Jesus Christus und durch den Heiligen Geist. Ich weise dann gerne auf die Symbolik des Öles hin. Das Olivenöl, das für die Krankensalbung verwendet wird, hat reinigende Kraft. Es will das Herz des Kranken von allem rein waschen, was es trübt und befleckt. Es ist Bild für Fruchtbarkeit und Lebenskraft. Denn der Olivenbaum ist sehr widerstandsfähig und kann viele hundert Jahre alt werden. So wünsche ich dem Kranken, dass er durch die Salbung mit heiligem Öl widerstandsfähig wird gegen die Krankheit. Und das Öl ist Zeichen des Sieges, des Friedens und der Versöhnung. Der Kranke möge über die Krankheit siegen und inneren Frieden erfahren. Und er möge sich aussöhnen mit sich und seinem Leben, gerade auch mit seiner Krankheit, gegen die er innerlich rebelliert. Nur der Versöhnte kann heil werden und gesund. Das vom Benediktionale vorgesehene Gebet lässt etwas von dieser Symbolik anklingen:

> Herr, schenke deinem Diener (deiner Dienerin), der (die) mit diesem heiligen Öl in der Kraft des Glaubens gesalbt wird, Linderung seiner (ihrer) Schmerzen und stärke ihn (sie) in seiner (ihrer) Schwäche.

Nach dem Gebet salbe ich den Kranken auf der Stirn und auf den Händen. Bei der Salbung auf der Stirne spreche ich:

> Durch diese heilige Salbung helfe dir der Herr in seinem reichen Erbarmen, er stehe dir bei mit der Kraft des Heiligen Geistes.

Bei der Salbung auf den Händen:

> Der Herr, der dich von Sünden befreit, rette dich, in seiner Gnade richte er dich auf.

Im Mittelalter hat der Priester alle fünf Sinne gesalbt. Heute sind nur Stirn und die Innenflächen der Hände vorgesehen. Die Bischöfe des deutschen Sprachgebietes interpretieren in ihrer Einführung diese

Die Salbung der Kranken

Salbung so, dass sie den Menschen meint »in seiner Ganzheit als denkende und handelnde Person.« (Die Feier der Sakramente 24)

Die Stirn ist nach Johannes Chrysostomus der edelste Teil des Menschen. Für Chrysostomus verweist die Stirn auf den Geist, mit dem der Mensch sich auf Gott hin öffnet und mit dem er seine Triebe und Emotionen lenkt. Die Hände sind Bild für sein Handeln. Mit den Händen packen wir die Probleme unseres Alltags an. Wir arbeiten mit ihnen, aber wir berühren auch einander. Wir geben dem anderen die Hand. Wir streicheln ihn zärtlich. So stehen die Hände für unsere Beziehungen und für alles, was unseren Alltag ausmacht. Wenn der Kranke die Hände öffnet, damit der Priester sie segnet, drückt er damit aus, dass er sich nicht krampfhaft an seiner Gesundheit festhält, sondern dass er sich in Gott hinein ergibt und bereit ist, von ihm mit leeren Händen das Geschenk der Heilung zu empfangen.

Das Salben ist ein zärtliches Tun. Daher salbe ich behutsam und liebevoll Stirne und Hände des Kranken. Manche zeichnen mit dem Öl nur ein Kreuz auf die Stirne und auf die Hände. Sinnvoller ist es, die ganzen Hände zu salben. Wo die Krankheit genau lokalisierbar ist, ist es auch angemessen, diesen Körperteil zu salben. Dabei kann der Priester auch mit persönlichen Worten um Heilung beten. Manche Priester fügen dem Krankenöl ein paar Tropfen Rosenöl bei, damit es auch einen Wohlgeruch erzeuge. Das Salben ist ein sinnlicher Akt. Daher sollte auch der Geruchssinn in guter Weise angesprochen werden. In der behutsamen Salbung durch den Priester verdichtet sich die liebevolle Zuwendung der Gläubigen, die um das Bett herum stehen. Und der Kranke erfährt, dass er getragen ist vom Gebet der Freunde und dass Christus selbst sich ihm zuwendet. In der Salbung kann er sich vorstellen, dass Christus selbst ihn mit seinen heilenden und liebenden Händen berührt. Wenn Christus seine Stirn salbt, darf er hoffen, dass er weiterhin klar denken kann, dass er geistig nicht verwirrt wird. Wenn seine Hände gesalbt werden, drückt sich darin die Verheißung aus, dass er wieder handlungsfähig wird, dass er sein Leben wieder selbst in die Hand nehmen darf und dass diese Hände zu Quellen des Segens werden für andere.

Das Gebet für den Kranken

Danach spricht der Priester ein Gebet für den Kranken. Dabei stehen ihm verschiedene Gebete zur Verfügung, je nachdem in welcher Situation der Kranke sich befindet, ob er altersschwach ist, sich in großer Gefahr befindet oder im Todeskampf liegt. Ich kann mich an die vorgegebenen Gebete halten oder mit persönlichen Worten für den Kranken beten, dass die Salbung mit Öl ihn (sie) stärke, aufrichte und mit Gottes Liebe erfülle. Dann lade ich alle zum Vaterunser ein. Ich schlage vor, dass wir uns an den Händen fassen, damit wir einen Kreis des Gebetes um den Kranken bilden. Dann können wir die Kraft des Gebetes spüren, die durch uns hindurch strömt und einen Schutzkreis um den Kranken bildet. Oder wenn ich es für angemessener halte, lade ich die Angehörigen ein, die Hände zur leeren Schale zu öffnen, damit wir unsere ganze Sehnsucht nach dem Reich Gottes und Gottes Heil in das gemeinsame Vaterunser hineinlegen. Wenn der Kranke kommunizieren möchte, wäre nach dem Gebet des Herrn der geeignete Ort dafür. Die Kommunion wurde in der frühen Kirche als Arznei für Leib und Seele verstanden. In der Kommunion kann der Kranke Christus, den Arzt, leibhaft erfahren. So wie Jesus seine heilende Kraft auf die Kranken strömen ließ, so dringt in der Kommunion seine heilende Liebe in den Leib des Kranken ein.

Der Segen – Gutes sagen

Danach schließt der Priester mit dem Segen. Mir gefällt dabei die Segensformel am besten, die das Rituale als Alternative vorsieht:

> *Jesus Christus, der Herr, sei bei dir, dich zu beschützen. Er gehe vor dir her, dich sicher zu geleiten; er stehe hinter dir, dich zu schirmen. Er schaue dich gnädig an, bewahre dich und segne dich. Es segne dich (und euch alle, die ihr hier anwesend seid) der allmächtige Gott, der Vater und der Sohn und der Heilige Geist.*

Auch beim Segen lege ich dem Kranken noch einmal die Hände auf, damit er ihn mit allen Sinnen erfahren kann. Segnen (als Übersetzung von »benedicere« = »Gutes sagen«) heißt ja, dem Kranken alles erdenklich Gute von Gott her zusagen. Segnen kommt allerdings vom lateinischen »secare« = »schneiden, ritzen«. Dann meint Segnen, dass ich dem anderen die Liebe Gottes leibhaft einritze, dass ich sie hineinzeichne in seinen Leib. Dazu muss ich den Leib berühren. Wenn ich die Segensworte spreche, lege ich dem Kranken die Hände auf den Kopf. Bei den letzten Worten zeichne ich dann mit dem Daumen das Kreuz auf seine Stirn, auf seinen Mund und auf seine Brust. Auf diese Weise kann er leibhaft erfahren, dass Gottes heilende Liebe ihn berührt und dass das Gute, das ich ihm im Namen Gottes sage, in sein Denken, Sprechen und Fühlen hineingeschrieben wird, um es zu verwandeln.

Gemeinsame Krankengottesdienste

Die Krankensalbung kann nur Einzelnen gespendet werden. Ihre Feier kann aber auch in Gemeinschaft abgehalten werden. Dabei gibt es zwei verschiedene Formen: die Krankensalbung innerhalb eines Wortgottesdienstes oder innerhalb einer Eucharistiefeier. Das Rituale sieht die gemeinsame Krankensalbung vor allem bei größeren Gottesdiensten wie zum Beispiel im Rahmen einer Wallfahrt oder bei Versammlungen von Krankenvereinigungen vor und auch für Krankengottesdienste in der Pfarrei. In den letzten Jahren haben viele Pfarreien es zur regelmäßigen Einrichtung gemacht, einmal im Jahr einen Krankengottesdienst zu halten. Das ist ein guter Weg, die Sorge der Kirche für die Kranken zum Ausdruck zu bringen. Den deutschen Bischöfen ist es allerdings ein Anliegen, dass bei einem Krankengottesdienst nicht einfach alle das Sakrament der Krankensalbung empfangen, sondern dass jeder, der es möchte, sich beim Priester anmeldet und von diesem darauf vorbereitet wird. Zumindest sollte in der Vorbereitung auf die gemeinsame Krankensalbung der Sinn dieses Sakraments dargelegt werden. Und bei der Feier sollte deutlich werden, dass Christus selbst im Sakrament die Kranken berührt und mit seiner heilenden Kraft erfüllt.

Wenn die Krankensalbung in einer Eucharistiefeier gespendet wird, ist es sinnvoll, dass alle Texte und Gesänge auf das Thema Kranksein und Heilwerden, Bewältigung der Krankheit und Gotteserfahrung in der Krankheit ausgerichtet sind. So werden nicht nur die Kranken angesprochen, sondern auch die Gemeinde. Die Kranken sind eine Herausforderung für die Gesunden, dass sie sich der Möglichkeit ihres Krankwerdens stellen.

Die Salbung der Kranken

Neben der gemeinsamen Feier der Krankensalbung gibt es in manchen Gemeinden auch Segnungsgottesdienste für Kranke. Alle diese Versuche zeigen, dass die Gemeinden die Kranken wenigstens einmal im Jahr in den Mittelpunkt stellen möchten. Sie sollen nicht abgeschoben und nur von einigen dazu Ausersehenen betreut werden. Die Sorge für die Kranken ist Aufgabe der ganzen Gemeinde. Wie immer der Krankengottesdienst gestaltet wird, mit Segnung der einzelnen, mit Salbung oder im eigentlichen Sinn als Sakrament der Krankensalbung, entscheidend ist, dass die Kranken die liebende Zuwendung der Gemeinde und durch ihr Gebet Trost und Stärkung erfahren. Im Sakrament der Krankensalbung wird sichtbar, dass Christus selbst der wahre Arzt ist. Wie Jesus vor zweitausend Jahren Kranke geheilt hat, so wendet er sich auch heute den Kranken zu. Wenn sie seine Zuwendung gläubig annehmen, dürfen sie vertrauen, dass sie Heilung erfahren, in ihrer Seele und Heilung an ihrem Leib.

III. Leben aus der Krankensalbung

Das Sakrament der Krankensalbung zeigt uns, dass die Krankheit zum Ort der Gotteserfahrung werden kann. Wenn Jesus Kranke heilte, war das für ihn Ausdruck für das Kommen des Reiches Gottes. Gott ist der heilende Gott. Die Überwindung der Krankheit war ein Zeichen für Gottes Herrschaft. Gott möchte das Heil der Menschen. Das bezieht sich nicht nur auf das ewige Heil, sondern auch auf die Heilung von Krankheit und Gebrechen. Als die Jünger des Johannes ihn fragen, ob er der Messias sei, der Gottes Herrschaft bringen wird, da antwortet er ihnen:

> *Geht und berichtet Johannes, was ihr hört und seht: Blinde sehen wieder, und Lahme gehen; Aussätzige werden rein, und Taube hören; Tote stehen auf, und den Armen wird das Evangelium verkündet.*
> MATTHÄUS 11,4f

Was Jesus getan hat, das sollen auch seine Jünger tun. Daher sendet er sie aus, Kranke zu heilen. Die Krankensalbung ist Erfüllung seines Heilungsauftrages. So sehe ich zwei Aufgaben, um das Sakrament der Krankensalbung in unser Leben zu integrieren. Da ist einmal der Aufruf, dass wir alle dazu berufen sind, einander zu heilen. Und zum anderen ist es die Herausforderung, mit unserer Krankheit geistlich umzugehen, sie als spirituelle Aufgabe zu sehen.

Die Salbung der Kranken

Der Heilungsauftrag des Christen

In den letzten Jahrzehnten hat die Krankenhausseelsorge einen neuen Stellenwert in der christlichen Pastoral bekommen. Krankenhausseelsorger erfahren eine eigene Ausbildung. Sie wissen, dass es nicht genügt, nur einfach die Kranken zu besuchen und mit ihnen zu sprechen. Es braucht eine besondere Sensibilität, um ein Gespräch mit einem kranken Menschen zu führen. Denn die Situation des Kranken macht ihn auf der einen Seite offen für die Frage nach dem Sinn seines Lebens und nach Gott als dem letzten Ziel unseres Weges. Auf der anderen Seite ist der Kranke sensibel und kann leicht verletzt werden, wenn der Gesprächspartner ihn vertröstet oder ihm vorschnell den Sinn seiner Krankheit aufzeigen möchte. Er spürt genau, ob sich der andere wirklich seiner Krankheit stellt oder ob er sie sich mit frommen Worten vom Leib hält. Krankheit ist immer auch eine Krise des Glaubens. Viele Kranke stellen sich die Frage: Warum hat Gott das zugelassen? Wie kann Gott so grausam sein? Was ist das für ein Gott, dem ich bisher gedient habe? Habe ich mich in Gott getäuscht? Die Krankheit ist auch für den Seelsorger, der sich auf den Kranken einlässt, eine Herausforderung an seinen Glauben und an sein Gottesbild. Ich kann über Gott nicht mehr naiv reden, wenn ich am Bett einer jungen krebskranken Mutter stehe. Da muss ich meine eigene Sprachlosigkeit zulassen und meinen Glauben in Frage stellen lassen.

Wir dürfen die Sorge um die Kranken aber nicht nur den Krankenhausseelsorgern überlassen. Es ist unser aller Aufgabe. Zunächst ist es die Aufgabe der Angehörigen. Da machen die Seelsorger die unterschiedlichsten Erfahrungen. Es gibt Angehörige, die ihre Verwandten im Krankenhaus besuchen und sich Zeit lassen für Gespräche. Sie reden nicht nur über Oberflächliches, sondern hören genau hin, was die Kranken ihnen sagen möchten. Andere kommen zwar oft, aber sie weichen dem Thema Krankheit aus. Sie erzählen, was daheim geschehen ist. Sie befriedigen die Neugier des Kranken, aber nicht seine Sehnsucht nach wirklicher Begegnung. Andere haben Angst, den Schwerkranken zu besuchen. Sie wollen nicht mit dem Thema der Krankheit konfrontiert werden. Das Sakrament der Krankensalbung ist eine Herausforderung, so mit den Kranken umzugehen, wie es im Ritus des Sakramentes vorgesehen ist: ihnen die Hände aufzulegen und für sie zu beten, ihnen einen Schutzraum anzubieten, in dem sie über ihre Befindlichkeit offen sprechen können, sie zärtlich zu berühren, wie es in der Salbung geschieht, ihnen Hoffnung zu vermitteln, dass Gott sie in ihrer Krankheit sieht und dass die heilende Kraft Jesu auch ihre Krankheit zu wandeln vermag.

Wir Christen haben jedoch nicht nur den Auftrag, für die Kranken zu sorgen und für sie zu beten. Jesus sendet seine Jünger aus, um die Kranken zu heilen. Viele Christen meinen, dass sie das Heilen den Ärzten und Therapeuten überlassen müssten. Doch wenn wir die Worte Jesu ernst nehmen, sind wir alle in die Welt gesandt, um Kranke zu heilen. Und wenn wir den Auftrag haben, haben wir offensichtlich auch die Fähigkeit dazu. Doch wie sollen wir das verstehen? Es geht sicher nicht darum, dass wir als »Hobby-Heiler« auftreten. Für mich bedeutet der Heilungsauftrag Jesu zum einen, dass wir der heilenden Kraft des Gebetes trauen, zum anderen, dass wir mit unserem ganzen Sein eine heilende Ausstrahlung haben sollen. Unser Glaube darf nicht bei der Krankheit aufhören. Das intensive Gebet vermag Menschen zu heilen. Allerdings dürfen wir das Gebet nicht magisch verstehen. Wir dürfen dem anderen keine Schuldgefühle vermitteln, wenn er durch das Gebet nicht gesund wird. Es liegt dann nicht an seinem mangelnden Glauben. Wir dürfen mit dem Wunder der Heilung rechnen, aber wir müssen es Gott überlassen, wie er auf die Krankheit reagiert. Das Gebet ist kein Zaubermittel. Wir haben keine Gewissheit, dass Gott unsere Gebete so erhört, wie wir uns das wünschen. Er erhört sie immer. Aber sein Wille bleibt uns auch ein Geheimnis.

Wie kann man eine heilende Ausstrahlung gewinnen? Manche Menschen erleben wir als angenehm. Sie tun uns gut. Wir haben den Eindruck, in ihrer Nähe gesünder leben zu können. Andere machen uns krank. Sie stecken uns an mit ihrer Unzufriedenheit, mit ihrem ständigen Jammern und Klagen, mit ihrem Kritisieren und Schimpfen.

Wir können unsere Ausstrahlung nicht von heute auf morgen verändern. Aber wir können doch an uns arbeiten, dass wir auf andere heilend wirken. Die erste Aufgabe besteht darin, dass wir uns mit uns selbst versöhnen und im Einklang mit uns selbst leben. Wer mit sich im Frieden ist, von dem geht auch Frieden aus. Die zweite Aufgabe wäre, sensibel auf die Bedürfnisse des Kranken zu hören. Was ist seine tiefste Sehnsucht? Was braucht er? Was täte ihm gut? Aber wir sollten nicht nur sensibel auf Kranke reagieren. Es sollte immer, auch im Gespräch mit Gesunden, von uns etwas Heilendes ausgehen. In gewisser Weise haben wir alle die Gabe des Heilens empfangen. Der eine heilt durch seinen Humor, der andere durch sein Verständnis, durch seine Milde. Der eine spricht Worte, die das Herz berühren, der andere weckt Leben im anderen, wenn er auf dem Klavier spielt oder wenn er ein Bild malt.

Das Sakrament der Krankensalbung will uns herausfordern, unsere Gaben wahrzunehmen und an ihre heilende Wirkung zu glauben. Was Gott uns geschenkt hat, das sollen wir bewusst einsetzen. Jeder von uns kann um sich eine heilende Atmosphäre schaffen. Aber er muss sich zuvor selbst heilen lassen. Er muss sich seinen Verletzungen stellen und sie in die heilende Liebe Gottes halten, damit er sie nicht weitergibt. Dann können gerade seine Wunden zu einer Quelle heilender Kraft werden.

Die Griechen haben geglaubt, dass nur der verwundete Arzt zu heilen vermag. Nur wer sich seiner eigenen Wunden bewusst ist und wer die Verwandlung und Heilung seiner Wunden erfahren hat, ist fähig, andere zu heilen. Nur von solchen verwundeten Ärzten geht eine heilende Ausstrahlung aus. Sie allein vermitteln den Kranken die Hoffnung, dass sie gesund werden.

Bei einem Pfingstkurs ließ ich die Teilnehmer eine Karte ziehen, auf der eine Gabe des Heiligen Geistes stand. Ein Mann zog die Gabe des Heilens. Er erschrak und fragte, wie er das verstehen solle. Er könne doch nicht heilen. Die Teilnehmer ermutigten ihn. Er hätte eine heilende Ausstrahlung. Das würde man spüren. Sein Humor und seine Freundlichkeit täten einem gut. Dennoch spürte er die Ohnmacht, wie er mit seiner Frau umgehen sollte, die immer wieder von Depressionen heimgesucht wurde. Aber er glaubte, dass er nicht umsonst »die Gabe des Heilens« gezogen habe. So ging er mit neuem Vertrauen nach Hause. Er wollte bewusst darauf achten, dass etwas Heilendes von ihm ausging. Er nahm sich nicht vor, seine Frau zu heilen. Denn er wusste, wie gefährlich es ist, sich mit dem archetypischen Bild des Heilers zu identifizieren. Damit würden wir uns überschätzen. Doch er vertraute darauf, dass auch von ihm etwas

Die Salbung der Kranken

Heilendes ausgehen könnte, wenn er sich im Gebet immer wieder von Gottes heilendem Geist durchdringen lassen würde.

Die Krankheit als geistliche Aufgabe

Keiner von uns ist gefeit gegen Krankheit. Auch wenn wir noch so gesund leben, wenn wir auf eine ausgewogene Ernährung achten und uns genügend bewegen, haben wir keine Garantie, von Krankheit verschont zu werden. Wenn wir krank werden, dann ist es nicht nur unsere Aufgabe, zum Arzt zu gehen und alle medizinischen Möglichkeiten auszunutzen. Wir müssen uns mit der Krankheit auseinandersetzen. Wir haben sie als unsere Aufgabe zu sehen, an der wir wachsen können. Und wir sollen sie als geistliche Aufgabe verstehen. Doch worin besteht die geistliche Aufgabe der Krankheit?

Die Krankheit stellt mich in Frage – sie stellt mir viele Fragen. Die erste Frage ist die nach dem richtigen Leben: Weist mich meine Krankheit darauf hin, dass ich etwas übersehen habe, dass ich an meiner Wahrheit vorbeigelebt habe? Habe ich mich übernommen? Habe ich zu viel gearbeitet? Habe ich zu viel heruntergeschluckt? Habe ich wichtige Signale meines Leibes und meiner Seele überhört? Und was will mir die Krankheit sagen? Was sollte ich verändern? Wo sollte ich andere Akzente in meinem Lebenskonzept setzen? Worauf kommt es wirklich an in meinem Leben? Sollte ich langsamer treten, behutsamer und achtsamer leben? Was bedeuten mir meine Freunde, meine Familie? Wo habe ich sie vernachlässigt? Wie möchte ich mit ihnen umgehen, wenn die Zeit, die mir mit ihnen bleibt, begrenzt ist? Die Krankheit ist eine Chance, mein Leben zu überdenken und die Schwerpunkte anders zu setzen.

Trost und Zärtlichkeit

Die zweite Frage zielt auf die geistliche Dimension der Krankheit: Was ist Leben, wenn es begrenzt ist, wenn es verletzt ist? Worin besteht der Sinn meines Lebens? Was will Gott mir durch die Krankheit sagen? Worauf setze ich? Die Krankheit zwingt mich, von manchen Illusionen Abschied zu nehmen. Ich erlebe meine Endlichkeit, meine Vergänglichkeit. Alles, was ich bisher geschaffen habe, relativiert sich. Ich kann die Krankheit nur in innerem Frieden bewältigen, wenn ich mich auf meine wahre Identität besinne. Was ist mein innerster Kern? Was ist mein wahres Selbst? Alles Äußere fällt weg. Der Leib funktioniert nicht mehr. Das Aussehen wird unansehnlich. So muss ich den Weg nach innen gehen und dort mein wahres Selbst entdecken. Bei aller äußeren Gefährdung und Schwächung gibt es in mir einen Raum, in dem ich heil bin und ganz. Es ist der Raum der inneren Stille, in dem Gott selbst in mir wohnt. In diesen Raum muss ich mich zurückziehen. Es ist eine Konzentration auf das Wesentliche. Alles andere fällt ab.

Es gibt auch noch andere Fragen, die in der Krankheit auftauchen: Warum habe ich solange an mir und meiner Wahrheit vorbei gelebt? Was bleibt, wenn ich sterben werde? Was ist die Essenz meines Lebens? Was ist die Spur, die ich eingegraben habe?

So lädt mich die Krankheit ein, mir von neuem bewusst zu werden, was ich mit meinem Leben vermitteln möchte, was die eigentliche Botschaft ist, die ich den Menschen, die mir lieb sind, hinterlassen möchte. Alles, woran ich mich festgeklammert habe, muss ich loslassen. Ich muss meine Gesundheit loslassen. Ich muss Arbeit und Beruf loslassen und Menschen, die ich liebe. Die Krankheit isoliert mich, wirft mich auf mich selbst zurück.

Das Tor des Todes muss ich einsam durchschreiten, auch wenn mich liebe Menschen auf meinem letzten Weg begleiten. Die Krankheit ist so eine Einübung ins Sterben.

In der Krankheit zeigt sich, wie weit mich meine Spiritualität geprägt hat. Ich kenne Menschen, die viel meditiert haben und mir als geistliche Menschen erschienen. Doch in der Krankheit kam die ganze Empfindlichkeit durch. Da kreisten sie egozentrisch um sich selbst. Sie waren unzufrieden und wurden für ihre Pfleger ungenießbar und schwierig. Ich habe keine Garantie, wie ich als Kranker sein werde. Wenn die Schmerzen übergroß werden, weiß ich nicht, wie ich reagieren werde. Die Krankheit wird meine Seele offenbaren. Und zugleich lädt sie mich ein, alles, worauf ich mir etwas eingebildet habe, loszulassen. Ich muss die Illusion loslassen, dass ich in allen Situationen selbstbeherrscht und gelassen bin, dass ich auch in der Krankheit im Einklang bin mit mir selbst. Ich kann mich nur in meiner Ohnmacht in Gott hinein ergeben und ihn bitten, dass er mich in der Krankheit und durch sie hindurch führt. Die Krankheit demaskiert den Menschen. Ich kann nur darum beten, dass hinter meiner Maske keine Fratze sichtbar wird.

Die letzte Frage, die mir die Krankheit stellt, ist die Frage nach meinem Gottesbild: Wer ist für mich Gott? Welche Bilder von Gott hatte ich als Gesunder? Welche Gottesbilder tauchen jetzt in meiner Krankheit auf? War mein Gottesbild zu sehr von Projektionen bestimmt? Wer ist dieser Gott wirklich? Wie kann ich ihn verstehen, wenn er mir diese Krankheit zumutet? Kann ich in meiner Krankheit noch an die Liebe Gottes glauben? Bin ich bereit, mich diesem Gott anzuvertrauen? Glaube ich, dass mich seine gute Hand auch in der Krankheit hält, dass ich in allen Schmerzen von seiner liebenden und heilenden Nähe umgeben bin?

Der Umgang berühmter Dichter mit ihrer Krankheit

Viele Dichter sind an ihrer Krankheit gereift. Sie gingen jedoch sehr verschieden mit ihrer Krankheit um. Reinhold Schneider hatte von seinem Vater die Schwermut geerbt, aber er nahm die Krankheit an. Sie wurde zur Quelle seiner Dichtung. Und sie prägte sein Gottesbild. Es ist das Gottesbild des leidenden Christus. Seine Krankheit führte ihn zu der Erkenntnis:

> *Es ist das Paradox der Botschaft, dass wir in einem gewissen Sinn krank sein müssen, weil Er sonst nicht zu uns kommt; dass wir zugleich krank sind und geheilt werden. So ist Leibeskrankheit Heimsuchung der Gnade.*
>
> CERMAK 37

Reinhold Schneider hat sich mit den beiden großen Denkern befasst, die die Krankheit ähnlich sahen wie er: mit Blaise Pascal und Novalis. Pascal, der voller Leidenschaft und Ehrgeiz war, erfuhr die Krankheit als die Kraft, die ihn »aus den Fesseln der Welt befreit und zu Gott hinträgt.« (Cermak 27)

Novalis, der seines Lungenleidens wegen nur 29 Jahre alt wurde, pries seine Krankheit als Zeichen göttlicher Auserwähltheit:

Die Salbung der Kranken

 Krankheiten zeichnen den Menschen vor den Tieren und Pflanzen aus. Zum Leiden ist der Mensch geboren. Je hilfloser, desto empfänglicher für Moral und Religion. Je erzwungener das Leben ist, desto höher.

CERMAK 214

Andere Dichter wie Heinrich Heine, Maxim Gorki und Leo Weismantel protestieren gegen ihre Krankheit. Heinrich Heine kann sich mit seiner Krankheit absolut nicht versöhnen. Im Gegenteil, seine Qualen machen ihn reizbar, führen ihn zu Selbsthass und zum Hass auf andere. Maxim Gorki verspottet das Leiden. Er will es einfach nicht beachten. Er verachtet die Krankheit und kämpft gegen sie ein Leben lang. Dennoch hat sie ihn besiegt. Leo Weismantel beachtet seine Krankheit nicht:

 Ich tat, als sei ich gesund.

CERMAK 58

Er ignoriert seine Krankheit. Sein Werk ist ihm wichtiger als das Jammern über die Krankheit. Er gibt sich ganz seinem Werke hin. Er entscheidet sich dafür, lieber kürzer, aber dafür intensiver zu leben. Die Hingabe an sein Werk erfüllt ihn mit tiefer Befriedigung. Der daraus resultierende »ausgeglichene und gehobene Gemütszustand wirkt sich günstig auf den Körperzustand aus.« (Cermak 58)

Der Arzt und Philosoph Karl Jaspers versucht, trotz seiner Krankheit »hochgemut zu leben«. Und Christian Morgenstern weigert sich, sich von der Krankheit bestimmen zu lassen. Er nimmt seine Lungenkrankheit zwar an, aber sie ist für ihn nur äußerlich.

Sein Innerstes lässt er davon nicht berühren. Dennoch sieht er die Krankheit auch als Chance an:

Jede Krankheit hat ihren besonderen Sinn, denn jede Krankheit ist eine Reinigung, man muss nur herausbekommen wovon.

CERMAK 62

Er versucht, eine innere Distanz zu seiner Krankheit zu bekommen. Seine Frau Margarete schreibt, dass der Dichter trotz unsäglicher Leiden gelächelt habe,

mit jener alles lösenden und alles erlösenden reinen und schwebenden Heiterkeit, deren nur solche Menschen fähig sind, die in sich den sicheren Weg zur inneren Freiheit tragen.

CERMAK 64

Von sich selbst sagt Morgenstern:

Ich möchte den Satz aufstellen: Kein wahrhaft freier Mensch kann krank sein. Und was mich betrifft, so mögen's meine Werke von der ersten bis zur letzten Zeile bezeugen.

CERMAK 68

Weil sich Morgenstern im Innersten gesund fühlte, konnte er der Krankheit standhalten, ohne sich von ihr bestimmen zu lassen.

So wie die Dichter und Denker jeweils anders auf ihre Krankheit reagieren, so gibt es auch für uns verschiedene Wege, mit ihr fertig zu werden. Wir können in der Krankheit eine Chance sehen, das

Geheimnis unseres Menschseins und das Geheimnis Gottes tiefer zu ergründen. Wir können gegen sie rebellieren und das Beste aus unserem Leben herausholen. Oder wir können die Krankheit wahrnehmen, uns aber innerlich von ihr distanzieren, so dass wir uns von ihr nicht beherrschen lassen. Wie wir mit der Krankheit umgehen, hängt immer auch von unserem Charakter und unserer Lebensgeschichte ab. Aber in jedem Fall ist die Krankheit ein wichtiger Einschnitt. Sie demaskiert uns und zwingt uns, die eigene Wahrheit anzuschauen und ihr standzuhalten.

Liebe bis zum Tod

Das Sakrament der Krankensalbung lädt uns dazu ein, die Krankheit spirituell zu bewältigen. Was im Sakrament an uns geschieht, das sollten wir auch innerlich nachvollziehen. Für mich heißt das, dass ich meine Krankheit unter das Gebet stelle, ja, dass ich die Krankheit selbst zum Gebet werden lasse.

Mein Gebet darf dabei verschiedene Stufen durchlaufen. Zunächst werde ich mit aller Inbrunst Gott bitten, dass er mich von der Krankheit befreien möge. Ich will noch gerne leben und bitte Gott darum, mich all das, was ich mir in meinem Leben erträumt habe, auch verwirklichen zu lassen. Dabei werde ich versprechen, mein Leben nach seinem Willen auszurichten, bewusster und achtsamer zu leben, auf das Wesentliche zu achten.

Dann aber wird mein Gebet immer wieder die Bereitschaft signalisieren, dass sein Wille an mir geschehe, dass ich bereit bin, mich seinem Willen zu fügen. Im Gebet entsteht dann eine innere Distanz zu mir selbst, zu meinem Ego. Ich überlasse mich Gott.

Die dritte Stufe des Gebetes wird sein, dass die Krankheit selbst zum Gebet wird. Viele Kranke erzählen mir, dass sie gar nicht mehr beten können. Sie können sich nicht mehr konzentrieren. Die Schmerzen sind zu groß. Oder ihr Kopf ist einfach leer geworden. Dann wäre es die Aufgabe, dass die Krankheit selbst zum Gebet würde. Indem ich meine Krankheit annehme und mich als Kranker, der zu keinem vernünftigen Gedanken mehr fähig ist, Gott hinhalte, bete ich mit meiner ganzen Existenz. Ich bete nicht mehr gegen meine Krankheit an, sondern mit meiner Krankheit und in ihr und durch sie. Meine Krankheit wird dann für mich der Weg zu Gott. Sie führt mich immer tiefer in sein unbeschreibliches Geheimnis hinein.

Die Krankheit zum Gebet werden lassen

Die Handauflegung, die im Ritus der Krankensalbung vorgesehen ist, ist für mich ein Bild, dass ich mich mit meiner Krankheit unter Gottes gute Hand halte, dass ich weiß, dass ich in meinem Kranksein unter seinem Schutz stehe. Ich kann meine Krankheit nicht verstehen. Ich leide an ihr. Aber ich weiß mich trotzdem in ihr von Gott gehalten. So wie Reinhold Schneider sich in der Krankheit von Gottes Hand ergriffen wusste, so darf ich erahnen, dass Krankheit zum Ort der Gottesbegegnung werden kann. In meiner Krankheit erlebe ich leibhaft, dass Gottes Hand mich ergriffen hat, um mich für sich aufzubrechen und um mich an sich zu drücken.

Die Salbung mit Öl wird zum Gleichnis, dass Gottes heilende Liebe in mich und in meine Wunden einströmt. Wenn die Schmerzen zu stark werden, kann ich mir vorstellen, dass Gottes Liebe in sie hineinfließt und sie lindert. Gottes Liebe kann meine Krankheit

Die Salbung der Kranken

heilen. Aber ich darf nicht darauf fixiert sein, dass ich dadurch von allen Symptomen befreit werde. Vielleicht geschieht die Heilung auch nur in meiner Seele. Auf jeden Fall werde ich meine Krankheit anders erleben, wenn ich sie immer wieder der zärtlichen Liebe Gottes hinhalte, wenn ich mir vorstelle, dass Christus selbst mich liebevoll mit dem Öl seiner Milde salbt. Wer die Schmerzen nur als feindlich erlebt, der kann manchmal daran irre werden. Er wird in seiner Krankheit bitter und hart. Öl hat etwas Weiches an sich. Und Öl löst das Bittere auf. Olivenöl hinterlässt einen guten Geschmack im Mund. So bekommt die Krankheit einen anderen Geschmack, wenn ich sie von der Liebe Gottes wie von Olivenöl durchströmen lasse.

Das Öl, das für die Krankensalbung bestimmt ist, wird vom Bischof in der Karwoche geweiht. Das Sakrament der Krankensalbung lässt uns teilhaben am Geheimnis von Tod und Auferstehung Jesu. Es übt uns ein in die Hingabe Jesu am Kreuz. Jesus hat den gewaltsamen Tod am Kreuz verwandelt zum Höhepunkt seiner Liebe. Das Johannesevangelium verkündet uns, dass Jesus uns am Kreuz bis zur Vollendung geliebt hat. So ist die Krankensalbung auch eine Einladung, dass wir unsere Krankheit als Akt der Hingabe verstehen, als Teilhabe an der Passion Jesu. Wer seine Krankheit annimmt und sie für seine Brüder und Schwestern erleidet, der verwandelt sie zu einer Quelle des Segens. Er verwirklicht, was Paulus im Kolosserbrief schreibt:

> *Für den Leib Christi, die Kirche, ergänze ich in meinem irdischen Leib das, was an den Leiden Christi noch fehlt.*
> KOLOSSER 1,24

Ältere Leute drücken das oft so aus: »Ich opfere mein Leiden für meine Kinder, für meine Familie.« Wir tun uns heute schwer mit dieser Vorstellung, unsere Krankheit für andere aufzuopfern. Doch ich erlebe bei älteren Menschen, dass ihnen diese Haltung dabei hilft, ihre Krankheit anzunehmen. Denn so sehen sie in ihrer Krankheit noch einen Sinn. Sie erleben sich nicht hilflos. Sie können auch in ihrer Krankheit noch für andere etwas tun, für ihre Kinder und Enkelkinder. Auch wenn sie an den Schmerzen und an der Beeinträchtigung und Behinderung ihres Lebens leiden, so verwandeln sie das, was sie von außen her so hart trifft, doch in eine Geste der Liebe.

Ich würde dieses »Aufopfern der Krankheit« anders ausdrücken: Ich möchte mich mit meiner Krankheit aussöhnen und sie in Solidarität mit den Menschen um mich herum annehmen. Ich möchte meine Krankheit nicht nur passiv erleiden, sondern sie in einen Akt der Hingabe verwandeln. Wenn mir das gelingt, dann ist das die größte Verwandlung, die ich in meinem Leben erfahren darf, dann hat Jesu Geist mein Herz verwandelt.

Ich darf vertrauen, dass Gott meine Krankheit heilt. Aber wenn ich spüre, dass es dem Ende zugeht und wenn der Arzt das durch seine Diagnose bestätigt, dann hat es keinen Sinn, krampfhaft am Leben festzuhalten. Dann ist die Krankensalbung zugleich Einübung ins Sterben. Die Hand Jesu, die mich im Sakrament berührt, lädt mich ein, alles loszulassen, meine Aufgaben, meinen Besitz, die Menschen um mich herum und schließlich mich selbst. Ich weiß dann, dass auch der Tod mich nicht aus der Hand Jesu reißt, sondern dass Jesu Hand mich durch die Pforte des Todes hindurch geleitet, dass ich im Tod in Gottes mütterliche Arme fallen werde, die mich auffangen und an sich drücken. Dann werde ich für immer daheim sein, am

Die Salbung der Kranken

Ende meiner Wünsche. Dann werden mir die Augen aufgehen und ich werde Gott schauen, wie er ist. Dann wird erfüllt, was Paulus den Korinthern schreibt:

> Was kein Auge gesehen und kein Ohr gehört hat, was keinem Menschen in den Sinn gekommen ist: das Große, das Gott denen bereitet hat, die ihn lieben.

1 KORINTHER 2,9

Schluss

Das Sakrament der Krankensalbung ist nicht nur ein Ritus, den der Priester am Kranken vollzieht. In diesem Sakrament begegnet uns Christus, um uns am Geheimnis seines Lebens Anteil zu schenken. Da berührt uns Christus als der Arzt, der unsere Wunden zu heilen vermag. Da hält Christus seine liebende Hand über uns, damit wir uns im Schutzraum seiner Liebe einüben in das Geheimnis von Leben und Tod, in das Geheimnis von Christi Tod und Auferstehung. Was wir im Sakrament erfahren, das hat Auswirkungen auf unser Leben. Im Sakrament gipfelt die Sorge der Kirche für die Kranken. Die Kirche als die Gemeinschaft der Gläubigen ist gerade heute durch die Zunahme von alten und kranken Menschen verstärkt vor die Aufgabe gestellt, sich den Kranken zuzuwenden und ihnen in der »Erschütterung ihrer Existenz« beizustehen. Wie eine Gemeinschaft mit Kranken und Alten umgeht, daran erweist sich ihre Qualität. Die Kirche erfährt sich daher gerade im Sakrament der Krankensalbung in ihrem Wesen als Gemeinschaft derer, die sich von Christus gesandt wissen, die Frohe Botschaft vom Reich Gottes zu verkünden und Kranke zu heilen.

Das Sakrament ist für den Kranken eine Einladung, in Gemeinschaft mit Christus seine Krankheit zu bestehen und sie als Chance zu sehen, das Geheimnis des Menschen vor Gott zu verstehen. In der Krankensalbung wird deutlich, dass jede Krankheit eine geistliche Aufgabe ist, dass sie letztlich nicht nur medizinische oder psychologische Betreuung verlangt, sondern eine spirituelle Begleitung, damit sie angenommen und verwandelt werden kann. Der Ritus der Kran-

Die Salbung der Kranken

kensalbung zeigt, wie wir die Krankheit geistlich bestehen können. Es geht letztlich darum, die Krankheit in einen Akt der Hingabe und Liebe zu verwandeln und sie so zum intensivsten Gebet werden zu lassen, das uns möglich ist. All unser Beten kann nur einmünden in die Worte, mit denen Jesus selbst sein Leben in Gottes gute Hand übergab:

> *Vater, in deine Hände lege ich meinen Geist.*
> LUKAS 23,46

Literatur

Die Feier der Krankensakramente. Die Krankensalbung und die Ordnung der Krankenpastoral in den katholischen Bistümern des deutschen Sprachgebietes, hrsg. im Auftrag der Bischofskonferenzen Deutschlands, Österreichs und der Schweiz und der Bischöfe von Bozen-Brixen und von Luxemburg, Freiburg 1975. (Das offizielle »Rituale« der katholischen Kirche für die Feier der Krankensalbung in deutscher Sprache.)

Ida Cermak, Ich klage nicht. Begegnungen mit der Krankheit in Selbstzeugnissen schöpferischer Menschen, Wien 1972.

Walter Grundmann, Das Evangelium nach Markus, Berlin 1984.

Reiner Kaczynski, Feier der Krankensalbung, in: Sakramentliche Feiern I/2, hrsg. v. Hans Bernhard Meyer, Regensburg 1992.

Gisbert Greshake, Krankensalbung, in: Lexikon für Theologie und Kirche, Freiburg 1997, 419–423.

Kardinal Lustiger, Stärkung fürs Leben. Über das Kranksein und das Sakrament der Krankensalbung, München 1991.

Franz Mußner, Der Jakobusbrief, Freiburg 1964.

Die Weihe –
Priesterlich leben

Einleitung

Wenn ich über die Priesterweihe schreibe, werde ich mit meinem eigenen Priesterverständnis konfrontiert: Wie verstehe ich mich als Priester? Was ist für mich das Wesentliche an meiner priesterlichen Existenz? In den 1970er-Jahren wurden endlose Diskussionen darüber geführt, was das Wesen des Priesters ausmacht, ob er vor allem Gemeindeleiter sei oder Sakramentenspender oder Seelsorger. Als Gemeindeleiter werden heute in vielen Diözesen schon Laien eingesetzt. Seelsorger ist nicht nur der Priester, sondern ebenso die Gemeindereferentin oder der Pastoralreferent. Die Spendung der Sakramente bleibt dem Priester vorbehalten. Doch besteht darin das Wesen des Priestertums? Nur in dieser Richtung zu denken, wäre für mich eine Engführung.

Ich bin gerne Priester. Ein wichtiger Ort, an dem ich mich als Priester erlebe, ist die Feier der Eucharistie. Und wenn ich als Priester ein Kind taufe, spüre ich, wie schön dieser Dienst ist. Aber besteht das Priestersein nur im Dienst? Was ist das Eigentliche des Priestertums? Wenn ich mich diesen Fragen stelle, merke ich, dass ich keine klare und eindeutige Antwort geben kann. Mein Priestersein ist so vielfältig, dass es nicht nur von den Aufgaben her definiert werden kann. Mein Priestersein ist vielmehr, eine eigene Qualität zu sein.

Wenn in der theologischen Diskussion über den Priester nachgedacht wird, dann geht es immer wieder auch um das Verhältnis von allgemeinem Priestertum, das alle Christen einschließt, und den Amtspriestern, die vom Bischof zum Priester geweiht und für ihre Aufgabe in die Welt gesandt werden. Ein wesentlicher Aspekt des

Die Weihe

Priesterseins ist sicher die Sendung. Wir werden nicht zum Priester geweiht, damit wir uns besser fühlen, damit sich unser Selbstwertgefühl erhöht, damit wir etwas Besonderes sind. Der Priester ist zu den Menschen gesandt. Ich möchte daher das Sakrament der Priesterweihe vor dem Hintergrund der Berufung und Sendung betrachten, die dem Priester eigen sind, die aber in irgendeiner Weise jedem Christen gelten. Denn jeder Christ hat seine besondere Berufung und Sendung. Das Bild des Priesters und der Priesterweihe könnte daher jedem Christen helfen herauszufinden, was sein Auftrag in dieser Welt ist und welcher Quellen er bedarf, um diesen Auftrag angemessen auszufüllen.

Die katholische Kirche zählt die Priesterweihe zu den sieben Sakramenten. Martin Luther hat gegen den besonderen Status des Priesters protestiert und dagegen das allgemeine Priestertum der Gläubigen gesetzt. Auch das Zweite Vatikanische Konzil (1962–1965) hat den Gedanken vom allgemeinen Priestertum aufgegriffen. Doch Luther und das Konzil sagen nur sehr wenig darüber, was dieser Begriff bedeuten soll.

Für Luther besteht das Priestertum der Gläubigen vor allem im freien Zugang, den jeder zu Gott hat. Um zu Gott zu gelangen, braucht es nicht den besonderen Dienst des Priesters. Die priesterliche Aufgabe der Gläubigen sieht Luther vor allem im Lob Gottes. Ähnlich sieht es die neuere katholische Theologie. Sie fügt noch den Aspekt hinzu, dass alle Gläubigen in der Eucharistie Gott das reine Opfer darbringen. Und sie spricht in der Tradition der frühen Kirchenväter vom geistigen Opfer, das die Gläubigen darbringen, vom makellosen Opfer eines reinen Gewissens, vom Opfer der Selbstentsagung und Bruderliebe. Hier wird der Priester zum Bild des frommen Christen überhaupt. Doch wenn man in den Aussagen Luthers und des Konzils nach dem Wesentlichen und Eigentlichen des Priestertums sucht, so findet man sehr wenig.

Mir ist es wichtig, dass ich den Begriff des Priesters zuerst mit Inhalt fülle, bevor ich über das besondere und allgemeine Priestertum spreche. Der Priester ist für mich ein archetypisches Bild. Und so können wir nur bildhaft über das Priestersein des Amtspriesters und des Christen und der Christin sprechen. Ich kann auch über meine persönliche Existenz als Priester nur in solchen Bildern meditieren. Im Betrachten dieser Bilder geht mir auf, wer ich als Priester bin. Und dann ist es nicht mehr so wichtig, was nun der genaue theologische Unterschied zwischen dem besonderen und allgemeinen Priestertum ist.

I. Zur Theologie des Priesters

1. Der Archetyp des Priesters

Wenn wir einen Blick in die Geschichte der Religionen werfen, die dem Christentum vorausgehen, so sehen wir, dass in allen Religionen Priester wichtige Funktionen ausüben. Wassilios Klein definiert die Priester als

 Religionsführer, die sich vornehmlich durch besondere Kraft (Charisma, Gnade, Mana) und ihre Mittleraufgabe zwischen Gottheit und Mensch als Kultvorsteher von der Masse der Anhänger einer Religion unterscheiden.

KLEIN, TRE 379

Hier wird etwas Wichtiges sichtbar: Der Priester ist entweder von Geburt an oder durch eine besondere Weihe mit einer besonderen Kraft begabt. Er hat eine numinose Qualität. In ihm ist eine Kraft gegenwärtig, die unserem Zugriff entzogen ist.

Der die Dämonen abwehrt

Der Priester steht der Gottheit nahe und versucht, durch Riten Gottes heilende Kraft für die Menschen nutzbar zu machen. Priester sind in der Religionsgeschichte Spezialisten für Rituale. Durch das richtige Praktizieren der Riten sichern sie das Leben der menschlichen Gemeinschaft ab gegen dämonische Mächte, die den Menschen gefährlich werden können. Wir denken vielleicht, dass das alles altertümliche und längst überholte Funktionen sind. Aber wir können uns vorstellen, welche beruhigende Wirkung das priesterliche Tun für die Menschen damals hatte. Wenn wir das magische Denken der Frühzeit in unser Priesterbild übersetzen, würde es heißen: Priester ist der Mensch, der in sich die Dämonen abwehrt. Für die Mönche konnte nur der die Dämonen abwehren, der sich mit ihnen vertraut gemacht hat, der also die eigene Seele kannte. Wer sich nicht von Dämonen, von Projektionen, von fixen Ideen leiten läßt, sondern in seiner Seele von Gott bestimmt wird, der ist ein Segen für seine Umgebung, von dem geht eine schützende Wirkung aus. Er hat die Kraft der Dämonen in spirituelle Kraft verwandelt.

Lehrer, Traumdeuter, Wahrsager

Eine andere wichtige Aufgabe der Priester war die Wissensvermittlung. Sie waren geschult im Wissen um das Wesen der Götter, aber auch um das Gelingen des menschlichen Lebens. Sie waren daher für die Menschen Garanten dafür, dass ihr Leben gelang. Zur Wissensvermittlung kam die Traumdeutung. Die Priester waren die ersten Traumdeuter. Die Träume wurden als etwas Heiliges angesehen, das von Gott kommt. Aber viele Menschen konnten die Träume nicht selbst deuten. So gingen sie zu den Priestern. In manchen Religionen hatten die Priester die Aufgabe, an Orakelstätten den konkreten Willen Gottes für den einzelnen herauszufinden und zu verkünden. Schließlich gab es Wahrsagepriester, denen man die Fähigkeit zutraute, dass sie die Zukunft vorhersagen konnten.

Der Priester brauchte also ein Gespür für das Wirken des göttlichen Geistes. Er sollte Gottes Geist im menschlichen Geist entdecken. Er sollte die Wege Gottes für den einzelnen erkennen. Dazu bedurfte es der Gabe der Unterscheidung der Geister.

Arzt und Therapeut

Zum Dienst des Priesters gehörte es, rituelle Waschungen an den Menschen vorzunehmen, um sie von Schuld zu reinigen oder von den Vorstellungen, die die Projektion böser Menschen an ihnen bewirkt hatte. Der Priester war also da, damit der Mensch zu seinem wahren Wesen finden konnte. Der Priester war kein Medizinmann. Trotzdem gehörte es auch zu seiner Aufgabe, Krankheiten zu heilen und für die Seele der Menschen zu sorgen, indem er ihre Probleme anhörte und sie im Gebet vor Gott brachte, um Gottes Willen für den einzelnen zu erkunden.

Wenn ich diese altertümlichen Aufgaben für uns deute, dann denke ich vor allem an die reinigende Wirkung. Der Priester ist der, der den Menschen von den Projektionen reinigt, die andere auf ihn geworfen haben, und von den selbstgemachten Vorstellungen, mit denen er sein wahres Bild eintrübt. Und er reinigt ihn von der Schuld, die sein Wesen verdunkelt. Der Priester sieht im Menschen Gottes ursprüngliche Schönheit und lässt sich nicht von Vorurteilen leiten. Er entdeckt Gottes Spuren in jedem menschlichen Leben. Und er hilft den Menschen, diesen ursprünglichen und unverfälschten Spuren Gottes im eigenen Leben zu trauen und so das ureigenste Bild Gottes in sich zu verwirklichen.

Mittler zwischen Gott und Menschen

Der Priester ist wesentlich Mittler zwischen Gott und Menschen. Er steht in der Mitte zwischen beiden und vermittelt den Menschen Gottes Nähe und Liebe und Gottes heilende und reinigende Kraft. Alle Religionen kennen den Priester als den Mittler zwischen Gott und den Menschen. Er vermittelt zwischen Gott und den Menschen, indem er ihre Opfer zu Gott bringt, oder indem er ihre Anliegen im fürbittenden Gebet aufnimmt und sie zu Gott weiterleitet. Die Römer haben diese vermittelnde Funktion des Priesters im Bild des »pontifex«, des Brückenbauers, ausgedrückt. Sie nannten den obersten Priester den »Pontifex maximus«, den größten Brückenbauer. Der Priester baut an der Brücke zwischen Gott und den Menschen, aber auch an Brücken zwischen den Menschen. Er ist als Mittler zugleich Verbinder und Versöhner. Er bringt die beiden getrennten Pole zusammen: Licht und Dunkel, Gott und Mensch, Not und Heil, Sünde und Vergebung. Der Priester hat eine verbindende Aufgabe. In einer Welt, in der sich die Menschen zerrissen fühlen und die Zerrissenheit oft genug in ihrer Gesellschaft erfahren, ist der Priester ein Garant, dass weder der einzelne noch die Gemeinschaft auseinanderfällt.

Der Priester als Mittler heißt für mich, dass er mit seiner eigenen Mitte in Berührung ist, dass er in seiner Mitte eins ist mit Gott. Der Priester, der die Gaben des Volkes opfert, bedeutet für mich: Er ist Wandler und Verwandler. Wenn er die Gaben des Volkes Gott opfert, dann verbrennt er sie. Die Gaben werden also verwandelt. Sie werden aus dem irdischen Bereich herausgehoben und in den göttlichen Bereich hineingestellt. Priester ist der, der das Irdische mit dem Göttlichen verbindet, der das Irdische so verwandelt, dass

Gott darin aufscheint. Das ist ein Bild für den Prozess menschlicher Selbstwerdung. Der Mensch findet nur dann zu sich selbst, wenn er mit seinen Trieben, Leidenschaften, Emotionen und Fähigkeiten immer mehr von Gottes Geist ergriffen und durchdrungen wird.

Klage-, Sänger-, Beschwörungspriester

Eine andere Gruppe von Priestern waren die Klage-, Sänger- und Beschwörungspriester. Die Priester klagten anstelle der leidenden Menschen. Sie brachten ihre Bitten vor Gott und beschworen ihn, den Hilfesuchenden zu helfen. Das Vorbild der Sängerpriester ist Orpheus, der von Gott mit einer Stimme begnadet wurde, die die Herzen der Menschen berührte, sie für Gott öffnete und ihre Wunden heilte. Der Gottesdienst gehört wesentlich zum Amt des Priesters. In diesem Gottesdienst singt der Priester anstelle des Volkes. Er hat eine Stellvertreterfunktion. Er betet nicht für sich, sondern für die Menschen. Er singt nicht nur für sich, sondern damit an diesem Ort im Auftrag des Volkes das Gotteslob erklingt. Wenn an diesem Ort Gott gepriesen wird, dann wandelt sich die Welt, dann wird sie heller und heiler.

Hüter und Hüterinnen heiliger Orte

Der Priester wird in vielen Religionen als Hüter und Beschützer heiliger Orte gesehen. Viele Priester waren angestellt, um den geheiligten Kultort zu betreuen und ihn vor Befleckung zu schützen. Sie hatten dafür zu sorgen, dass an diesem Ort die Riten regelmäßig vollzogen wurden und dass er immer ein heiliger Ort blieb. Die Menschen glaubten offensichtlich, dass von dem heiligen Ort das Heil ihres Lebens abhing. Nur das Heilige kann heilen. Davon waren die Menschen überzeugt. Es ist eine schöne Aufgabe des Priesters, mitten in der säkularisierten Welt das Gespür für das Heilige aufrecht zu halten und dort, wo er steht, den heiligen Ort zu hüten. Bei den Römern war das Hüten des heiligen Ortes zugleich das Hüten des Feuers. Das war die Aufgabe der Vestalinnen. Sie mussten das heilige Feuer hüten. Auch das ist ein schönes Bild für den Priester und die Priesterin, das Feuer zu hüten, damit die Menschen nicht ausbrennen, damit das, was sie im Innersten lebendig hält, nicht verloren geht. Sie schützen das Feuer im eigenen Herzen, aber auch das Feuer, das in einer Gemeinschaft brennt und immer wieder auszugehen droht. Die Priesterin war für die Römer die Garantin, dass das Feuer der göttlichen Liebe in der Gesellschaft und im Staat nicht ausging. So hing von den Vestalinnen der Bestand des römischen Staates ab.

Priesterinnen

In vielen Religionen gab es nicht nur Priester, sondern auch Priesterinnen. Im antiken Griechenland waren die Priesterinnen normalerweise den Göttinnen zugeordnet, während die Götter männliche Priester hatten. Eine Ausnahme bildete der Kult des Dionysos. Der Kult des Dionysos, des Gottes der Liebe, der Sexualität und des Rausches wurde von Priesterinnen geleitet. Die griechischen Städte hatten zugleich männliche und weibliche Priester. Eine besondere Bedeutung kam den Priesterinnen zu, die der Muttergöttin Demeter dienten. Zum Heiligtum der Demeter hatten nur Frauen Zutritt. In den Mysteri-

Die Weihe

enkulten spielten Priesterinnen eine große Rolle. In Ägypten hatte die Isis-Priesterin eine wichtige Funktion. In Rom gab es die schon erwähnten Vestalinnen, die das heilige Feuer hüteten.

Die Geschichte zeigt, dass Priester und Priesterinnen nicht die gleichen Aufgaben hatten, sondern für verschiedene Bereiche spezialisiert waren. Die Priesterinnen standen dem Mutterkult, dem Erdhaften, Naturhaften näher. Sie waren die Hüterinnen der Fruchtbarkeit, des Wachsens, des Herdes. Sie führten in den Mysterienkulten ein in das Geheimnis der Menschwerdung. Sie waren zuständig für Geburt und Sterben, für die Neugeburt des Menschen in Gott hinein. Und sie hatten eine innere Verbindung zum Thema Liebe und Sexualität, wie es der Dionysoskult zeigt. Die Priesterinnen führten ein in das Geheimnis der Liebe und in das Geheimnis der Sexualität, in der der Mensch das Eins werden mit sich, mit der Schöpfung und mit Gott erahnen konnte.

Initiationsriten

Damit der Priester oder die Priesterin ihr Amt ausüben konnten, wurden sie in einem Initiationsritus oder in einem Weiheakt in ihre Aufgabe eingeführt. Sie wurden in der Weihe mit göttlicher Kraft begabt. In diesem Weiheakt wird der Priester über die anderen Mitglieder der Gesellschaft herausgehoben und in den sakralen Bereich hineingestellt. Doch damit der Weiheakt vollzogen werden konnte, mussten Priester und Priesterinnen erst eine lange Schulung durchschreiten: Schulung im richtigen Vollzug der Riten wie auch das Einüben einer asketischen Lebensführung. Zu ihrer Ausbildung gehörte eine umfassende Wissensvermittlung in den göttlichen Dingen, aber auch in der Heil- und der Wetterkunde. Alles, was für das Gelingen des menschlichen Lebens notwendig war, musste der Priester lernen und verstehen. In manchen Kulturen mussten die Priester und Priesterinnen auch zölibatär leben, um sich dem Göttlichen rein nahen zu können.

Priester ist man nicht einfach, sondern man muss einen langen Weg zurücklegen, um sich für diese Aufgabe zu bereiten. So liegt im Archetyp des Priesters immer auch eine Herausforderung nach einem spirituellen Leben und eine ständige Aufforderung, die eigene Seele und die Seele des Menschen immer mehr zu erforschen.

Viele sehen es als Verfälschung an, dass die katholische Kirche in ihr Priesterbild heidnische Elemente aufgenommen hat. Sie meinen, sie dürfe nur die Auffassung der neutestamentlichen Schriften wiedergeben, sonst würde sie den biblischen Auftrag verfälschen. Doch die Weisheit der Kirche lag in den zweitausend Jahren immer darin, ihre Botschaft so zu verkünden, dass die Sehnsüchte, die in allen Religionen verborgen sind, aufgegriffen wurden. So war es auch legitim, die Sehnsüchte, die im Archetyp des Priesters liegen, anzusprechen und in ihr Priesterbild zu integrieren. Wenn die Kirche vom allgemeinen Priestertum spricht, so bleibt dieser Begriff leer, wenn man nicht die archetypischen Elemente des Priesterseins mitbedenkt. Daher habe ich zuerst die des Priesterseins dargestellt, wie sie uns die Religionsgeschichte anbietet. Auf dem Hintergrund dieser Bilder können wir uns nun der Bibel zuwenden und fragen, was das Christentum vom Priesterbild der Religionen aufgegriffen und was es verwandelt und anders gesehen hat. Die Aussagen der Bibel werden erst verständlich, wenn wir sie als Reaktion auf schon vorhandene Priesterbilder sehen.

2. Priester nach der Bibel

Priester im Alten Testament

Zu Zeiten des Alten Testaments durften nur Männer aus dem Stamm Levi Priester werden. Die Priester des Alten Testaments hatten unter anderem die Aufgabe, das Orakel zu werfen. Sie begleiteten den König, um ihm bei politischen Entscheidungen durch das Loswerfen zu unterstützen. Eine andere Aufgabe war die Weitergabe der Gotteserkenntnis. Die Priester mussten dafür sorgen, dass die Menschen in der Gotteserkenntnis und im Glauben unterwiesen wurden. Eine weitere wichtige Funktion war die Klärung der »Reinheitsfrage«. Die Priester mussten entscheiden, ob und wann einer rein oder unrein war. Oft wirkten sie auch bei Rechtsverfahren mit. Am Heiligtum, im Tempel übten sie Dienstaufsicht und brachten die Opfer dar. Die Darbringung der verschiedenen Opfer war die Hauptaufgabe der Priester im Judentum. Schließlich war es ihre Aufgabe, das Volk zu segnen, den Segen Gottes allen Menschen zu vermitteln.

Priester im Neuen Testament

Im Neuen Testament kommen in einigen Szenen Priester vor. Aber sie spielen keine wesentliche Rolle. Jesus fordert den geheilten Aussätzigen auf, sich den Priestern zu zeigen (Markus 1,44; Lukas 17,14). Ein Priester geht an dem von den Räubern niedergeschlagenen Mann vorüber (Lukas 10,31). Erst in der Passionsgeschichte spielen Priester eine wichtige Rolle. Als Jesus die Händler aus dem Tempel vertreibt, greift er damit die damalige Kultpraxis an. Das erregt den Widerstand der Priester, die sich von Jesus in Frage gestellt fühlten. So führte vermutlich der Konflikt mit der priesterlich-sadduzäischen Aristokratie zu seiner Hinrichtung. Jesus wird vor den Hohenpriestern Hannas und Kajaphas verhört. Und die Hohenpriester und ihre Gefolgsleute liefern Jesus den Römern aus.

Jesus – der wahre Hohepriester

Lukas erzählt uns in der Apostelgeschichte, dass zu den Gegnern der jungen Christengemeinde die Priester gehörten (Apostelgeschichte 4,1). Doch der Urgemeinde in Jerusalem gehörten auch zahlreiche Priester an (Apostelgeschichte 6,7). Eine wichtige Rolle spielt der Begriff des Priesters im Hebräerbrief. Da wird Jesus als der wahre Hohepriester bezeichnet. Jesus hat ein für alle Mal das Opfer dargebracht, das uns erlöst. Damit hat er den alttestamentlichen Opferkult und auch das levitische Priestertum für immer abgelöst. Der Begriff des Priesters diente dazu, das Heilswirken Jesu zu beschreiben. Jesus hat uns von unseren Sünden erlöst. Es braucht daher keinen Priester mehr, der uns von unseren Sünden entsühnen müsste (vgl. im Kapitel »Die Beichte«).

Der erste Petrusbrief nennt die Gläubigen eine heilige Priesterschaft, »um durch Jesus Christus geistige Opfer darzubringen, die Gott gefallen« (1 Petrus 2,5). Die geistigen Opfer bestehen für den Autor dieses Briefes darin, in einer christenfeindlichen Welt ein heiliges Leben zu führen, sich vom Geist Jesu leiten zu lassen. Der Begriff der heiligen Priesterschaft gibt den Christen, die sich damals in der römischen Welt als ausgegrenzt erlebten, das Gefühl, dass sie etwas Besonderes sind, dass sie im »sakralen Raum der Gottes-

Gegenwart« (Backhaus, LThK 584) zu Hause sind und dort die Nähe Gottes erfahren dürfen. Der biblische Autor hat dabei weniger die Aufgaben des Priesters im Sinn als vielmehr die Qualität, die die Christen auszeichnet: die Erwählung von Gott und die Heiligkeit, das Ausgegrenztsein aus der Welt des Verderbens, die königliche und priesterliche Würde der christlichen Gemeinschaft. Das Bild der heiligen Priesterschaft soll der bedrückten Gemeinde neuen Selbstwert vermitteln und ihr so Trost und Hoffnung spenden.

Episkop, Presbyter, Diakon

Die frühe Kirche hat ihre Ämter nicht in der kultisch-priesterlichen Begrifflichkeit ausgedrückt, sondern mit Bezeichnungen, die aus dem gesellschaftlichen Bereich genommen waren: »episkopos« (Aufseher), »presbyteros« (Ältester, Vorsteher) und »diakonos« (Diener). Der Begriff des Presbyters stammt sowohl aus der jüdischen Synagoge als auch aus der hellenistischen Stadtkultur. All diese Begriffe ließen die sakrale Dimension, die im religionsgeschichtlichen Bild vom Priester vorherrschend war, hinter sich. Sie bezeichneten Funktionen in der christlichen Gemeinschaft, Funktionen des Leitens, des Vorstehens und des Dienens. Das Leiten (das Amt des Episkopen) bezog sich auf die Organisation der christlichen Gemeinde und auf die Feier des Gottesdienstes. Der Vorsteher (Presbyter) stand der Eucharistiefeier vor. Und der Diakon hatte vor allem für die Armen zu sorgen. Er war dem Episkopen zugeordnet und erhielt von ihm seine Aufträge.

Erst ab dem dritten Jahrhundert wurden dann diese Begriffe mit den archetypischen Vorstellungen vom Priester gefüllt. Für manche ist das eine Verfälschung des typisch Christlichen. Doch es entsprach sicher einem Urbedürfnis der menschlichen Seele. Nur müssen wir heute die Spannung deutlich sehen zwischen den Ursprüngen der christlichen Gemeinde und den verschiedenen Deutungen, die man ihren Ämtern gab. Die Spannung zwischen der sakralen und der eher funktionalen Dimension im christlichen Priesterbegriff muss ausgehalten und darf nicht übersprungen werden.

In diesem Zusammenhang stellt sich die Frage, welche Rollen Frauen in den frühen Gemeinden spielten, von denen das Neue Testament erzählt. In den Briefen des Apostels Paulus wird deutlich, dass in der frühen Kirche auch Frauen dem eucharistischen Mahl vorstanden. Sie waren gleichberechtigt mit den Männern an der Leitung in der Ortskirche beteiligt. Im Römerbrief empfiehlt Paulus »unsere Schwester Phöbe, die im Dienst der Gemeinde Kenchreä steht.« (Römer 16,1) Mit den gleichen Worten beschreibt er auch seinen Dienst an der Gemeinde. Priska und Aquila nennt er »meine Mitarbeiter für Jesus Christus« (Römer 16,3). Mitarbeiter meint bei Paulus sonst immer den kirchlichen Dienst (vgl. Venetz 154f). Von Maria sagt Paulus, dass sie sich viel für die Gemeinde abgemüht hat (Römer 16,6). Dieses Wort gebraucht er gern für seine apostolische Tätigkeit. Andronikus und Junia (eine Frau; endlich auch korrigiert sowohl in der neuen katholischen Einheitsübersetzung als auch in der revidierten Lutherübersetzung; beide von 2016) nennt Paulus angesehene Apostel (Römer 16,7). Seine Grußliste im Römerbrief zeigt, dass auch Frauen »im kirchlichen Dienst Verantwortung übernahmen« (Venetz 156). Paulus hat sie nicht eingesetzt. Sie waren schon vor ihm im Dienst. Doch Paulus erkennt ihre Dienste an. Zu diesem Dienst gehört vermutlich die Verkündigung der Botschaft Jesu, aber auch das Vorstehen bei der Eucharistiefeier, die ja damals zumeist in der Hausgemeinde gefeiert wurde.

Die Weihe

Vom historischen Tatbestand her gibt es also keinen Grund, Frauen vom Priesteramt auszuschließen. Manche Theologen argumentieren damit, dass nur ein Mann Christus als Priester repräsentieren könne. Doch die Frage ist, welche Theologie des Priesteramts hinter solcher Argumentation steht. Der Umgang Jesu mit Frauen stützt solche theologische Beweisführung sicher nicht. Jesus hat Frauen genauso in seinen Jüngerkreis aufgenommen wie Männer. Und Frauen waren die ersten Zeuginnen für die Auferstehung. Venetz schließt aus der Untersuchung der biblischen Zeugnisse über die Aufgaben der Frauen in der Urkirche:

> *Unangebracht ist es, die biblischen Schriften als Zeugen anzurufen, um die Frauen von den Ämtern fernzuhalten.*
>
> VENETZ 277

Es braucht in der Kirche sicher noch ein längeres Umdenken, um Frauen den Zugang zu den Ämtern zu ermöglichen. Von vielen Bischöfen wurde bereits auf dem Zweiten Vatikanischen Konzil gefordert, Frauen zu Diakoninnen zu weihen.

3. Priester in der kirchlichen Tradition

Die frühe Kirche nennt Jesus immer wieder den »wahren Priester«. Sie übernimmt dabei vor allem die Aussagen des Hebräerbriefes, der sich in den ersten Jahrhunderten großer Beliebtheit erfreut. Die Christen bilden nach Justinus »das wahre hohepriesterliche Volk Gottes.« (TRE 414) Ihre Aufgabe ist es, das eigene Leben Gott darzubringen. Ihr Priestertum besteht vor allem darin, dass sie sich in ihrer Lebensführung Christus angleichen und dass sie an der Eucharistiefeier teilnehmen und sich selbst darin Gott als Opfer darbieten.

Erst zu Beginn des dritten Jahrhunderts werden die Bischöfe und Presbyter in priesterlichen Begriffen beschrieben. Seit Tertullian und Cyprian wird der Bischof regelmäßig als »sacerdos« (Priester) bezeichnet. Auch im Osten bezeichnet Origenes den Bischof als Priester. Daneben werden auch die Presbyter Priester genannt. Nach Origenes sind sie jedoch auf einer geringeren Stufe Priester. Die eigentlichen Priester sind die Bischöfe. Die Presbyter haben am Priesteramt der Bischöfe Anteil. Die Diakone werden nicht zur Priesterschaft gerechnet.

Die wachsende Bedeutung der Priester in der Kirchengeschichte

Im Laufe der Zeit wandelt sich das Bild der christlichen Amtsträger.

> *Bischöfe und Priester erschienen nicht mehr als Vorsitzende eines priesterlichen Volkes, sondern wurden zu einer Priesterschaft, die für die Laien handelte.*
> BRADSHAW, TRE 416

Die Weihe galt als Eintritt in den Stand des Priesters. Die Kirchengeschichtler sind sich uneins über die Gründe, warum die Kirche ihre Amtsträger mehr und mehr mit priesterlichen Begriffen bezeichnete. Die einen meinen, »die Entwicklung sei Resultat eines sozialen Drucks auf die Kirche, da Religionen in der Antike eine Priesterschaft brauchten.« (Bradshaw, TRE 416) Die anderen meinen, dass die Kämpfe gegen Häresie und Schisma den Priestern eine wachsende Bedeutung brachten.

Die Weihe

Der Priester hatte in der frühen Kirche nicht nur die Aufgabe, der Eucharistie vorzustehen. Er hatte alle Sakramente zu spenden und sollte vor allem das Wort Gottes in der Predigt verkünden und die Christen in den Lehren des christlichen Glaubens unterweisen. Cyprian spricht vom heiligen Werk des Wortes und verwendet dabei das griechische Wort für »priesterliches Tun« (»hierourgein«). Die Verkündigung der Frohen Botschaft ist für Cyprian also genauso priesterliches Tun wie das Spenden der Sakramente.

Die Deutung der Amtsträger vom alttestamentlichen Priestertum her führte dazu, dass die Weihe immer wichtiger wurde und dass sich allmählich das Zölibat durchsetzte. Denn man verlangte von den Kultträgern eine größere rituelle Reinheit. Der erste Timotheusbrief verlangt vom Bischof, dass er nur einmal verheiratet sein soll (1 Timotheus 3,2). In der Zeit der Kirchenväter kannte man nicht das Zölibat als Ehelosigkeit, sondern nur als Enthaltsamkeit. Auch verheirateten Priestern wurde empfohlen, sich auf den Dienst des Priesters durch zeitlich festgelegte Enthaltsamkeit vorzubereiten. Festgelegt wurde das Zölibat erst im Mittelalter durch Papst Innozenz III. (1198–1216). Das Tridentinische Konzil (1545–1563) verteidigte ihn dann gegenüber den Einwänden der Reformation.

Mehr und mehr traute man der Ordination eine innere Verwandlung des Ordinierten zu, die ihn von den Gläubigen abhob. Gregor von Nyssa beschreibt diese innere Veränderung durch die Weihe:

> *Dieselbe Kraft des Wortes macht auch den Priester würdig und ehrbar, abgesondert durch das Neue des Segens vom Gemeinen der Menge. Denn er, der soeben noch einer der Menge und des Volkes war, erscheint plötzlich als Führer, Vorsteher, Lehrer der Frömmigkeit*

und Mystagoge in verborgene Mysterien. Und das leistet er ohne jede Veränderung des Leibes oder der Form; er bleibt dabei äußerlich jener, der er war, durch eine unsichtbare Macht und Gnade in der unsichtbaren Seele zum Besseren transformiert.

BRADSHAW, TRE 417

Das Priesterbild, das sich allmählich in der Kirche entwickelte, war stark vom Bild des alttestamentlichen Opferpriesters geprägt. Der Priester ist danach vor allem der, der das heilige Opfer der Eucharistie feiert, der in der Liturgie das Opfer Christi vollzieht. All die anderen archetypischen Bilder, die sich in der Religionsgeschichte um den Priester rankten, wurden weniger beachtet. Dadurch wurde das Priesterbild sehr einseitig. Und dieses einseitige Priesterbild prägt auch heute noch unser Denken. Wir denken beim Priester vor allem an die Feier der Eucharistie, die Spendung der Sakramente und vielleicht noch an die Unterweisung im Glauben, die ja auch Aufgabe des alttestamentlichen Priesters war. Aber erst die Fülle der archetypischen Bilder deutet uns das Geheimnis des Priesterseins so, dass es unser Leben bereichert, dass wir Lust bekommen, als Priester zu leben.

Reformation und Zweites Vatikanisches Konzil

Im Mittelalter wurde der Priester mehr und mehr zum Kultdiener. Dagegen protestierte Martin Luther. Für ihn hat der Priester vor allem die Aufgabe, das Wort Gottes zu verkünden. Das Tridentinische Konzil betonte dagegen, dass es in der Kirche ein besonderes Priestertum gebe, das die Tradition des alttestamentlichen Priestertums

Die Weihe

übernommen habe. Das Zweite Vatikanische Konzil übernahm einige Anliegen der Reformation. Es spricht ausführlich vom allgemeinen Priestertum aller Gläubigen. Und es deutet den priesterlichen Dienst mehr von biblischen Bildern her, vom Bild Jesu Christi als Prophet, Priester und Hirt (König). Die Bischöfe und Priester haben am dreifachen Amt Christi als Prophet, Priester und Hirt teil. Das Konzil definiert auch die Beziehung zwischen Bischof und Priester neu: Der Bischof trägt die Fülle des Weihesakramentes, der Priester hat Teil am priesterlichen Dienst des Bischofs.

In den ökumenischen Gesprächen seit dem Konzil sind sich die Kirchen im Verständnis des Priestertums näher gerückt. Die katholischen Theologen haben die Anliegen der protestantischen Theologie aufgegriffen und das Priestertum mehr von den biblischen Aussagen her gedeutet. Die evangelischen Theologen haben sich mit der spezifischen Bedeutung des Priesterseins auseinandergesetzt. Die Reformatoren mieden das Wort Priester. Sie sprachen entweder vom Prediger oder vom Pfarrer. 1982 erklärte jedoch der Ökumenische Rat der Kirchen:

> [Amtsträger} können zu Recht Priester genannt werden, weil sie einen besonderen priesterlichen Dienst erfüllen, indem sie das königliche und prophetische Priestertum der Gläubigen durch Wort und Sakramente, durch ihre Fürbitte und durch ihre seelsorgerliche Leitung der Gemeinschaft stärken und auferbauen.
>
> BRADSHAW, TRE 420

So ist man sich auch in der Ämterfrage im ökumenischen Dialog nähergekommen.

II. Der Ritus der Weihe

Die Apostelgeschichte spricht davon, dass die Apostel den Sieben, die sie für den Dienst an den Tischen auswählten, die Hände auflegten und für sie beteten (vgl. Apostelgeschichte 6,6). Das ist für die frühe Kirche der Ursprung der Weihe. Wer zu einem Dienst in der Kirche erwählt wird, dem legen der Bischof und die Presbyter die Hände auf, erflehen den Heiligen Geist für sie und drücken im Gebet aus, was der Heilige Geist an ihnen wirken möge. Handauflegung und Ordinationsgebet sind so die Grundpfeiler der Bischofs-, Priester- und Diakonenweihe. Durch die Handauflegung wird die Gnade Gottes auf die Geweihten herabgefleht.

> *Die Ordination durch Handauflegung ist in der Kirche der Pastoralbriefe ein sakramentaler Akt ... Die Geistbefähigung zu dieser Aufgabe wird als Amtsgnade mitgeteilt. Sie schafft einen verbindlichen, bleibenden Tatbestand, den steten Besitz einer Gnadengabe.*
>
> BROX, ZITIERT VON KLEINHEYER 25

Im Laufe der Kirchengeschichte traten zu diesen zwei grundlegenden Riten verschiedene andere Elemente hinzu, vor allem die Salbung und die Überreichung der Amtsgewänder und der liturgischen Geräte. Allmählich wurden die Weihen immer länger und komplizierter. Nach dem Zweiten Vatikanischen Konzil wurde im Jahre 1968 der Ritus für die Bischofs-, Priester- und Diakonenweihe neu gefasst, vereinheitlicht und auf das Wesentliche reduziert. Ich möchte vor allem auf den Ritus der Priesterweihe eingehen. Anschließend werden nur kurz die Besonderheiten der Bischofsweihe und der Diakonatsweihe erwähnt. Und ich möchte noch die Abts- und Äbtissinnenweihe streifen und fragen, ob diese Weihen auch Anregungen geben können für die Gestaltung der Einführung in andere Dienste und Ämter.

1. Die Weihe zum Priester

Die Vorstellung der Kandidaten

Die Priesterweihe wird immer innerhalb einer Eucharistiefeier gespendet und zwar nach dem Evangelium. Sie soll an einem Tag gefeiert werden, an dem möglichst viele Menschen daran teilnehmen können. Die Weihe beginnt mit der Vorstellung der Kandidaten. Einer der anwesenden Priester stellt dem Bischof die Weihekandidaten vor. Er berichtet dem Bischof, dass die Gemeinden darüber befragt wurden, ob jene würdig sind, und dass die für ihre Ausbildung Zuständigen ebenfalls die Weihe befürworten. Der Bischof bestätigt, dass er die Kandidaten zum Amt des Priesters erwählt. Daraufhin hält er eine kurze Ansprache. Die Weiheliturgie hat eine Modellansprache entwickelt, an deren wichtigste Gedanken sich der Bischof halten soll. Als Antwort auf diese Ansprache geloben die Kandidaten gegenüber dem Bischof und der Gemeinde, nach Kräften ihr Amt zu verwalten als einen Dienst für die Kirche und im Gehorsam gegenüber dem Bischof. Dabei legen die Priesteramtskandidaten ihre Hände in die Hände des Bischofs.

Bischof Franz Kamphaus hat in einer Predigt zur Priesterweihe gerade diesen Ritus gedeutet. Die jungen Männer legen ihre Hand nicht in die Hände des Bischofs, damit der mit ihnen macht, was er will. Der Bischof weiß, dass von seinen Händen das Heil nicht zu erwarten ist. Die zukünftigen Priester legen ihre Hände vielmehr in Gottes Hand:

 Dort ist die Freiheit nicht verkauft, sondern gewonnen. Gott umschließt Ihre Hände, nicht um Sie festzuhalten, auch nicht, damit Sie Ihre Hände in den Schoß legen, sondern damit Sie sie öffnen. Wenn Sie sich von ihm überlassen und sich von ihm getragen wissen, dann können Sie sich gelassen den anderen Menschen zuwenden, auch gerade den letzten Menschen, den Armen und Notleidenden.
KAMPHAUS 137

Die Prostratio

Nun lädt der Bischof die Gläubigen ein, für die zu Weihenden zu beten. Die Kandidaten legen sich auf den Boden, in der Gebärde der »prostratio«. Sie liegen mit dem Gesicht auf dem Boden. Diese uralte Gebärde drückt aus, dass die Priester sich Gott genauso hingeben, wie es sonst in der Hingabe des Mannes an die Frau geschieht. Zugleich ist diese Gebärde Zeichen für die völlige Auslieferung an Gott, das Bekenntnis der eigenen Ohnmacht und der eigenen Menschlichkeit. Nicht weil sie sich die Priesterweihe verdient haben, sondern weil Gott sie in ihrer Schwachheit berufen hat, werden sie geweiht werden. Während die Kandidaten auf dem Boden ausgestreckt liegen, singt die ganze Gemeinde die Allerheiligenlitanei. Der Bischof beschließt die Litanei mit einem eigenen Gebet.

Die Weihe

Die Handauflegung im Schweigen

Der wichtigste Ritus bei der Priesterweihe geschieht im Schweigen. Der Bischof legt schweigend jedem einzelnen der zu weihenden Priester die Hände auf den Kopf und betet still, dass der Heilige Geist ihn durchdringen, verwandeln und zu seiner Aufgabe befähigen möge. Nach dem Bischof legen alle anwesenden Priester den Weihekandidaten schweigend die Hände auf. Es ist ein einfacher, aber doch ausdrucksvoller Ritus, wenn alle anwesenden Priester, die alten wie die jungen, in aller Stille den zu Weihenden die Hände auflegen. Jeder wird dabei an die eigene Priesterweihe erinnert und daran, was er daraus gemacht hat. Er wird mit seinen persönlichen inneren Worten für die Kandidaten beten. Er weiß aus Erfahrung, was für die Ausübung des Priesteramtes nötig ist, welche Gefährdungen jeder durchzustehen hat und welche Kraft ihm zufließen muss, damit er ein guter Priester sein wird. Das Entscheidende geschieht im Schweigen. Es ist nicht menschliches Tun, sondern das Vertrauen darauf, dass der Heilige Geist in der Stille wirkt. Es ist zugleich ein bescheidener und demütiger Ritus. Es werden keine großen Worte gemacht, sondern alle anwesenden Priester liefern sich schweigend dem Wirken des Heiligen Geistes aus. Nicht menschliche Fähigkeit, sondern das Wirken des Heiligen Geistes ist hier gefragt.

Das Weihegebet

Nach dem langen Schweigen betet oder singt der Bischof das Weihegebet, in dem die wichtigsten Aufgaben des Priesters genannt werden. Im Weihegebet erinnert der Bischof an das Verhältnis der siebzig

Ältesten zu Mose. Der Priester wird vor allem als Mitarbeiter des Bischofs beschrieben, als Lehrer des Glaubens und als Verkünder von Gottes Wort. Die wichtigste Bitte kleidet der Bischof in die Worte:

> *Gib deinen Dienern die priesterliche Würde. Erneuere in ihnen den Geist der Heiligkeit. Gib, o Gott, dass sie festhalten an dem Amt, das sie aus deiner Hand empfingen; ihr Leben sei für alle Ansporn und Richtschnur. Segne, heilige und weihe deine Diener, die du erwählt hast.*

Das Gebet atmet den Geist des 1. Timotheusbriefes. Da geht es darum, dass die Amtsträger am anvertrauten Gut festhalten, dass sie den Schatz, den sie in der Botschaft Jesu, unseres Erlösers, empfangen haben, getreu weitergeben. Schon damals musste der Verfasser des Timotheusbriefes die Amtsträger ermahnen, ihrem Dienst entsprechend auch zu leben. Wer zum Priester geweiht wird, muss etwas von dem Heiligen, das er anderen ausspendet, selbst widerspiegeln.

Die Salbung der Hände

Dem Priesterkandidaten werden nun die priesterlichen Gewänder angelegt. Dann salbt der Bischof ihm die Hände. Salbung ist immer Zeichen der Geistspendung. Das drückt auch das Deutewort aus, das der Bischof bei der Salbung spricht. Der Heilige Geist soll den Priester in seiner Aufgabe stärken. Von seinen Händen soll Segen ausgehen. Denn alle Sakramente, die der Priester spendet, sind Berührungssakramente. Da sind vor allem seine Hände gefragt. Die Salbung mit Chrisam drückt den Wunsch aus, dass es immer zärtliche Hände

Die Weihe

sein mögen, die die Menschen berühren und ihnen Gottes Liebe leibhaft nahebringen. Und die Salbung ist ein Zeichen, dass es der Heilige Geist ist, der durch die leeren Hände seine Gaben spendet. Die Hände sollen durchlässig sein, damit der Heilige Geist durch sie wirken möge, damit Jesus selbst sich durch die Hände des Priesters den Menschen zuwenden kann.

Der Priester wird seine Hände oft genug als leer erleben. Er wird den Eindruck haben, dass er mit seinen leeren Händen nichts zu geben vermag. Aber gerade wenn die Hände leer sind, kann er sich daran erinnern, dass sie mit Heiligem Geist gesalbt sind. Der Priester hat das, was er gibt, nie als Besitz. Die Worte, die er verkündet, den Segen, den er austeilt, muss er selbst immer wieder neu empfangen. Nur wenn er sich der Quelle des Segens öffnet, nur wenn er im Gebet in Berührung kommt mit der inneren Quelle des Heiligen Geistes, kann Segen durch seine Hände fließen.

Die Überreichung von Brot und Wein

Nach der Salbung der Hände überreicht der Bischof dem Priester Brot und Wein. Sie soll er in jeder Eucharistiefeier in den Leib und das Blut Jesu Christi verwandeln. In den ausdeutenden Worten bei der Übergabe spricht der Bischof aber weniger von der »potestas« (»Kraft«, »Gewalt«) zu wandeln, als vielmehr vom Geheimnis der Eucharistie, das verlangt, dass der Priester sein ganzes Leben daran ausrichtet, dass er die Hingabe Jesu am Kreuz persönlich nachvollzieht. Der Bischof spricht dazu:

Nimm hin die Gaben des Volkes für die Feier des Opfers. Bedenke, was du tust, ahme nach, was du vollziehst, und stelle dein Leben unter das Geheimnis des Kreuzes.

Wenn der Priester innerlich spürt, dass die Feier der Eucharistie zur Routine verkommt, dann soll er sich an diesen Ritus erinnern. Er soll achtsam tun, was er vollzieht, und es als Bild für seine ganze Existenz verstehen. Der Priester muss mit seiner ganzen Existenz zum »Brot« werden, das die Menschen nährt. Nachahmen dessen, was in der Eucharistie vollzogen wird, das heißt, sich mit Christus hingeben, bereit sein, seine Existenz aufs Spiel zu setzen für die Menschen und für den Dienst, in den Christus ihn beruft. Der Priester wird immer wieder an das Geheimnis des Kreuzes erinnert, wenn sich der Erfolg in der Seelsorge nicht so einstellt, wenn er seiner eigenen Dunkelheit und Einsamkeit begegnet. Priestersein ist eine ständige Herausforderung. Ich bin nicht einfach Priester. Ich muss mich immer tiefer einlassen auf die Hingabe Jesu Christi, die ich täglich in der Eucharistie feiere.

Der Friedensgruß

Nun gibt der Bischof dem neu geweihten Priester den Friedensgruß, indem er ihn herzlich umarmt. Der Friedensgruß drückt aus, dass der Neugeweihte aufgenommen ist in die Gemeinschaft der Priester, dass er sich auch emotional im Kreis der Priester zu Hause fühlen solle. Der Neugeweihte geht von einem Priester zum anderen und empfängt von jedem den Friedensgruß. In den vorgeformten Ritus kommt hier eine sehr persönliche Note. Herzlichkeit und Freude prägen den Friedensgruß. Jeder der anwesenden Priester legt in seine Umarmung die Wünsche hinein, die ihm wichtig sind. Wenn ich mich an meine eigene Priesterweihe erinnere, so war das für mich ein Augenblick großer Zärtlichkeit und Liebe, die ich von allen Seiten erfahren durfte. Das hat mir gut getan.

Die gemeinsame Feier der Eucharistie

Bei der anschließenden Eucharistiefeier konzelebrieren die neugeweihten Priester mit dem Bischof. Gemeinsam vollziehen sie, was sie im Weiheritus empfangen haben. Sie heben Brot und Wein, Zeichen für die Zerrissenheit und die Sehnsucht dieser Welt, in den göttlichen Bereich. Sie halten ihre geweihten Hände über die Gaben von Brot und Wein, damit der Heilige Geist über sie komme und sie in den Leib und das Blut Christi wandle. Sie ahnen, dass es ein Risiko ist, seine Hände über die eucharistischen Gaben zu halten. Denn das zieht sie hinein in das Geheimnis von Tod und Auferstehung Jesu. Da verwirklicht sich, was der Bischof ihnen bei der Überreichung der Gaben gesagt hat:

 Stelle dein Leben unter das Geheimnis des Kreuzes.

Bei der Kommunion teilen die Neugeweihten Leib und Blut Christi an die Gläubigen aus.

Der Primizsegen

Nach dem Segen des Bischofs erteilen die neugeweihten Priester allen Anwesenden den Primizsegen, ihren ersten priesterlichen Segen. Um den Primizsegen ranken sich viele Legenden. Früher hieß es, dass man sich ein Paar Schuhe ablaufen solle, um den Primizsegen zu erhalten. Darin drückt sich die Wertschätzung für diesen Segen aus, die Ahnung, dass die Kraft des Heiligen Geistes gerade durch die Neugeweihten stärker fließe als durch die Hände ermüdeter und routinierter Priester. Es ist die Ahnung des Neuen, von dem wir uns wünschen, dass der Heilige Geist es auch in uns wirken möge.

2. Die Bischofsweihe

Im Laufe der Kirchengeschichte haben die Theologen immer wieder darüber gestritten, wie sich die Bischofsweihe zur Priesterweihe verhält. Die Theologen, die in der Priesterweihe vor allem die Vollmacht zur Feier der Eucharistie sahen, leugneten, dass die Bischofsweihe ein eigenes Sakrament sei.

Das Zweite Vatikanische Konzil hat diese alte Streitfrage geklärt. Für das Konzil wird die Fülle des Weihesakramentes allein dem Bischof übertragen. Der Priester hat nur teil am Priesteramt des Bischofs. Nicht mehr der Priester ist das Modell für den Bischof, sondern umgekehrt. Der eigentliche Priester ist der Bischof. Nur der Bischof darf das Sakrament der Weihe spenden. Und er ist auch der eigentliche Spender für das Sakrament der Firmung. Die Priester sind Mitarbeiter des Bischofs und haben an seinem priesterlichen Amt teil.

Die Weihe

Die Bischofsweihe hat die gleiche Struktur wie die Priesterweihe. Doch bei der Vorstellung des Kandidaten wird das päpstliche Schreiben verlesen, dass dieser ihn zum Bischof ernannt hat. Der Bischof ist zwar Leiter der Ortskirche, aber doch mit der ganzen Kirche verbunden. Die Handauflegung wird nun allein von den anwesenden Bischöfen vollzogen. So wird deutlich, dass der Bischof ins Kollegium der Bischöfe eintritt. Beim Weihegebet wird dem neuen Bischof das Evangelienbuch auf den Kopf gelegt. Der Bischof ist dem Wort der Heiligen Schrift verpflichtet. Er hat die Lehre der Apostel weiterzugeben. Beim Weihegebet wird vor allem seine Leitungsaufgabe, sein Hirtenamt betont.

Auch der Salbungsritus unterscheidet sich. Da die Hände schon bei der Priesterweihe gesalbt worden sind, wird nun das Haupt gesalbt. Damit kommt zum Ausdruck, dass nicht der Bischof das Haupt der Kirche ist, sondern Christus. Und der Bischof kann nur in der Kraft des Heiligen Geistes die Kirche leiten. Dann wird dem Bischof das Evangeliar übergeben. Zum Hirtenamt kommt die prophetische Aufgaben des Bischofs. Er soll das Wort der Schrift so auslegen, dass es in unsere Zeit hineinspricht, dass es nicht nur für den einzelnen, sondern auch für die Gesellschaft zu einer Quelle der Inspiration und Wegweisung wird. Schließlich wird ihm der Ring überreicht, die Mitra angelegt und der Bischofsstab übergeben. Dabei spricht der weihende Bischof:

> *Nimm hin den Stab, das Zeichen des Hirtenamtes. Trag Sorge für die ganze Herde Christi; denn der Heilige Geist hat dich zum Bischof bestellt, die Kirche Gottes zu leiten.*

Der Bischof soll das Beispiel Jesu als des guten Hirten nachahmen. Jesus kennt als der gute Hirt die Seinen und er gibt sein Leben für sie hin. Hirte sein ist nicht in erster Linie Herrschen, sondern Dienen. Es ist ein Leitungsdienst, den der Bischof auf sich nimmt. Zum Abschluss des Weiheritus wird der Neugeweihte zu seinem Bischofsthron geführt, auf den er sich dann setzt – ein Bild für die Herrschaft, die der Bischof antritt. Doch die vorhergehenden Riten warnen ihn davor, seine Herrschaft im Sinne irdischer Herrscher auszuüben. Ihm gilt das Wort Jesu:

 Die Könige herrschen über ihre Völker, und die Mächtigen lassen sich Wohltäter nennen. Bei euch aber soll es nicht so sein, sondern der Größte unter euch soll werden wie der Kleinste, und der Führende soll werden wie der Dienende.

LUKAS 22,25f

3. Die Diakonenweihe

In der frühen Kirche war das Diakonat ein eigenes Amt. In der Apostelgeschichte berichtet uns Lukas, dass die Apostel sieben Männer zum Dienst an den Tischen auswählten, damit sich die Apostel stärker dem Dienst des Gebetes und dem Dienst am Wort Gottes widmen konnten. Im Laufe der Kirchengeschichte veränderte sich das Amt des Diakons zu einer bloßen Durchgangsstation zur Priesterweihe. Die Priester mussten vor der Priesterweihe auch die Diakonatsweihe empfangen. Aber sie hatte wenig eigenen Sinn. Das Zweite Vatikanische Konzil hat den Dienst des Diakons aufgewertet und ihn wieder als eigenständiges Amt eingerichtet. Es gibt nun auch den Dienst des ständigen Diakons, der bewusst nicht Priester werden will. Dennoch bleibt natürlich noch eine Spannung im Weiheritus, da die zu Weihenden entweder ständige Diakone werden, oder aber dieses Amt nur als eine Station auf ihrem Weg zur Priesterweihe verstehen.

Auch die Diakonatsweihe ist ähnlich strukturiert wie die Priesterweihe. Bis zur Handauflegung ist der Ritus sogar identisch. Die Handauflegung geschieht bei der Diakonatsweihe allerdings nur durch den Bischof, nicht durch das Priesterkollegium. Und das Weihegebet bringt andere Aspekte zum Ausdruck als bei der Priesterweihe. Hier wird immer wieder der Dienst betont, zu dem der Diakon bestellt wird. So betet der Bischof:

> *Führe sie auf Erden den Weg deines Sohnes, der nicht gekommen ist, sich bedienen zu lassen, sondern zu dienen; damit sie Anteil erlangen an seiner Herrschaft im Himmel.*

Nach dem Weihegebet werden dem Diakon die liturgischen Gewänder angelegt. Es sind die Querstola und die Dalmatik. Dann übergibt ihm der Bischof das Evangeliar:

> *Nimm hin das Evangelium Christi, zu dessen Verkündigung du bestellt bist. Was du liest, ergreife im Glauben; was du glaubst, das verkünde, und was du verkündest, erfülle mit Leben.*

Mit dem Anlegen der liturgischen Gewänder und der Überreichung des Evangeliars wird vor allem der Dienst des Diakons bei der Liturgie herausgestellt. Er soll dem Priester bei der Eucharistiefeier beistehen und das Wort Gottes verkünden. Dazu muss er sich – wie der

Priester – immer wieder bemühen, das Wort der Heiligen Schrift zu meditieren, damit es sein Herz berührt und verwandelt. Nur wenn das Wort in sein Herz fällt, kann er es so auslegen, dass es für die Menschen heilend, befreiend und aufrichtend wird.

4. Andere Weihen

Die kirchliche Tradition kennt noch andere Weihen von Menschen, vor allem die Jungfrauenweihe und die Abts- und Äbtissinnenweihe.

Die Jungfrauenweihe

Die Jungfrauenweihe ist schon im vierten Jahrhundert bezeugt und beschränkte sich damals nicht auf Frauen in geistlichen Gemeinschaften. Doch dann setzte eine Bewegung ein, die die Jungfrauenweihe ausschließlich für Nonnen vorsah. Erst der im Jahre 1970 erneuerte Ritus hat auch Frauen im Blick, die sich nicht an eine geistliche Gemeinschaft anschließen, sondern die in der Welt bewusst zölibatär leben wollen. Der Ritus der Jungfrauenweihe würdigt die Stellung der Frau in der Kirche und ihre vielfältigen Dienste, die sie zum Wohl der Menschen in der Kirche ausübt. Die Weihegebete zeigen die spirituelle Begabung der Frau, die gerade für die Männerkirche befruchtend wirken könnte. Die Kirche darf auf Dauer nicht auf die spirituellen Erfahrungen der Frauen verzichten, ohne geistlich zu vertrocknen.

Moderne Frauen kritisieren am Ritus der Jungfrauenweihe, dass hier die typisch kirchliche Abwertung der Sexualität mit hineinspielt. Doch es gibt eben nicht nur den Ritus der Jungfrauenweihe, sondern

Die Weihe

auch das Sakrament der Ehe, durch das Frauen, die Würdigung von Sexualität und Mutterschaft erfahren. Die Jungfrauenweihe könnte heute, da es immer mehr Singles gibt, durchaus ihre Bedeutung erhalten. Frauen, die bewusst alleine leben wollen, können in diesem Ritus erfahren, dass ihr Singledasein nicht Verlegenheit ist, weil sie keinen Partner gefunden haben, sondern durchaus einen eigenen Wert in sich hat. Jungfrau sein heißt nicht: asexuell sein, sondern frei sein, von Gott her fruchtbar sein und nicht vom Mann her, sich von Gott her definieren und durch die Beziehungen zu Menschen.

Die Abts- und Äbtissinnenweihe

Die Weihe von Abt und Äbtissin zeigt die Gleichberechtigung von Mann und Frau. Äbtissin und Abt werden zu ihrem Dienst als Vorsteherin und Vorsteher einer klösterlichen Gemeinschaft geweiht. Beide bekommen als Zeichen ihres Dienstes Ring und Stab überreicht. Beide sind Hirtin beziehungsweise Hirt. Männer und Frauen können in gleicher Weise ihre Gemeinschaft leiten und so teilhaben am Hirtenamt Jesu.

Der Ring zeigt, dass sie beide an Christus gebunden sind und zugleich, dass sie spirituell daran arbeiten müssen, immer mehr in Christus hineinzuwachsen und sich von ihm verwandeln zu lassen.

Weihe für andere kirchliche Dienste?

Die Jungfrauen- und Äbtissinnenweihe könnte ein Modell für andere Weihen und Riten sein, in denen Männer und Frauen in ihre Ämter eingesetzt werden. Die Frage ist, ob Pastoralreferenten/innen und

Gemeindereferenten/innen nicht auch mit einem eigenen Ritus in ihr Amt eingesetzt werden könnten. Die Einführung in ihr Amt sollte sich nicht auf die äußere Beauftragung beschränken. Die Weiheriten zeichnen sich alle durch Bildhaftigkeit aus. Es braucht Zeichen, damit solche Einsetzungen auch das Herz berühren. So könnte man daran denken, auch für die vielen anderen kirchlichen Dienste wie Kommunionausteiler, Lektor und so weiter Riten zu gestalten, die den Dienst sichtbar werden lassen. Die Wirkung solcher Riten besteht für den Schweizer Psychologen Carl Gustav Jung darin, dass durch sie Energie gespendet wird. Wer solch einen Ritus durchläuft, erfährt in sich, dass sein Amt nicht nur eine Last bedeutet. Er taucht im Ritus ein in die Quelle göttlicher Energie, aus der er immer schöpfen kann, weil sie unerschöpflich ist. In der Antike verstand man den Priester als einen, der eine besondere Kraft hatte. Diese Kraft wurde ihm im Ritus zugeteilt. Zugleich war dieser Ritus ein Sich-Hineinspielen in seine Aufgabe, ein Einüben in den Dienst, der ihm aufgetragen wurde.

Weihe für »weltliche« Berufe und Berufungen?

Man könnte die Personenweihen aber auch noch ausdehnen. Was ist mit der Einsetzung eines Bürgermeisters, einer neuen Schuldirektorin oder eines neuen Firmenchefs? Hier könnte die Kirche mit ihren reichen Erfahrungen bei Riten der Beauftragung und Weihe dazu beitragen, den Menschen ein Gespür dafür zu vermitteln, dass jede Sendung von Gott kommt und dass jeder Beruf letztlich eine Berufung ist. Gott beruft jeden Menschen.

Die Weihe

 Menschen sind gerufen zu dem, was sie aus sich nicht vermögen.
HEMMERLE 1067

Jeder ist berufen, seine eigene Begabung in den Dienst der Menschen zu stellen. Die Berufung (beziehungsweise die Wahl) zu einem Amt in der Welt ruft im Menschen etwas hervor, was er bisher in sich noch nicht entdeckt hat. Ein Ritus kann den Menschen in Berührung bringen mit seiner ureigensten Berufung und Begabung und kann so für ihn zu einer Quelle von Energie, Phantasie und Kreativität werden. Daher wäre es eine eigene Aufgabe, geeignete Riten zu entwickeln, um auch Menschen in weltlichen Berufen das Geheimnis ihrer Berufung und Sendung zu vermitteln.

III. Priesterlich leben

1. Das Priestertum aller Gläubigen

In der Taufe wird jeder Christ zum Priester, König und Propheten gesalbt. Priester sein gehört also wesentlich zu unserer christlichen Existenz. Das Zweite Vatikanische Konzil hat das Priestertum der Getauften damit erklärt, dass

> *sie in allen Werken eines christlichen Menschen geistige Opfer darbringen und die Machttaten dessen verkünden, der aus der Finsternis sie in sein wunderbares Licht berufen hat (vgl. 1 Petrus 2,4–10). Sie sollen als Jünger Christi ausharren im Gebet und gemeinsam Gott loben (vgl. Apostelgeschichte 2,42.47) und sich als lebendige, heilige, Gott wohlgefällige Opfergabe darbringen (vgl. Römer 12,1); überall auf Erden sollen sie für Christus Zeugnis geben und allen, die es fordern, Rechenschaft ablegen von der Hoffnung auf das ewige Leben, die in ihnen ist (vgl. 1 Petrus 3,15) ... Die Gläubigen ... üben ihr Priestertum aus im Empfang der Sakramente, im Gebet, in der Danksagung, im Zeugnis eines heiligen Lebens, durch Selbstverleugnung und tätige Liebe.*
> KONSTITUTION ÜBER DIE KIRCHE »LIUMEN GENTIUM« NR. 10

Was bedeuten diese eher abstrakten Sätze für meine persönliche Existenz als Priester? Ich möchte von mir schreiben, wie ich auf dem Hintergrund dieser Sätze und auf dem Hintergrund der archetypischen

Die Weihe

Bilder Priestersein verstehe. Dabei geht es zunächst um das allgemeine Priestersein, das auf jeden Christen zutrifft. Dennoch möchte ich von mir her erzählen, was es für mich bedeutet, in der Taufe zum Priester gesalbt worden zu sein. Erst dann werde ich versuchen, zu beschreiben, wie ich mich als geweihter Priester verstehe, was den ordinierten Priester vom allgemeinen Priestertum unterscheidet.

Irdisches in Göttliches verwandeln

Die erste Aussage des Konzils bezieht sich auf den Priester als den, der geistige Opfer darbringt. Was heißt das für mich? »Opfern« bedeutet, etwas Irdisches in den göttlichen Bereich zu halten, um zu bekennen, dass es Gott gehört. Und Opfern heißt, etwas Irdisches in Göttliches zu verwandeln. Priester zu sein heißt dann für mich, dass in all meiner alltäglichen Arbeit sichtbar wird, dass ich Gott gehöre, dass ich im Dienste Gottes stehe und nicht in meinem eigenen, und es heißt, dass durch die Art und Weise, wie ich arbeite und lebe, Gott für die Menschen sichtbar und erfahrbar wird. Es geht letztlich um die Erfüllung des benediktinischen Mottos, »dass in allem Gott verherrlicht werde.« (Regel Benedikts 57,9) Der Weg zur Verwandlung des Irdischen in Göttliches geht für mich über das Gebet, in dem ich alles Irdische, meine Arbeit, meinen Leib, meine Seele mit ihren Abgründen und Verletzungen, Gott hinhalte und ihn bitte, dass er alles mit seinem Licht und seiner Liebe durchdringe. Gott will nicht nur in meinen Stärken, sondern auch in meinen Schwächen in dieser Welt aufleuchten.

Die Verwandlung des Irdischen in Göttliches geschieht auch im Lob Gottes, das das Konzil als priesterliche Aufgabe versteht. Indem ich Gott, den Schöpfer der ganzen Welt, lobe, sehe ich die Schöpfung in einem anderen Licht. Ich bin nicht mehr fixiert auf die Probleme der Welt. Im Lob Gottes leuchtet Gottes Schönheit auf, die die ganze Schöpfung durchdringt. Wenn Christen zusammenkommen, um gemeinsam Gott zu loben, dann vollziehen sie einen priesterlichen Dienst. Vor allem Organisten, Chorleiter und Chorsänger haben Teil am priesterlichen Amt, wenn sie dafür sorgen, dass das Lob Gottes würdig erklingt.

Zeugnis ablegen

Die zweite Aufgabe des Priesters sieht das Konzil darin, die Machttaten Gottes zu verkünden und überall auf Erden für Christus Zeugnis zugeben. Hier hat das Konzil den Weltauftrag der Christen im Blick. Die Verkündigung von Gottes Wort liegt nicht nur in der Hand der amtlich bestellten Priester, sondern jedes Christen, allen voran der Theologen, der Schriftsteller und Dichter. Manche verstehen diesen Verkündigungsdienst so, dass sie an jeder Straßenecke von Jesu Botschaft sprechen. Das kann manchmal stimmig sein. Oft wirkt es aber auch eher peinlich und aufdringlich. Das Konzil hat eine andere Art der Verkündigung im Blick: die Christen sollen

> *allen, die es fordern, Rechenschaft ablegen von der Hoffnung auf das ewige Leben, die in ihnen ist.*
> KONSTITUTION ÜBER DIE KIRCHE »LIUMEN GENTIUM« NR. 10

Mitten in der Welt der Arbeit soll ich zu meinem Glauben stehen. Und wenn ich gefragt werde, woraus ich lebe, soll ich den Grund meiner Hoffnung benennen. So ein Zeugnis ist nur dann glaubhaft, wenn mein Leben die Menschen meiner Umgebung neugierig macht, wenn sie in meiner konkreten Weise zu arbeiten, auf Menschen zuzugehen, mit ihnen zu sprechen, etwas sehen, das für sie überzeugend ist, das sie auf etwas hinweist, was sie selbst nicht kennen. Nur wenn mein Leben etwas von Christus widerspiegelt, kann ich auch glaubhaft von Christus Zeugnis ablegen. Andernfalls bleiben es bloße Worte. Und manchmal mischt sich in diesen Drang, überall von Gott zu erzählen, auch das Bedürfnis, etwas Besonderes zu sein und sich über die anderen zu stellen.

Rituale feiern

Neben den Aussagen des Konzils sind mir für mein Verständnis des Priesterseins die archetypischen Bilder wichtig, die uns die Religionsgeschichte anbietet. Ein archetypisches Bild will mich nicht überfordern, sondern etwas in mir in Bewegung bringen. Gefährlich ist es, wenn ich mich mit einem archetypischen Bild identifiziere. Dann werde ich blind für meine eigenen Bedürfnisse. Doch wenn ich die archetypischen Bilder als mich bewegende und herausfordernde Kraft verstehe, werde ich entdecken, welche Möglichkeiten in mir stecken. Ich möchte nur ein paar Bilder herausgreifen, die mir das Wesen meiner priesterlichen Existenz verdeutlichen.

Der Priester ist Spezialist für Riten. Wir haben heute wieder ein neues Gespür für die heilende Wirkung von Ritualen entdeckt. Wenn ich meinen Tag mit einem guten und schönen Ritual beginne und beschließe, dann erfahre ich mich als Priester. Die Rituale öffnen den Himmel über meinem Leben. Sie bringen Gottes heilende und liebende Nähe in meinen konkreten Alltag, in den grauen Morgen, in die Müdigkeit des Abends, in den Beginn und Abschluss der Arbeit, in das gemeinsame Mahl und in die vielen Arbeitsbesprechungen. Rituale sind immer etwas Handfestes. Ich nehme einen Stein, zünde eine Kerze an, forme meine Hände zu einer Gebärde, verbinde mein Aus- und Einatmen mit einem Wort. Und in diesem konkreten Tun wird Gott selbst erfahrbar als der, der mir verheißt, dass mein Leben gelingt. Jakob macht den Stein, auf dem er geträumt hat, dass eine Leiter bis in den Himmel ragt, zum Erinnerungsstein für Gottes heilende Nähe (vgl. Genesis 28,10ff). Im Ritual erinnere ich mich, dass Gott bei mir und in mir ist. Im Ritual bringe ich den fernen Gott in mein Inneres. Da verinnerlicht sich Gott. Jakob salbt den Stein mit Öl. Er geht zärtlich mit dem harten Stein um. Im Ritual wird das Sperrige meines Alltags zum Zeichen von Gottes zärtlicher Liebe.

Das Heilige in der Welt schützen

Der Priester ist Hüter des heiligen Ortes. Er hält seine Hand schützend über das Heilige. Auch das ist ein schönes Bild für uns Priester und Priesterinnen. In jedem von uns ist ein heiliger Raum, der ausgegrenzt ist von dieser Welt, über den die Welt keine Macht und zu dem sie keinen Zugriff hat. Es ist der heilige Raum der Stille in unserem Inneren, in dem Gott wohnt. Als priesterliche Menschen schützen wir diesen heiligen Raum in uns, damit vom Heiligen etwas Heilendes ausgeht für uns und für die Menschen.

Der Priester und die Priesterin haben aber auch ein Gespür für das Heilige in ihrem Nächsten. Sie sehen in jedem das Heilige, das ihn jeder menschlichen Verfügung entzieht. Sie sind Hüter und Hüterinnen des Heiligen in dieser Welt, damit die Welt nicht an ihrer eigenen Enge erstickt, sondern offen wird für das, was sich der Macht der Welt entzieht und was doch so notwendig ist, damit die Welt heil wird und Bestand hat. Konkret kann sich das darin zeigen, dass sie für den Schutz heiliger Zeiten (etwa des Sonntags) und heiliger Orte (Kirchen und Wallfahrtsorte) eintreten.

Das Feuer der Liebe hüten

Die Priesterin hütet das heilige Feuer. Feuer ist Bild für die Leidenschaft, für die Liebe. Das Feuer verbrennt alles Unreine. Feuer wärmt. Das Herdfeuer ist vielen Völkern heilig. Es ist Garant, dass das Leben einer Familie weitergeht. Das Herdfeuer sorgt dafür, dass die Familie immer hat, was sie nährt und wärmt. Wer als Priesterin oder Priester das heilige Feuer der Liebe in sich hütet, wer die innere Glut nicht verglühen lässt, der trägt dazu bei, dass diese Welt wärmer und lebendiger bleibt, dass die Liebe in den Herzen der Menschen nicht erlischt und dass die Menschen immer etwas haben, was sie wirklich nährt. Für Henri Nouwen heißt geistliches Leben, das innere Feuer zu hüten. Nouwen spricht von Menschen, die ausgebrannt sind, weil sie ständig die Tür ihres Ofens offen halten. Es braucht die Stille und das Gebet, damit die Glut unseres inneren Ofens lebendig bleibt. Und nur, wenn wir das innere Feuer hüten, können sich Menschen an unserem Ofen wärmen und ausruhen.

Die Augen für Gottes Willen öffnen

Der Priester hat die Aufgabe, Gottes Spuren im Menschen zu entdecken und Gottes Willen, wie er sich im Traum oder Orakel ausdrückt, für den Menschen konkret auszulegen. Der Priester braucht daher einen Blick für Gottes Absichten mit den Menschen. Er hat es gelernt, in den Geschehnissen unseres Lebens und in den leisen Ahnungen des Herzens Gottes Spuren zu entziffern und zu verstehen. Wenn ich in der Taufe ein kleines Kind zum Priester oder zur Priesterin salbe, wünsche ich ihm, dass Gott ihm seine Augen öffnen möge, damit es Gottes Wegspuren im eigenen Herzen und in den Herzen der Menschen erkennt und zu deuten vermag. Jeder Seelsorger und jede Seelsorgerin, jeder geistliche Begleiter und jede Begleiterin, die Gottes leise Impulse in der Seele des Begleiteten wahrnehmen, üben eine priesterliche Aufgabe aus. Sie öffnen die Augen und die Ohren des Begleiteten für Gottes Willen. Der Wille Gottes ist unsere Heiligung (vgl. 1 Thessalonicher 4,3). Gott will, dass wir heil werden und ganz. Wer die Augen eines Menschen für den Willen Gottes öffnet, der trägt dazu bei, dass er heil wird und zu seinem wahren Wesen findet.

Einweihen in den Weg der Selbstwerdung

Priester und Priesterinnen führen ein in die Mysterien Gottes und des Menschen. Sie sind Helfer auf dem Weg wahrer Selbstwerdung. Sie sind nicht nur selbst geweiht, sondern weihen auch andere Menschen ein in das Geheimnis des Lebens, in das Geheimnis Gottes, der das menschliche Leben verwandeln und in jedem Menschen auf einmalige Weise seine Herrlichkeit zum Leuchten bringen möchte. Die Einweihung in die Mysterien wurde in der Antike zumeist im Kult, in den Mysterienfeiern vollzogen. Für mich geschieht die Einweihung in den Weg der Selbstwerdung heute in Einzelexerzitien, in denen der einzelne seine eigene Berufung entdeckt, in der geistlichen

Begleitung, in Kursen, bei denen die Teilnehmer sich gemeinsam auf die Suche nach ihrem ureigensten Weg machen, oder in Ritualen, in denen wir uns einüben in den Weg unserer Selbstwerdung.

Den Menschen Gutes sagen

Das letzte archetypische Bild, das mir das Geheimnis meiner priesterlichen Existenz aufschließt, ist für mich der Priester oder die Priesterin als Segnende. Segnen hat für mich zwei Bedeutungen.

Die erste Bedeutung kommt aus der Wortwurzel: Segnen stammt von der lateinischen Wurzel »secare« und »signare« und heißt ursprünglich: »mit einem Zeichen versehen«, »versiegeln«, »einritzen«, »das Kreuzzeichen machen«. Viele Mütter und Väter segnen ihre Kinder beim Abschied, indem sie ihnen das Kreuz auf die Stirne zeichnen. Sie drücken damit aus, dass sie von Gott geschützt sind, dass sie ganz und gar geliebt sind, dass alles an ihnen gut ist. Sie ritzen ihnen gleichsam die Liebe, mit der Christus uns am Kreuz bis zur Vollendung geliebt hat, in den Leib ein, damit sie diese Liebe leibhaft spüren. Das Kreuzzeichen drückt außerdem aus: »Du gehörst Gott. Du bist frei. Es gibt keine Könige und Kaiser, keine Menschen, die Macht über dich haben.«

Die zweite Bedeutung des Segnens heißt »Gutes sagen«, die Übersetzung des lateinischen Wortes »benedicere« (»gut sprechen«, »Gutes sagen«); deshalb heißt für mich Priestersein, das Gute im Menschen anzusprechen, Gutes über ihn zu sagen und ihm Gottes heilende und liebende Nähe zuzusprechen. Segnen heißt für mich, dass ich dem Menschen Gottes Lebensfülle zusage, dass ich ihm sage: »Du bist gesegnet. Du bist erfüllt mit Gottes Liebe. Gott hat Dir viele Gaben geschenkt. Du bist mit Deinen Gaben, aber auch mit Deiner ganzen Existenz ein Segen für uns. Es ist gut, dass Du da bist. Durch Dich ist etwas von Gottes Lebensfülle da.«

2. Aus der Priesterweihe leben

Alles, was ich über das allgemeine Priestertum geschrieben habe, gilt auch für den geweihten Priester. Dennoch bleibt die Frage, was den geweihten Priester vom allgemeinen Priestertum unterscheidet. Was ist das Besondere des geweihten Priesters? Wenn ich mein eigenes Priestersein anschaue, so sind mir die archetypischen Bilder des Priesters wichtig. In besonderer Weise erfahre ich mich als Priester, wenn ich der Eucharistie vorstehe, wenn ich predige, wenn ich nach einem Beichtgespräch den Beichtenden von seinen Sünden freispreche. Aber besteht das Besondere des geweihten Priesters nur darin, dass er die Sakramente spendet?

Ich spüre, dass die Frage nach dem spezifischen Unterschied des geweihten Priesters vom allgemeinen Priester nicht weiterführt. Ich definiere mich nicht gerne vom Unterschied her, sondern von positiven Aussagen. Zu sagen »Ich bin, was du nicht bist« würde mich zu sehr von anderen abgrenzen und mich über sie erheben. Daher möchte ich einige Bilder aus dem Ritus der Priesterweihe meditieren, um auszudrücken, wie ich mich positiv als Priester sehe. Ich möchte mein Priestersein nicht auf Kosten anderer, sondern als spezifische Weise meiner christlichen Existenz verstehen.

Ich lasse mich dabei anregen von Predigten, die Bischof Franz Kamphaus bei Priesterweihen gehalten hat. Die Erinnerung an die Riten der eigenen Priesterweihe hilft mir, das Geheimnis meines

Die Weihe

Priesterseins zu verstehen und es mir auch in der Routine des Alltags immer wieder vor Augen zu halten.

Die Hände – Organon des Priesters

Der wichtigste Ritus bei der Priesterweihe ist die schweigende Handauflegung. Gott selbst hat seine Hand auf mich gelegt. Das bedeutet für mich, dass ich nicht einfach nach meinem Belieben leben kann. Gott hat seine Hand auf mich gelegt, um mich zu segnen, um mich mit Heiligem Geist zu erfüllen. Das ist für mich eine ständige Herausforderung. Es kommt nicht in erster Linie auf meine Fähigkeiten an, sondern auf meine Durchlässigkeit für den Heiligen Geist. Ich soll nicht mich verkünden, nicht meine Fähigkeit zu formulieren, darstellen, sondern Gott. Gott soll durch mich die Menschen berühren. Das wird jedoch nur dann gelingen, wenn ich im Gebet und in der Meditation mit der inneren Quelle immer wieder in Berührung komme. Ich werde als Priester schnell verausgabt sein, wenn ich nur aus dem Erlernten und nur aus der eigenen Kraft schöpfe.

Wenn Gott seine Hand auf mich legt, ist das nicht nur ein Segen, sondern manchmal auch eine Last. Der Prophet Jeremia beklagt sich bei Gott:

> Von deiner Hand gepackt, sitze ich einsam.
> JEREMIA 15,17

Wenn Gottes Hand mich packt, bin ich in die Einsamkeit gestellt. Ich kann meine Erfahrungen nicht allen mitteilen. In Gottes Hand bin ich geborgen, aber manchmal werde ich auch von ihr durcheinander

Priesterlich leben

geschüttelt. Gottes Hand ruht über mir, so wie sie über Jesus ruhte und ihn dazu aussandte, den Menschen die Frohe Botschaft zu künden. Gottes Hand kann aber auch festhalten, gerade dann, wenn ich gerne vor mir und der Wahrheit meines Lebens davon laufen möchte. Immer wieder muss ich mich fragen, ob ich mich wirklich von Gott packen lasse oder ob ich einfach nur funktioniere und alles tue, was von mir erwartet wird. Nur wenn ich mich von Gott ergreifen lasse, kann ich als »Ergriffener« sein Wort weitergeben.

Meine Hände sind in der Priesterweihe gesalbt worden. Das Salböl ist nicht nur Bild für den Heiligen Geist, sondern auch für die zärtliche Liebe Gottes. So erinnern mich meine Hände immer wieder daran, Gottes Liebe auszuteilen. Es geht nicht darum, alles in den Griff zu bekommen, die Pfarrei gut durchzuorganisieren, sondern die Menschen zärtlich zu berühren und ihnen zu vermitteln, dass sie in Gottes guter Hand sind. Gott hat seinen Namen in meine Hand geschrieben und meinen Namen in seine Hände.

Oft genug erfahre ich meine Hände als leer. Ich habe nichts zu geben. Ich begreife das Geheimnis Gottes nicht. Ich begreife mich selbst nicht. Und trotzdem sollen diese Hände geben. Sie könne nur geben, was sie immer wieder empfangen. Auf der einen Seite ist es für mich tröstlich, dass ich auch mit leeren Händen zu geben vermag. Nur die leeren Hände können empfangen, was Gott immer wieder von neuem in sie hineinlegt. Doch manchmal erlebe ich es als schmerzlich, nichts »in der Hand zu haben«. Die Worte, die ich einmal in der Predigt formuliert habe, stimmen so nicht mehr. Ich kann sie nicht einfach wiederholen, sonst klingen sie hohl. Was ich gelernt habe, ist mir zwischen den Fingern zerronnen. Ich kann auch den Erfolg in meiner Arbeit nicht festhalten. Viele Priester machen die schmerzliche Erfahrung, dass trotz ihrer mühevollen Arbeit immer weniger Menschen in den Gottesdienst kommen. Priester sein heißt für mich, mir immer wieder meine Ohnmacht einzugestehen und meine leeren Hände Gott hinzuhalten. Aber die geweihten Hände sind für mich auch Zeichen der Hoffnung, dass diese Hände den Segen Gottes weitergeben, auch wenn sie den Segen gar nicht spüren, weil er sofort durch die Hand hindurchgeht.

Brot und Wein für die Menschen

Die Gaben von Brot und Wein sind für mich ein wunderbares Bild für meine priesterliche Aufgabe. Ich hebe die Gaben der Gemeinde in den göttlichen Bereich. Ich verstehe meinen Dienst so, dass ich die Anliegen der Menschen vor Gott trage. Natürlich sind alle Christen priesterliche Menschen. Sie haben direkten Zugang zu Gott und brauchen meine Mittlerschaft nicht. Aber ich erlebe immer wieder, wie Menschen mich darum bitten, für sie zu beten, ihre Sorgen und Nöte mit in die Eucharistiefeier hineinzunehmen. Ich bin nicht für mich allein Priester. Brot und Wein verweisen mich auf die Menschen, auf ihre Arbeit und Mühe, auf ihre Sehnsucht nach Leben und nach einer Liebe, die nicht so brüchig ist wie die, die sie in ihren Beziehungen erleben.

Als Priester bin ich für diese Welt geweiht, damit ein Stück Welt um mich herum heiler wird. Ich feiere nicht nur die Eucharistie im Auftrag und im Dienst der Menschen, sondern meine ganze Existenz steht für die Menschen ein, gerade für die Armen und an den Rand Gedrängten, für die, deren Gebet verstummt und deren Hoffnung versiegt ist.

Das Gewand der Auferstehung

Bei der Priesterweihe wurde mir das Messgewand angelegt. Christus hat durch dieses Gewand Besitz von mir ergriffen. Ich habe das Gewand seiner Herrlichkeit angelegt (vgl. Galather 3,27). Wenn ich Eucharistie feiere, dann bin ich aufgefordert, Christus anzuziehen und mit ihm zusammenzuwachsen. Paulus spricht davon, dass wir uns mit aufrichtigem Erbarmen, mit Güte, Demut, Milde und Geduld bekleiden sollen (Kolosser 3,12). Es geht nicht darum, mir ein schönes Gewand anzuziehen und mich dadurch von den Menschen zu unterscheiden, sondern in das Gewand Christi hineinzuwachsen, in meiner ganzen Existenz Christi Liebe und Herrlichkeit widerzuspiegeln.

Ein neues Gewand anzuziehen, bedeutet, dass Gott von mir Besitz ergriffen hat. Jesus hat bei der Fußwaschung das Obergewand, das Kleid seiner Herrlichkeit, abgelegt, um das Sklavengewand anzuziehen (Johannes 13,4). In seiner Auferstehung hat Gott ihn mit dem Gewand der Herrlichkeit und Unvergänglichkeit bekleidet. Wenn ich zur Messe schreite, ziehe ich das leuchtende Gewand der Auferstehung an. Aber ich lege es nach der Messe wieder ab, um leibhaft zu erfahren, dass ich wie Jesus den Menschen zu dienen und ihre Füße zu waschen habe.

Die Weihe

Eingeweiht sein

Wenn ich den Jahrestag meiner Priesterweihe begehe, kann ich mich an die einzelnen Riten beim Weihegottesdienst (vor mittlerweile über 40 Jahren) nicht mehr genau erinnern. Aber dennoch ist der Weihetag für mich wichtig, um mir immer wieder bewusst zu machen, dass ich zum Priester geweiht bin. Ich bin zu einem Dienst geweiht. Das bedeutet für mich nicht nur, dass ich zum Dienst beauftragt bin, sondern auch befähigt, weil mir Gott die nötige Kraft dazu geschenkt hat und immer wieder schenkt. Und geweiht sein heißt, eingeweiht zu sein in das Geheimnis Jesu Christi, des wahren Priesters. Als Eingeweihter muss ich mich immer tiefer hineinnehmen lassen in das Priestertum Jesu Christi. Jesus Christus ist der wahre Priester. Er hat sich selbst für uns hingegeben, damit wir das Leben haben.

Priester sein heißt für mich daher auch: Hingabe. Mich hingeben an die Menschen, die ich begleite, für die ich Zeit opfere; mich hingeben an den Dienst der Versöhnung, hingegeben sein bei der Liturgie, ganz in dem sein, was ich gerade feiere. Jesus ist nicht nur Priester, sondern auch der Hirt, der die Seinen kennt und sie auf die Weide führt. Darin besteht für mich die Verantwortung, dass ich wie Jesus die Menschen dorthin führe, wo sie wirklich genährt werden. Jesus geht den Verlorenen nach, um sie auf seine Schulter zu nehmen und dorthin zu tragen, wo sie wahrhaft zuhause sind. Jesus ist der Seelsorger, der die Seele des Menschen anspricht und sie für Gott öffnet. Er richtet die Gebeugten auf und heilt die Kranken. Geweiht sein heißt für mich eingeweiht sein in die heilende Seelsorge Jesu. Ich kann Jesus nicht kopieren. Aber ich darf vertrauen, dass Jesus auch in mir wirkt, wenn ich mich immer wieder in ihn hinein meditiere, mich im Gebet und in der Meditation einweihen lasse in sein Geheimnis.

3. Als Priester in Kirche und Welt heute

Seit über fünfundzwanzig Jahren begleite ich im Recollectio-Haus Priester und Ordensleute. Durch viele Gespräche weiß ich, wie sehr die Priester heute an ihrer konkreten Lebenssituation leiden. Da sind einmal die Priester, die drei oder vier Gemeinden leiten sollen und sich damit überfordert fühlen. Sie werden von den unterschiedlichen Interessen der einzelnen Gemeinden zerrissen. Andere fühlen sich einsam. Sie leben allein in ihrem Pfarrhaus. Wenn sie abends nach vielen Sitzungen heimkommen, vermissen sie jemanden, mit dem sie über den Tag sprechen könnten. Andere kommen mit den hohen Erwartungen der Gemeinden nicht zurecht. Sie spüren, dass sie nicht so ideale Priester sind, wie die Gemeinden es sich erhoffen. Sie geben sich alle Mühe. Doch sie sind eben keine begnadeten Prediger. Sie können die Menschen nicht begeistern und mitreißen. Andere sind einfach müde geworden von den täglichen Konflikten und Machtkämpfen innerhalb der Gemeinde. So ziehen sie sich zurück auf ihren Dienst, den sie mehr oder weniger schlecht verrichten. Die Arbeit wird immer mehr, das geistliche Leben tritt allmählich in den Hintergrund. Manche beten nur noch, wenn sie in Funktion sind. So trocknet ihre Spiritualität aus. Sie spüren die Unzufriedenheit, finden aber keinen Weg aus der Sackgasse heraus.

Die Weihe

Gesunde Rituale für den priesterlichen Alltag

Es würde den Rahmen dieses Kapitels übersteigen, hier auf alle Probleme heutiger Priester einzugehen. Ich möchte nur ein paar Anregungen geben, die dazu beitragen können, dass ein Priester die Lust an seinem Dienst nicht verliert.

Da ist zum einen eine gesunde Lebenskultur. Ich lasse die Priester im Recollectio-Haus konkret einen Wochenplan aufstellen, auf dem sie genau aufzeichnen, wann sie aufstehen, wie der Morgen abläuft, welche Termine sie wahrnehmen, wie der Tag endet. Eine wichtige Frage ist: Gibt es da Raum für das Gebet, für die Stille, für einen Spaziergang, für das Lesen, für Konzert- oder Theaterbesuche, für das Gespräch mit Freunden? Oder ist alles verplant? Viele Priester erleben es als bereichernd, dass ihr Leben so abwechslungsreich ist. Das macht sicher auch die Schönheit des Priesterberufes aus. Doch es liegt auch eine Gefahr darin, dass man sich verzettelt, dass man die große Linie verliert. Bei allen Erwartungen von außen muss der Priester das Gefühl haben, dass er selbst lebt, anstatt gelebt zu werden. Daher sind gesunde Rituale für ihn ganz wichtig. Die Rituale geben ihm das Gefühl, dass er sein eigenes Leben lebt und dass er Freude hat an seinem Leben. Viele Priester erzählen mir, dass sie den Morgen noch ganz gut erleben. Da haben sie ihr Ritual der stillen Zeit oder des Breviergebetes. Doch abends fühlen sie sich leer. Wenn sie frustriert von irgendwelchen Sitzungen kommen, haben sie keine Kraft mehr zum Lesen oder Beten. Dann stopfen sie den Ärger zu mit Essen, Trinken und Fernsehen und fallen dann irgendwann müde ins Bett. Doch das ist ein ungesundes Abendritual. Am nächsten Tag werden sie mit einem diffusen Gefühl von Unzufriedenheit aufwachen. Gerade am Abend hätten Rituale für den zölibatären Priester die Aufgabe, ihm das Gefühl von Heimat zu geben. Wenn ich den Abend bewusst gestalte und meine ganz persönlichen guttuenden Rituale vollziehe, fühle ich mich daheim. Und ich habe den Eindruck, dass ich wirklich selbst lebe, mein Leben als Fest feiere und nicht nur als drückende Last mit mir herumschleppe.

Beziehungen pflegen

Der zweite Bereich, der für das Gelingen priesterlicher Existenz wichtig ist, ist das Feld der Beziehungen. Gerade der ehelose Priester braucht gute Beziehungen, Freundschaften, in denen er ganz er selbst sein darf, in denen er keine Rolle spielt, sondern als Mensch gefragt ist. Viele Priester haben andere Priester zum Freund. Mit ihnen können sie sich austauschen. Da können sie auch einmal schwach sein. Andere fühlen sich mit Familien verbunden und finden dort eine emotionale Heimat. Es gibt auch gelungene Freundschaften zwischen Priestern und Frauen. Es braucht allerdings Wachheit, damit die Freundschaft zu einer Frau den Priester nicht von seinem Dienst für die Gemeinde abhält. Da die Kirche heute die Priesterweihe an die Ehelosigkeit bindet (auch wenn das in Zukunft nicht unbedingt so sein muss), hilft es nicht, wenn der Priester das Zölibat nur in Kauf nimmt. Er muss seine Ehelosigkeit positiv als Möglichkeit seines spirituellen Weges sehen und akzeptieren.

Der Priester hat ständig Kontakte zu Menschen. Da braucht er freundschaftliche Beziehungen, in denen er sich zu Hause fühlt. Doch die entscheidende Frage ist, ob sich der Priester bei Gott daheim fühlt. Wenn der Priester, der mit sich nicht in Berührung ist, krampfhaft nach einem Freund oder einer Freundin Ausschau hält, wird er mit seinen übergroßen Erwartungen die Freundschaft überfordern. Ich muss mir selbst nahe sein, mit mir in Berührung sein, mich selbst spüren, damit ich dankbar die Zuwendung annehmen kann, die mir von Menschen geschenkt wird, die aber immer hinter meinen Bedürfnissen zurückbleibt. Mein tiefstes Bedürfnis nach Geborgenheit kann nur Gott erfüllen. Nur wenn ich bei Gott daheim bin, kann ich in mir selbst Heimat finden und muss sie nicht bei anderen Menschen suchen.

Das eigene Bild vom Priestersein

Der dritte Schritt zu einem erfüllten Priestersein geht für mich über die Meditation biblischer Bilder. Wenn ich die Heilungs- und die Begegnungsgeschichten der Bibel meditiere, entdecke ich die Möglichkeiten, die in mir und meinem priesterlichen Tun stecken. Ich setze mich dann nicht unter Druck, genauso wie Jesus handeln zu müssen. Indem ich auf Jesus schaue, bildet sich das Bild seines Verhaltens in mich ein und bringt mich in Berührung mit meinen eigenen Möglichkeiten. Das schönste Bild für mein priesterliches Wirken ist für mich die Heilung der gekrümmten Frau in Lukas 13,10–17. Wenn ich nach einem Gespräch spüre, dass jemand aufgerichtet nach Hause geht, dann erlebe ich meinen priesterlichen Dienst als beglückend. Ich spüre, wie es mich selbst erfüllt, wenn einem Menschen ein Stein vom Herzen fällt und er aufrechter von mir geht. Das ist auch ein schönes Bild für die Feier der Eucharistie. Ich feiere dann im Sinne Jesu die heilige Messe, wenn die Menschen darin aufgerichtet werden und getröstet und befreit nach Hause gehen.

Jeder Priester hat seine persönlichen Bilder, die ihm die Augen öffnen für das Geheimnis seines priesterlichen Tuns. Für den einen ist es die Heilung des Aussätzigen. Er versteht seinen Dienst darin, den Menschen zu vermitteln, dass sie gut so sind, wie sie sind, dass sie willkommen sind, dass es gut ist, dass es sie gibt. Der andere sieht in der Blindenheilung sein priesterliches Programm. Er möchte den Menschen die Augen öffnen, damit sie ihrer Wirklichkeit ohne Angst ins Auge sehen, damit sie hinter die Dinge sehen und in allem Gottes heilende und liebende Nähe schauen.

Ich gebe den Priestern, die ich begleite, oft die Aufgabe, dass sie einen Brief an ihren besten Freund oder Freundin schreiben sollen. Dabei sollen sie sich vorstellen, dass sie kurz vor ihrem Sterben stehen und nun zu formulieren versuchen:

> Was wollte ich mit meinem Leben vermitteln? Was ist die tiefste Botschaft, die ich bei allem, was ich tat, den Menschen verkünden wollte? Was möchte ich den Menschen als mein Vermächtnis noch mitteilen? Warum bin ich jeden Tag aufgestanden? Was hat mich angetrieben, für die Menschen da zu sein? Was war meine tiefste Motivation, die Antriebsfeder für meinen priesterlichen Dienst? Was wollte ich in diese Welt ausstrahlen? Welche Spur wollte ich eingraben?

Ich sage den Priestern, dass sie keine Angst vor großen Worten haben sollen. Wir wissen alle, dass wir in unserem Leben immer hinter unseren Idealen zurückbleiben. Doch manchmal müssen wir uns klar werden, was die Leitidee unseres Lebens ist, die eigentliche Botschaft, die wir mit unserem ganzen Sein verkünden möchten. Wenn mir ein Priester seinen Brief vorliest, bin ich immer selbst tief berührt. Ich spüre, dass jeder bei aller Frustration doch eine Ahnung hat von der Schönheit seines Berufes, vom Geheimnis seiner priesterlichen Existenz, in der er Jesus Christus selbst auf seine persönliche Weise in dieser Welt erfahrbar macht als den Priester, der aufrichtet, heilt, von Schuld befreit und den Menschen den freien Zugang zu Gott ermöglicht.

Schluss

Bevor ich diese Zeilen über die Priesterweihe schrieb, habe ich in den entsprechenden Lexika die Artikel zum Priester und Priestertum gelesen. Doch davon wurde ich persönlich nicht berührt. Es klang mir alles zu abstrakt. Die Beschäftigung mit der Priesterweihe dagegen hat mich innerlich bewegt. Da spürte ich, wie ich wieder in Berührung kam mit dem Geheimnis meiner eigenen priesterlichen Existenz. So möchte ich zum Schluss dieses Abschnittes ein paar Sätze darüber schreiben, wie ich mich als Priester verstehe.

Zunächst möchte ich sagen, dass ich gerne Priester bin. Ich spüre, wie wunderbar die Aufgaben des Priesters sind: Eucharistie zu feiern, in der Taufe das Fest des Lebens zu feiern, Trauernde zu trösten, Schuldiggewordene freizusprechen und aufzurichten, Menschen auf ihrem spirituellen Weg zu begleiten, das Wort Gottes zu verkünden und es ins konkrete Leben hinein auszulegen. Aber Priester sein bedeutet für mich mehr, als diese Aufgaben zu erfüllen. Zum einen bin ich als Mensch Priester. Ich bin von Gott berührt, gezeichnet, angesprochen, zu den Menschen gesandt. Ich habe eine Berufung für andere, eine Sendung, die mir Gott zum Wohl der Menschen aufgetragen hat. Zum anderen bin ich zum Priester geweiht. Ich bin von Gott gesegnet, von ihm herausgenommen aus der Vordergründigkeit dieser Welt, hineingehalten in den heiligen Raum Gottes, damit ich darin selbst heil werde und damit ich Menschen teilnehmen lasse am Heiligen, das ihre Seele heilt.

Auch wenn meine Ehelosigkeit mich manchmal geschmerzt hat und mir schwer gefallen ist, so kann ich doch sagen, dass ich gerne als eheloser Priester lebe. Die Ehelosigkeit fordert mich täglich heraus, meinen spirituellen Weg weiterzugehen, mich ganz und gar auf Gott zu werfen und in Gott meine wahre Heimat zu erfahren. Und sie hält mich offen für die Menschen. Auch wenn ich mir vorstellen kann, dass es in Zukunft verheiratete Priester und Priesterinnen gibt, kann ich für mich persönlich die Ehelosigkeit als Chance meines spirituellen Suchens dankbar annehmen.

Wenn mich Menschen fragen, was das Besondere des von der Kirche geweihten Priesters gegenüber dem allgemeinen Priestertum aller Gläubigen ist, dann spüre ich, dass mich diese Frage eigentlich gar nicht interessiert. Ich will mich nicht gegen andere definieren, sondern aus dem Geheimnis des Priesterseins, wie es mir in der Begegnung mit Christus, dem wahren Priester aufgeht. Für mich heißt Priester sein, immer mehr in die Gestalt Jesu Christi hineinzuwachsen, der sich für uns hingegeben hat, der die Menschen geheilt, aufgerichtet, getröstet, herausgefordert und sehend gemacht hat. Jesus Christus ist der Priester, der uns zu Gott führt. An dieser Aufgabe teilzuhaben, Menschen die Augen für Gott zu öffnen, ihre Herzen von Gott berühren zu lassen und die heilende und liebende Nähe Gottes greifbar werden zu lassen, darin besteht für mich die faszinierende und mich ganz und gar erfüllende Aufgabe des Priesters.

Literatur

Backhaus, Priestertum, in: Lexikon für Theologie und Kirche, Band 8, 3. völlig neu bearbeitete Auflage, Freiburg 1999 (im Text abgekürzt mit LThK), S. 583f.

Die Regel des hl. Benedikt, hrsg. im Auftrag der Salzburger Äbtekonferenz, Neubearbeitung, Beuron 1990.

Paul Frederick Bradshaw, Priester/Priestertum. Geschichtlich, in: Theologische Realenzyklopädie, Band 27, Berlin 1997, (im Text abgekürzt mit TRE), S. 414–421.

Gisbert Greshake, Priester, in: Lexikon für Theologie und Kirche, Band 8, 3. völlig neu bearbeitete Auflage, Freiburg 1999 (im Text abgekürzt mit LThK), S. 564–567.

Gisbert Greshake, Priester/Priestertum. Systematisch, in: Theologische Realenzyklopädie, Band 27, Berlin 1997, (im Text abgekürzt mit TRE), S. 422–431.

Theresia Hainthaler, Priesterin, in: Lexikon für Theologie und Kirche, Band 8, 3. völlig neu bearbeitete Auflage, Freiburg 1999, (im Text abgekürzt mit LThK), S. 574f.

Klaus Hemmerle, Ruf/Beruf/Berufung, in: Praktisches Lexikon der Spiritualität, hrsg. v. Christian Schütz, Freiburg 1988, S. 1066–1069.

Franz Kamphaus, Priester aus Passion, Freiburg 1993.

Wassilios Klein, Priester/Priestertum. Religionsgeschichtlich, in: Theologische Realenzyklopädie, Band 27, Berlin 1997, (im Text abgekürzt mit TRE), S. 379–382.

Bruno Kleinheyer, Ordinationen und Beauftragungen, in: Handbuch der Liturgiewissenschaft, Teil 8, Regensburg 1984, S. 12–66.

Konstitution über die Kirche, in: Vatikanum II. Vollständige Ausgabe der Konzilsbeschlüsse, zus. V. Konrad W. Kraemer, Osnabrück 1966, S. 70–170.

Hermann-Josef Venetz, So fing es mit der Kirche an. Ein Blick in das Neue Testament, Zürich 1990.

EDITION Anselm Grün

Die »Edition Anselm Grün« sammelt grundlegende Werke von Anselm Grün. Derzeit sind folgende Titel erhältlich:

Band 1 Erlösung – Ihre Bedeutung in unserem Leben
ISBN 978-3-7365-9001-4

Band 2 Leben und Beruf – Eine spirituelle Herausforderung
ISBN 978-3-7365-9002-1

Band 3 Damit die Welt verwandelt wird – Die sieben Werke der Barmherzigkeit | ISBN 978-3-7365-9003-8

Band 4 Von Wahrheit und Wahrhaftigkeit – Befreiende Tugenden für heute | ISBN 978-3-7365-9004-5

Band 5 Die Sakramente – Taufe, Eucharistie, Firmung, Trauung, Weihe, Beichte, Krankensalbung | ISBN 978-3-7365-9005-2

Band 6 Was will ich? – Mut zur Entscheidung
ISBN 978-3-7365-9006-9

Band 7 Den Reichtum entdecken – Biblische Bilder einer heilenden Seelsorge | ISBN 978-3-7365-9007-6

Band 8 Das kleine Buch der Tugenden – Glaube, Hoffnung, Liebe
ISBN 978-3-7365-9008-3

Band 9 Menschen führen – Leben wecken – Anregungen aus der Regel Benedikts von Nursia | ISBN 978-3-7365-9009-0

Band 10 Ich bin müde – Neue Lust am Leben finden
ISBN 978-3-7365-9010-6

Band 11 Wo ich zu Hause bin – Von der Sehnsucht nach Heimat
ISBN 978-3-7365-9011-3

Die Reihe wird fortgesetzt.

Die Titel der »Edition Anselm Grün« sind auch **im Abonnement** zu beziehen. Gerne informieren wir Sie über diese Möglichkeit:

Vier-Türme GmbH, Verlag
Schweinfurter Straße 40, 97359 Münsterschwarzach
Telefon: 09324 / 20 292, E-Mail: info@vier-tuerme.de
www.vier-tuerme-verlag.de